中國學術思想 研究輯刊

三 七 編

林 慶 彰 主編

第 17 冊

柄鑿集：自由的追尋

王 琛 著

花木蘭文化事業有限公司

國家圖書館出版品預行編目資料

枏鑿集：自由的追尋／王琛 著 -- 初版 -- 新北市：花木蘭文化事業有限公司，2023〔民112〕

序 2+ 目 2+180 面；19×26 公分

（中國學術思想研究輯刊 三七編；第 17 冊）

ISBN 978-626-344-185-9（精裝）

1.CST：王琛 2.CST：學術思想 3.CST：文集

030.8 111021703

ISBN-978-626-344-185-9

9 786263 441859

中國學術思想研究輯刊

三七編 第十七冊 ISBN：978-626-344-185-9

枏鑿集：自由的追尋

作　者	王琛
主　編	林慶彰
總編輯	杜潔祥
副總編輯	楊嘉樂
編輯主任	許郁翎
編　輯	張雅淋、潘玟靜　美術編輯　陳逸婷
出　版	花木蘭文化事業有限公司
發行人	高小娟
聯絡地址	235 新北市中和區中安街七二號十三樓
	電話：02-2923-1455 ／傳真：02-2923-1452
網　址	http://www.huamulan.tw 信箱 service@huamulans.com
印　刷	普羅文化出版廣告事業
封面設計	劉開工作室
初　版	2023 年 3 月
定　價	三七編 17 冊（精裝）新台幣 46,000 元

枘鑿集：自由的追尋

王琛　著

作者簡介

王琛，先後就讀於安徽師範大學、華南師範大學，現為自由撰稿人，主要研究領域：中國現代思想史。研究論文與評論散見於《二十一世紀》、《文化研究》等刊物。

提　要

　　自上世紀九十年代以來，中國大陸史學以乾嘉考據學為主流，不求經世致用，但求瑣碎考證。本書所收的文章多試圖與主流史學對話，不尚專業主義，嘗求啟蒙主義，力圖對乾嘉考據有所衝擊。以堅實史料為基礎，同時不囿於史料。既能尊重歷史事實，又可為經世革新。通過對中國現代史上「自由」蹤跡的追尋，既弄清先賢們對普世價值的苦苦探索，同時又讓這樣的追溯具有現實意義。

自　序

　　假如一間鐵屋子，是絕無窗戶而萬難破毀的，裏面有許多熟睡的人們，不久都要悶死了，然而是從昏睡入死滅，並不感到就死的悲哀。現在你大嚷起來，驚起較為清醒的幾個人，使這不幸的少數者來受無可挽救的臨終的苦楚，你倒以為對得起他們麼？

　　然而幾個人既然起來，你不能說決沒有毀壞這鐵屋子的希望。

——魯迅〈《吶喊·自序》〉

　　陸放翁曾曰：「嘗試成功自古無」，似乎對「嘗試」抱有幾絲悲觀情結。胡適曾對此不滿，將之改為「自古成功在嘗試」（《嘗試集》）。的確，不嘗試永不知功效。這本集子中所收入的近十篇長短不一的文章都是我的「嘗試」之作。因為所論多與世「不合」，故名為《枘鑿集》。

　　本書收錄的第一篇文章是探討梁啟超自由思想的，不苟同於以往學者認為梁啟超的自由思想以犧牲個人自由為代價，我認為梁氏強調團體自由，並非要犧牲個人在私人領域的自由，個人與國家並不矛盾。此篇文章構成我日後寫作的基礎，在此之後我的研究領域雖然轉到「五四」時期，但寫的文章大都是順著這個思路繼續和擴展的。

　　百年剛過的「五四」是一個頗具爭議的領域，涉及到不少被主流話語遮蔽的問題，九十年代以來對其批判更是紛至沓來，「五四」一時成了眾矢之的。但我一直是「五四」的辯護者，這只要正確面對史實都應有所感受。我研究「五四」的第一篇文章是評述周策縱的「五四」著述，以還原歷史，糾

正目前研究的一些謬誤。至於是否像有的匿名審查人說的那樣「說明浩瀚五四二手研究中的著名謬誤」，待讀者自己去判斷。以此作為導引，我又評述一九八零以來「五四」時期的自由主義研究現狀，對未來的研究方向做了展望。順著需要開拓和提升的方向，我隨後系統論述了《新青年》的自由主義思想，不僅僅從思想啟蒙的角度展示了《新青年》自由主義思想的內容，而且進一步將之放到當時的歷史背景中加以考察，探論其得失。在對金觀濤、秦暉、張千帆、周麗卿論著的評論中也多次談到我對「五四」的看法，不斷與之商榷，至於是否像有的匿名審查意見中說的「這也是作者的長處所在，很能在一些焦點上提出有意思的爭辯意見」，也留給讀者自己判斷。

不過，對「五四」研究倒是體現了我向來的追求，即對「民主、自由、憲政、法治、人權」普世價值的探尋。〔註1〕本書的大部分文章都與此相關（或隱或顯），所以本書的副標題是「自由的追尋」。收入這本書的文章都在期刊上發表過，幾個匿名審查意見都說我是自由主義者，是借他人杯酒，澆心中塊壘，有的甚至還表示「對作者的立場我沒有意見，毋寧還有些同情」。這個判斷從某種程度上我是認同的，畢竟我對普世價值的追求是與我身處的現實環境和個人經歷相關。

當然，需要說明的是這些文章都是發表過的，所以本書難免會有一些重複之處，當時是為了便於發表（或通過審查）不得不這樣做。這次收入本書時，為了尊重歷史，也不做改動。

最後，要特別感謝花木蘭文化出版社的鼎力支持和陳向陽老師的大力推介，使得本書能夠順利出版。

〔註1〕對「民主、自由、憲政、法治、人權」普世價值的追求屬「啟蒙」範疇，雖然有人提出今日的「啟蒙」已經與過去的「啟蒙」有很大的不同，甚至嘲笑還沉溺于傳統知識分子幻覺的人，認為中國需要一場新的啟蒙是與時代錯位的。參閱：許紀霖，〈在奇葩說、付費課程崛起的時代，知識分子更衰落了麼？〉，鳳凰網，2020年1月9日，http://culture.ifeng.com/c/7t5doB7K2V6。也有人說在信息化時代「知識分子已死」的感慨不就是舊時代的挽歌麼？參閱：榮劍，〈從啟蒙知識分子到公共知識分子〉，《二十一世紀》2019年6月號（香港，2019），頁29。我此處尚不討論這樣的大哉問，只是想說今天的中國很多方面依然是處於前現代的，普世價值還沒有深縈根于華夏土壤，因而傳統的啟蒙並沒有完成，依然很有必要。

目

次

自由的回溯

　　「五四」並非「整體性反傳統主義」，亦非以軍國主義為主旋律。「五四」實乃一場思想革命，也是一場社會政治運動。它對普世價值的追求仍是一件活的歷史，至今沒有全部完成，因而具有當下意義。

　　五四時期自由主義並非和「革命」、「救亡」、「民族主義」、「烏托邦」糾纏不清，更與文化大革命相差甚遠。釐清「救亡」與「啟蒙」的關係，撥開籠罩在五四時期的各種革命話語，重新回歸歷史，能夠發現五四時期主流的自由主義和西方普遍盛行的自由主義沒有根本上的差異。

「五四」的史實建構與語境還原
——論周策縱的五四運動研究兼評林毓生、秦暉諸先生之說

一、引　言

　　五四運動是中國近現代史乃至整個二十世紀劃時代的大事，也一直是史學界、思想界關注的焦點之一。其研究趨勢由原有的宏大敘事轉為回歸現場，近年來似乎又有兩種敘述模式並存之勢。且海內外對此事件的研究有著很大的分歧和爭議，凸顯出了五四運動的多面相和複雜性。可不管如何，弄清史實、還原現場、重建語境、減少主觀性是其研究的基礎，否則再好的分析都會顯得空洞、乏力。換而言之，與其一味地追求「深度」，不如先澄清其「真度」。通過爬梳新觀點逆流而上，直探其肺腑之地。然後順流而下，層層打通，再去「創新」。

　　美國華裔學者周策縱是研究「五四」的權威學者，其研究成果主要體現在所著的《五四運動史》以及《棄園文萃》、《文史雜談》、《周策縱自選集》中。其中《五四運動史》詳細地記載了「五四」前後的基本史實，探析了此事件的來龍去脈，為五四運動提供了一幅全景式的畫面，是公認的關於五四新文化運動的里程碑式之作。正如有論者所評論的那樣：

　　　　是一本材料翔實、內容豐富的卓越著作，任何一位研究現代中
　　國的讀者不可缺少的指導性參考書……這書把歷史細節和廣闊的社
　　會政治背景巧妙地交織起來，造成一種完美的有解釋性的關於中國

的研究，實在是前所未有。〔註1〕

《棄園文萃》、《文史雜談》和《周策縱自選集》則是對「五四」研究新觀點的回應以及作者研究的最新進展，是繼《五四運動史》之後，周策縱先生續談五四運動和近代思潮的經典篇章。正如作者自己所言：

> 我常說：五四運動是一件活的歷史。因為它的目標永遠值得大家去努力奮鬥達成。它給我們的啟發是非常巨大而長遠的。即使是它的缺失，也提供給我們一種嚴肅而重大的教訓。它不但留給中國學生和青年知識分子一些艱巨的使命，也留給所有的中國人一個遠大的任務。從廣義說，它也許可以鼓舞世界上許多學生、青年和成年人，對各種文化傳統和社會問題，多引發一點興趣，去共同努力創造一種能包含各個傳統的新文明。〔註2〕

二、問題的緣起

學術界關於五四運動研究的成果可謂不計其數，那麼筆者為什麼不選擇一些較新的著作和觀點進行評論，〔註3〕為什麼要「避重就輕」、「本末倒置」、

〔註1〕 劉作忠，〈浮海著禁書：周策縱和《五四運動史》〉，《書屋》2004年第11期（長沙，2004），頁48。

〔註2〕 周策縱，〈我所見「五四」運動的重要性〉，《文史雜談》（北京：世界圖書公司出版社，2014），頁204。

〔註3〕 據筆者所知關於五四運動研究較新的著作有：瞿駿，《天下為學術裂：清末民初的思想革命與文化運動》（北京：社會科學文獻出版社，2017）、歐陽哲生，《五四運動的歷史詮釋》（北京：北京大學出版社，2012）、陳平原，《觸摸歷史與進入五四》（北京：北京大學出版社，2010）、羅志田，《從新文化運動到北伐：激變時代的文化與政治》（北京：北京大學出版社，2006）。還有一些新的論文：羅志田，〈無共識的共論：五四後關於東西與世界的文化辨析〉，《清華大學學報》，2017年第4期（北京，2017），頁90～99；羅志田，〈體相和個性：以五四為標識的新文化運動再認識〉，《近代史研究》2017年第2期（北京，2017），頁3～21；周月峰，〈五四後「新文化運動」一詞的流行與早期含義演變〉，《近代史研究》，2017年第1期（北京，2017），頁28～47；瞿駿，〈老新黨與新文化：五四大風籠罩下的地方讀書人〉，《南京大學學報》，2017年第1期（南京，2017），頁79～97。這些研究成果都有利於加強對五四新文化運動的認知。當然，還有許紀霖、高力克、耿雲志、王汎森、汪榮祖、張灝、舒衡哲、李歐梵等人各從思想史、社會史、文學史方面進行論述的作品。不過，這不是本文討論的重點。本文不是關於五四研究的全面回顧，也不是致力於所謂的「新意」，而是要糾正目前學術界、思想界關於五四研究的一些嚴重的誤區和脫離基本史實的論述。所以對其他的作品（包括一些優秀的作品）有所忽略，敬請見諒。另外，秦暉的《走出帝制》一書的後半部分也有涉及，不過該書關於「五四」

一反常態來專門論述周策縱先生這位最早研究「五四」的學者的成果？這主要是緣於筆者對五四新文化運動研究的一些新觀點的思考。

大陸寫五四運動史比較早的是彭明先生的《五四運動史》。〔註4〕但是這本書意識形態色彩很濃厚，其論點似乎不足取。兩本都是考證五四運動史實的，但周策縱先生的《五四運動史》要高出一籌。再來略談一下關於五四運動研究的一些所謂的新觀點。在周策縱寫完《五四運動史》之後，關於「五四」的新成果越來越多。在海外比較有代表性的觀點是林毓生先生所說的「整體性反傳統主義」，所謂「藉思想文化以解決社會根本問題」。〔註5〕

金觀濤、劉青峰先生受到此觀點影響，在《開放中的變遷：再論中國社會的超穩定結構》、《觀念史研究：現代中國重要政治術語的形成》等著作中認為「五四」以前反的是儒學的社會觀和哲學觀，而到「五四」時期則反對到了儒家的倫理觀，突破倫理中心主義的，追求新的意識形態來整合社會，沒有突破傳統的意識形態與政治結構一體化的牢籠。並且還用價值逆反邏輯和直觀理性思維來解釋「五四」時期的民主、自由，認為與西方的民主、自由有很大差異。〔註6〕

但是筆者認為這個觀點不符合邏輯亦不符合史實。首先不符合邏輯的是，它一方面說「五四」是整體性反傳統主義，另一方面又說繼承傳統一元論思維。我們不禁要問：難道一元論的思維不包括在整體性傳統主義裏面麼？不都反了麼？又何來繼承之說？這不是自相矛盾嗎？陳獨秀、胡適等人有沒有所謂的傳統的「一元論」思維，下文另說。如果一定要說他們有傳統的一元論思維，就不要說他們是「整體性反傳統」。更重要的是「五四」時期的思潮不是拿西方人的「系統性」和「封閉排外」的「意識形態」就是能概括的。〔註7〕其次不符合史實，五四新文化是從器物到制度再到文化改革的最後環節，它是要在思想上啟蒙，不是要破壞共和政體。五四新文化運動不是藉思想文化以解決問

論述嚴重脫離語境，筆者在下文中還會詳細提到。見秦暉，《走出帝制：從晚清到民國的歷史回望》（北京：群言出版社，2015），頁326～367。

〔註4〕彭明，《五四運動史》，北京：人民出版社，1984。

〔註5〕林毓生著，穆善培譯，《中國意識的危機》（貴陽：貴州人民出版社，1986），頁18。

〔註6〕金觀濤、劉青峰，《開放中的變遷：再論中國社會的超穩定結構》（北京：法律出版社，2011），頁200～210。

〔註7〕周策縱著，陳永明等譯，〈認知・評估・再充〉，《五四運動史》（長沙：嶽麓書社，1999），頁13～14。

題，恰恰相反，它要解決的就是思想文化問題。「新文化運動之所以致力於思想文化的變革而不致力於政治革命，因為他們認為當時中國迫切需要解決的是思想文化層面上的問題，而不是政治制度層面上的問題。新文化運動從鞏固民主共和制度入手，以批判傳統和改造國民性為手段，致力於培養現代公民，推進人的獨立與解放，這無疑是正確的選擇」。〔註8〕

至於林先生把「五四」跟「文革」相提並論，更不知從何說起，連倒放電影、後見之明都算不上。筆者只能說「欲加之罪，何患無辭」。我們且不說這個觀點有沒有史實依據。眾所周知，五四新文化運動是一場以「民主」、「科學」為主調啟蒙運動，非要說激進也是文化激進主義。文化大革命雖然標榜是「文化」，但誰都知道那是一場不折不扣的政治鬥爭，屬政治激進主義。〔註9〕兩者不可同日而語。

余英時先生則基本上否定五四運動是一場啟蒙運動，說其是一場啟蒙不過是黨派製造的陰謀，因為西方的啟蒙中沒有愛國主義這一項內容。〔註10〕但是筆者覺得有三點應當注意：一是在具有普世內涵之下啟蒙是否一定要處處按照西方人的定義？二是愛國主義是否就一定與世界主義相衝突呢？是值得商榷的。三是即便按照西方人的定義，只要重返五四新文化運動的現場就會發現，五四新文化運動的知識分子很多人都是具有世界主義的情懷和啟迪人類的胸襟。正是因為如此，他們知道愛國不是無條件的，什麼樣的國家才值得愛。這只要簡單地翻閱當時的報刊就可以證明。陳獨秀曾言：

〔註8〕 李新宇，〈重評五四啟蒙運動三題：兼評李澤厚諸先生之說〉，《文史哲》2004年第4期（濟南，2004），頁138～140；〈五四：「借思想文化解決問題」的是與非〉，《南開學報》2004年第5期（天津，2004），頁50。關於大陸學者對此觀點回應的還有鄭大華，〈五四是「全盤性的反傳統運動」嗎：兼與林毓生教授商榷〉，《求索》1992年第4期（長沙，1992），頁110～115。李良玉，〈五四新文化運動與全盤反傳統問題：兼與林毓生先生商榷〉，《南京大學學報》1999年第2期（南京，1999），頁5～14。

〔註9〕 鄭大華，〈20世紀90年代以來的激進與保守研究述評〉，《民國思想史論》（北京：社會科學文獻出版社），頁484。

〔註10〕 余英時，〈文藝復興乎？啟蒙運動乎？：個史學家對五四運動的反思〉，《現代危機與思想人物》（北京：三聯書店，2005），頁75～103。具體說來是：「中國的馬克思主義者都是擁護革命的……因此他們也需要某種運動來證明他們在中國提倡革命的正當性……我傾向於認為，中國的馬克思主義者不斷由啟蒙運動的觀點重新界定五四，並不是對歷史做任意性的解讀。相反地，他們可能出於這一信念，與文藝復興相比，啟蒙運動更有利於為他們的政治激進主義服務，因而做了一種蓄意而又經過精打細算的選擇」。（頁82）

國家者，保障人民之權利，謀益人民之幸福者也。不此之務，其國也存之無所榮，亡之無所惜。若中國之為國，外無以禦侮，內無以保民，不獨無以保民，且適以殘民，朝野同科，人民絕望。如此國家，一日不亡，外債一日不止；濫用國家威權，斂錢殺人，殺人斂錢，亦未能一日獲已；擁眾攘權，民罹鋒鏑，黨同伐異，誅及婦孺，吾民何辜，遭此荼毒！〔註11〕

胡適也說：

個人絕無做國民的需要。不但如此，國家簡直是個人的大害。請看普魯士的國力，不是犧牲了個人的個性去買來的嗎？國民都成了酒館裏跑堂的了，自然個人是好兵了。再看猶太民族：豈不是最高貴的人類嗎？無論受了何種野蠻的待遇，那猶太民族還能保存本來的面目。這都因為他們沒有國家的原故。國家總得毀去。這種毀除國家的革命，我也情願加入。毀去國家觀念，單靠個人的情願和精神上的團結做人類社會的基本，若能做到這步田地，這可算得有價值的自由起點。〔註12〕

所有的這些言論都是五四時期的知識分子具有世界主義情懷和啟迪人類胸襟的鐵證。其實這種世界主義胸襟在郭嵩燾、譚嗣同、梁啟超那一代人中就已經表現出來了。郭嵩燾就說：「國於天地，必有於立。豈有百姓困窮，而國家自求富強之理？今言富強者一視為國家本計，與百姓無與。抑不知西洋之富專在民，不在國家也」。〔註13〕就是說國家不能不以民為本，改革是為了增進百姓的福利而不是在只為國家。譚嗣同則更進一步認為：

幸而中國之兵不強也，向使海軍如英法，陸軍如俄德，恃以逞其殘賊，豈直君主之禍愈不可思議，而彼白人焉，紅人焉，黑人焉，

〔註11〕獨秀，〈愛國心與自覺心〉，《甲寅雜誌》第一卷第四號，1914 年 11 月 10 日。

〔註12〕胡適，〈易卜生主義〉，《新青年》第四卷第六號，1918 年 6 月 15 日。類似的言論還有傅斯年：我只承認大的方面有人類，小的方面有「我」是真實的。「我」和人類中間的一切階級，若家族、地方、國家等等，都是偶像。我們要為人類的緣故，培成一個「真我」。參見傅斯年，〈新潮之回顧與前瞻〉，《新潮》第二卷第一號（上海：上海書店 1986 年影印本），頁 204～205。沈雁冰也說：「我們愛的是人類全體，有什麼國，國是攔阻我們人類相愛的！」。參見沈雁冰，〈佩服與崇拜〉，《時事新報‧學燈》第四張第一版，1920 年 1 月 25 日。

〔註13〕郭嵩燾，〈與友人論仿行西法〉，《使西紀程》（瀋陽：遼寧人民出版社，1994），頁 154。

棕色人焉，將為準噶爾，欲尚存噍類焉得乎？！故東西各國之壓制
中國，天實使之。所以曲用其仁愛，至於極致也。〔註14〕

國家若不是民主國則不能強大，專制國強大後危害更大。其兵不但不能
抵禦外侮，反而屠割人民，國越強屠割人民越盛。譚嗣同甚至還表明各國之
所以強盛在於信義，否則就會衰敗。但是遇到冥頑不化之國，以信義待之，
其依舊悍然不顧，則不得不以權勢脅迫。病夫之國，各國遭其苦，此為不幸。
為各國計，「莫若明目張膽，代其革政，廢其所謂君主，而擇其國之賢明者為
之民主，如墨子所謂『選天下之賢者，立為天子』，俾人人自主，有以圖存，
斯信義可復也」。〔註15〕譚氏的思想顯然有點過火了。

戊戌政變後流亡日本的梁啟超也曾說：西方人「以國為己之國，以國事為
己事，以國權為己權，以國恥為己恥，以國榮為己榮。我之國民，以國為君相
之國，其事其權，其榮其恥，皆視為度外之事」。〔註16〕還說：「我國民非能為
春秋戰國時代人也，而已為二十世紀之人。非徒為一鄉一國之人，而將為世界
之人」。〔註17〕

這些大概都是余英時先生無法正面闡釋的困難之所在。〔註18〕可以說郭
嵩燾、譚嗣同、梁啟超等人開創的啟蒙思想在五四時期得到進一步深化，而不
是背離。余先生所用的史料大都是後來的中國馬克思主義者事後強加的革命
邏輯，與五四新文化運動基本上扯不上關係。

此外，余先生還於1988年在香港中文大學發表了〈中國近代思想史上的激
進與保守〉的演講，該演講的核心觀點是中國近代思想史上不斷激進，一直激
進到「文革」。「中國思想的激進化顯然是走得太遠了，文化上的保守力量幾乎
絲毫沒有發揮制衡的作用，中國的思想主流要求我們徹底和傳統決裂」。〔註19〕

〔註14〕譚嗣同，《仁學》（瀋陽：遼寧人民出版社，1994），頁79。

〔註15〕譚嗣同，《仁學》，頁100。

〔註16〕梁啟超，〈愛國論〉，《飲冰室合集》（文集之三），上海：中華書局，1936，頁
69。

〔註17〕梁啟超，〈保教非所以尊孔論〉，《飲冰室合集》（文集之九），上海：中華書局，
1936，頁58。

〔註18〕余英時在回憶錄裏對他認為的「五四」是全面反傳統文化這個論點有所修正，
認為這股激進的思潮「不能代表整個『五四』的新文化或新思潮運動」，算是
緩和他早年對「五四」的嚴厲批評。參見余英時：《余英時回憶錄》（臺北：允
晨文化實業股份有限公司，2018），頁30。

〔註19〕余英時，〈中國近代思想史上的激進與保守〉，《現代儒學的回顧與展望》（北
京：三聯書店，2005），頁39。

大陸對此觀點的反應稍微遲滯一點，直到 1992 年姜義華先生在《二十一世紀》上發表〈激進與保守：與余英時先生商榷〉一文反駁他的觀點。〔註20〕

　　受海外風氣的影響，大陸的一些學者也對五四新文化運動進行批判，如秦暉、王元化、陳來、馬勇等。馬勇認為：「從這個意義上說，所謂國民性改造，就是新文化運動的一個歧路，將制度性批判轉換為批判民眾，從而為二十世紀持續不斷的愚民政策提供了一個理論上的依據」。〔註21〕王元化認為：「倘以『獨立精神、思想自由』這方面去衡量五四人物，那麼褒貶的標準將有很大的不同，一些被我們教科書或思想史所讚揚的人物，將難於保持其名譽和威望不墮了。」〔註22〕陳來認為：「對文化意識作用的誇大可能是新文化運動領導者判斷上的一個錯覺，而以政治為著眼點似乎是這些知識分子的更基本的意向，也許這才可以解釋新文化運動迅速折入政治行動中去的原因」。〔註23〕秦暉先生的觀點則較為時新，並且「驚語頻出」。他於 2015 年在《二十一世紀》、《探索與爭鳴》上發表文章提出了「日本式自由主義」這個概念，即認為西方的自由主義經過日本轉手以後發生了微妙而又重大的變化，即衝破了小共同體本位後走向了大共同體本位社會，而非西方的個人本位。〔註24〕出現了所謂的：「啟蒙呼喚個性，個性背叛家庭，背家投入救國，國家吞噬個性」的現象。〔註25〕

　　這些新觀點看起來很「新」，也似乎有反思新文化運動的趨勢，有的也確乎是「發前人之所未發，言前人之所未言」。但是總體而言這些所謂的新觀點有很多之處都脫離了基本語境，不符合史實。

〔註20〕姜義華，〈激進與保守：與余英時先生商榷〉，余英時的回應，〈再論中國現代思想中的激進與保守：答姜義華先生〉，皆見《二十一世紀》1992 年 4 月號（香港，1992），頁 134～149。

〔註21〕馬勇，〈新文化運動的一個歧路：國民性的改造〉，2017 年 5 月 31 日，愛思想，http://www.aisixiang.com/data/104528.html

〔註22〕王元化、李輝，〈對於「五四」的在認識答客問〉，李世濤編，《知識分子立場：激進與保守之間的動盪》（長春：時代文藝出版社，1999），頁 281。

〔註23〕陳來，〈二十世紀文化運動中的激進主義〉，《知識分子立場：激進與保守之間的動盪》，頁 303。

〔註24〕秦暉，〈兩次啟蒙的切換與「日本式自由主義」的影響：新文化運動百年祭（二）〉，《二十一世紀》2015 年 10 月號（香港，2015），頁 32～51。

〔註25〕秦暉，〈新文化運動的主調及所謂被「壓倒」問題：新文化運動百年反思（上）〉，〈新文化運動的主調及所謂被「壓倒」問題：新文化運動百年反思（下）〉，《探索與爭鳴》2015 年第 9 期、10 期（上海，2015），頁 72～82、74～82。

　　就拿秦暉先生所說的日本式自由主義來講，早就有人批評他的觀點是嚴重不符合語境，以宏觀思想史脫離歷史語境去闡釋微觀的具體問題。〔註26〕筆者翻閱一下當時的第一手文獻，也認為「五四」時期尤其是前期主流的自由主義與西方的自由主義在基本內涵上沒有根本上的差異，陳獨秀和高一涵留學過日本，胡適和蔣夢麟留學過美國，但是他們的自由立場幾乎不約而同是一致的。〔註27〕即國家存在只為保障個人權利，個人在行使自由時不得妨礙他人之自由，政府若戕害人民之權利，人民有權推翻它。他們共同的思想資源確實可以追溯到霍布斯、洛克、托馬斯‧潘恩、大衛‧休謨、亞當‧斯密、大密爾、小密爾、格林、霍布豪斯、杜威、羅素等人。〔註28〕甚至留學過日本的高一涵在某些問題（對自由、權利的認識）比留學過美國的胡適還要深刻，這又該如何解釋呢？胡適在思想史上的意義可能要大於他在學術史上的意義。他跟陳獨秀似乎也沒魯迅深刻，魯迅不僅啟蒙了而且超越了啟蒙。

　　至於秦暉先生所說的日本式自由主義（軍國主義）也不是像批評者說的那樣空穴來風，筆者覺得軍國主義確實存在，但是這種日本式自由主義包括無政府主義式的自由主義只能看作是五四前期文化多元的表現之一，不能從根本上推翻「五四」時期主流的自由主義。而且從翻閱《新青年》可知，陳獨秀等新文化運動主將是明確反對軍國主義的，還在《通信》欄目特意指出這個誤區。例如在《新青年》第2第1號通信中當時有人說中國人尚和平，西方人尚武力是造成中西國民強弱不同的總因，所以這位讀者認為軍國主義最適合於今日的中國。《新青年》的記者回答是：西方的勇武是值得欽佩的，

〔註26〕商昌寶，〈五四新文化運動批錯對象喊錯口號了嗎：與秦暉先生的商榷〉，《東嶽論叢》2016年第8期（濟南，2016），頁132～137。

〔註27〕可以參見《新青年》上的文章如陳獨秀，〈東西民族根本思想之差異〉，《新青年》第一卷第四號，1915年12月15日；高一涵，〈共和國家與青年自覺〉、李亦民，〈人生唯一之目的〉，《新青年》第一卷第二號，1915年10月15日；王涅，〈時局對於青年之教訓〉，《新青年》第二卷第一號，1916年9月1日；胡適，〈易卜生主義〉，《新青年》第四卷第六號，1918年6月15日。以及蔣夢麟，〈個性主義與個人主義〉，《教育雜誌》第十一卷第二號，1919年1月1日。

〔註28〕一般都認為西方的自由是強調消極自由的，筆者認為如果全面看待這些思想家一生的思想，可以發現消極自由和積極自由都有，只是因情況、時代不同側重點不同而已。例如張福建先生就注意到密爾的自由思想其實強調積極自由的，要塑造類似中國傳統儒家的理想人格。從而對嚴復的自由思想提出新的看法，一反史華慈、張灝、林毓生等人的說法。見張福建，〈文明的提升與沉淪：彌爾、嚴復與史華茲〉，《開放時代》2003年第2期（廣州，2003），頁79。

但是我們不應該仰慕軍國主義。並且該記者還把英德法三國對比，認為：「英俗尚自由尊習慣，其蔽也失進步之精神；德俗重人為的規律，其蔽也，戕賊人間個性之自由活動力；法蘭西人調和於二者之間，可為矜式軍國主義，其一端也」。又進一步說：「國之強盛，各種事業恒同時進步，絕無百物廢弛，一事獨進之理。以今日之中國而言，軍國主義殊未得當」。〔註29〕陳獨秀還說如果軍國主義取得勝利，那麼：「無道之君主主義侵略主義，其勢力益熾。其命運將復續百年或數十年，未可知也」。〔註30〕

其實陳獨秀這種反軍國主義情結早在 1914 年就體現出來了，在 1914 年他就對德、奧、日的軍國主義（帝國主義）大加抨擊。即：

> 不知國家之目的而愛之者，若德、奧、日本之國民是也。德、奧、日本，非所謂立憲國家乎？其國民之愛國心，非天下所共譽者乎？然德人為其君所欺棄畢相之計，結怨強俄，且欲與英吉利爭海上之推，致有今日之劇戰，流血被野，哀音相聞，或並命孤城，或碎身絕域，美其名曰為德意志民族而戰也，實為主張帝王神權之凱撒之野心而戰耳。德帝之恒言曰，世界威權，天有上帝，地有凱撒……奧之於塞，侵陵已久，今以其君之子，不惜亡國破軍，以圖一逞，即幸而勝，亦所謂一將功成萬骨枯耳，於國人有何福利也……日本若猶張皇六師，目不暇給，竭內以飾外，賦重而民疲，吾恐其國日強，其民胥凍餒以死……夫帝國主義，人權自由主義之仇敵也，人道之洪水猛獸也，此物不僵，憲政終毀。行見君主民奴之制復興，而斯民之憔悴於賦役干戈者，無寧日矣。〔註31〕

在此後的《每週評論》中又多次表明反對軍國主義，在〈歐戰後東洋民族之覺悟及要求〉就說：現對外的覺悟是人類平等主義，反對種族偏見；對內的覺悟是拋棄軍國主義。〔註32〕在 1919 年也說：「受過軍國侵略主義痛苦的人，當然拋棄軍國侵略主義」。〔註33〕又說少數野心家操縱政權，實行大權政治和

〔註29〕記者，〈新青年・通信〉，《新青年》第二卷第一號，1916 年 9 月 1 日。

〔註30〕陳獨秀，〈俄羅斯革命與我國民之覺悟〉，《新青年》第三卷第二號，1917 年 4 月 1 日。

〔註31〕陳獨秀，〈愛國心與自覺心〉，《陳獨秀文章選編》（上冊）（北京：三聯書店，1984），頁 68～69。

〔註32〕陳獨秀，〈歐戰後東洋民族之覺悟及要求〉，《陳獨秀文章選編》（上冊），頁 308。

〔註33〕陳獨秀，〈朝鮮獨立運動之感想〉，《陳獨秀文章選編》（上冊），頁 365。

軍國主義叫「割據」，不能叫「分立」。〔註34〕直到 1921 年時還說今日的倫理有二：「一種是幫助弱者，抵抗強者，一種是犧牲弱者，幫助強者」。軍國主義就是後一種，社會主義與之相反是前一種。〔註35〕即使是中共一大召開後，陳獨秀依然保持自由主義的幽暗意識，對群眾心理、學生運動保持一種警惕。在《新青年》第 9 卷第 2 號中就說：

> 輿論就是群眾心理底表現，群眾心理是盲目的，所以輿論也是盲目的。古今來這種盲目的輿論，合理的固然成就過事功，不合理的也造過許多罪惡。反抗輿論比造成輿論更重要而卻更難。投合群眾心理或激起群眾恐慌的幾句話，往往可以造成力量強大的輿論；至於公然反抗輿論便不是一件容易的事了。然而社會底進步或救出社會底危險，都需要有大膽反抗輿論的人，因為盲目的輿論大半是不合理的。此時中國底社會裏，正缺乏有公然大膽反抗輿論的勇氣之人！〔註36〕

這種自由主義的幽暗意識不僅僅表現在陳獨秀身上，秦暉先生談論較多的魯迅、周作人、錢玄同等人亦如是。他們都注重思想自由、個人自由，在群眾運動中仍然不遺餘力地提倡個人主義、容忍異議、尊重他人思想主張。〔註37〕

這種多元思潮並存，主流不排斥支流的現象表明「五四」的主調應不是軍國主義。如果筆者理解得不錯的話，這不就是秦暉先生一再強調的共同底線嗎？一位力倡共同底線的學者居然無視底線的存在，讓人詫異。秦暉先生以前在批評崔之元關於《鞍鋼憲法》的解讀時，不也說「兩參一改三結合」的前提是「加強黨的領導、堅持政治掛帥、大搞群眾運動」，〔註38〕說崔先生是嚴重剝離語境來看問題，怎麼到了「五四」這一時期就變了呢？自己也「身體力行」著語不驚人死不休、今天為了這個目標這樣說，明天為了那個目標

〔註34〕陳獨秀，〈為什麼南北要分立〉，《陳獨秀文章選編》（上冊），頁 368。陳獨秀甚至還表明：我們中國人若免不得亡國的命運，寧可亡在歐美列強手中，也不願亡在日本人手裏。（頁 396）

〔註35〕陳獨秀，〈女子問題與社會主義〉，《陳獨秀文章選編》（中冊）（北京：三聯書店，1984），頁 104。

〔註36〕陳獨秀，〈隨感錄·一一八〉，《新青年》第九卷第二號，1921 年 6 月 1 日。

〔註37〕歐陽哲生，〈被解釋的傳統〉，《五四運動的歷史詮釋》（北京：北京大學出版社，2012），頁 249。

〔註38〕秦暉，〈「制度創新」還是制度復舊：再問崔之元先生〉，《共同的底線》（南京：江蘇文藝出版社，2013），頁 197～207。

那樣說的「箴言」。

以上是筆者對五四新文化運動研究的一些新觀點的反思，並指出其誤區和商榷之處。本來這些論者大多數是連《新青年》都沒怎麼讀，更不用說《東方雜誌》、《不忍》、《甲寅》、《亞細亞報》、《新潮》、《每週評論》等雜誌了，或者是從中國現實出發倒推歷史、影射當下，或者是僅僅為了博個噱頭，不值得筆者一駁。可是「五四」百年祭即將到來，因此有必要及時糾正這種歷史虛無之風。筆者說了這麼多無非是想強調基本史實和語境的重要性，不可不顧於此來標新立異，甚至對五四運動發出一些驚人之論（究其實質不過是在藉思想文化解決問題的道路上一錯再錯）。也正是從這個意義上來說，周策縱先生關於「五四」的研究至今仍然不失其價值。

三、全面性、思想性與視野性

周策縱先生在《五四運動史》中主要是全面勾勒出五四運動的過程，包括運動的歷史背景、政治狀況、社會組織、領導者與參加運動的各界人物等等。他認為五四運動不僅僅是一場思想革命，也是一場波瀾壯闊的社會政治運動。

1919 年巴黎和會的不公，引起了國人的憤怒和不滿，從而有了 5 月 4 日的學生運動，並且這場運動很快擴展到各個領域。這場運動發生並不是偶然的，雖然巴黎和會對山東問題處理不公的此次事件的導火索，但它有著更深層次的原因，即在此之前已經醞釀了。早在 1915 年，因「二十一條」民族主義情緒就已經高漲不已。不過，這時的運動還不夠成熟，這引起新式知識分子的反思，使他們認識到自己應承擔變革社會的責任。在 1917 年之前，喚醒青年的任務集中在只是少數人的手裡。而 1917 年蔡元培出任北大校長後，新式知識分子迅速聯合起來，從事思想改造。儘管他們之間有分歧，但畢竟因為有共同的目標還是集聚在了一起。當然，這一點也為後面的分裂埋下伏筆。由於新式知識分子的努力，新思想迅速傳播，學生運動興起，而後來的即 1919 年 5 月 4 日的學生運動只是之前國人的愛國情懷和反抗決心的擴大和延伸。周先生認為不能把兩者隔開，〔註39〕忽略這些不能就對五四運動做出徹底地瞭解和評估。五四運動（「小五四」）爆發後，迅速影響到社會各個方面，工商業人士、工人都加入進來，引發成了民間對政府的大規模對抗。

周先生認為五四的發生與擴展對當時的歷史影響深遠，並且進行了詳細

〔註39〕周策縱，〈認知・評估・再充〉，《五四運動史》，頁 13。

地論述。政治上反帝反軍閥的潮流，一浪高過一浪，並且影響到了當時的黨政組織和政局走向。國共兩黨在運動中結成聯盟，掃蕩軍閥。社會政治的另一個方面，「商人和城市工人的組織和活動得到發展」。〔註40〕思想上，造成文學革命、新思潮廣為傳播並對傳統進行重估再量。

但是隨著運動的深入開展和對有關思想的細緻考察，知識分子陣營內部分歧與日俱增，左派、自由主義者、進步黨和國民黨之間，論戰不斷，此起彼伏，最後徹底分道揚鑣。並且其餘波未斷，此後幾十年的激烈論戰和思想鬥爭都與此相關。不弄清史實，就不能對這些論爭的源頭和性質有真正的理解。〔註41〕

外交上，中國與蘇聯的關係日益密切，由原來的學習西方轉到師法蘇俄，蘇俄的對華宣言和社會思潮引起國人的好感和興趣。經濟上，因為抵制日貨運動，提倡使用國貨，民族資本主義得到進一步發展，為後來的革命和改革打下了堅實的基礎。在經濟結構上也有明顯變化，「地主地位日漸衰落，農民不安分意識增長」，勞工問題逐漸突出，勞工的勢力和「組織開始加強而且呈現出一定的政治色彩」。〔註42〕

此外，運動在婦女解放、教育改革等諸方面也取得不小成就，如傳統的大家族制度衰微，青年們越來越追求在愛情基礎上的婚姻和強調他們的獨立人格和權利。婦女地位提高，成立了男女合校。解放後婦女擺脫傳統倫理的束縛和桎梏，而進入了實際的政治和社會活動。〔註43〕因此，五四運動實際上是思想革命和社會改革的結合，以知識分子為領導的思想變革為基礎，進而波及社會、政治、文化各個方面，以此來實現現代化的任務。儘管以上羅列有點冗長，且淺白平實。但是，筆者覺得羅列這些很有必要，不是可有可無的。必須將史實弄清楚才能去談深入研究，而不是像新觀點那樣沒有邊際、不加制約、想當然地去寫。

除了全面、綜合、多層次特點之外，周先生的研究也有所側重，即對思想層面花費的筆墨較多。《五四運動史》的副標題就是現代中國的思想革命。全書從第十一章到第十四章專門對五四時期的重要思潮進行了專門的考察。在此前，敘述運動過程中，也有對思想進行研究的，如第三章、第七章、第九章。因而這部著作在被介紹到國內時，是在近代思想史的研究評述裏。

〔註40〕周策縱，《五四運動史》，頁370。
〔註41〕周策縱，《五四運動史》，頁18。
〔註42〕周策縱，《五四運動史》，頁506。
〔註43〕周策縱，《五四運動史》，頁506。

　　具體而言，文學革命提倡白話文反對文言文，用西方理論改革中國文學，使得白話文廣為傳播。新思想借助話文和新媒介影響深遠，其中前期以功利主義與現實主義、自由主義、個人主義、實驗主義為主，後期轉向馬克思主義。與此同時，新文化運動的知識分子對儒學為代表的傳統文化進行猛烈批判。但正如前面所說，對思想越來越細的考察造成知識界的分裂，因而紛爭不斷。在隨後的古史研究、整理國故運動、非宗教運動、東西文化論戰、科玄論戰中都有體現。周先生對這些論戰都有自己獨到的見解，如分析科玄論戰時作者就一針見血的指出：

> 　　事實上，論戰中雙方很少有人抓住了爭論的核心問題，即認識論問題。論戰是因科學究竟能在多大程度上應用於人生觀而起。這是個很模糊的問題，因為人生觀的含義很不確定，而在論爭中卻沒人給它一個準確的定義。爭論開始之後，它就轉變為一場關於科學與玄學關係的論戰，並逐漸轉移到了其他相關問題。因為認識論沒有得到充分討論，其他爭論不可避免地就是膚淺的了。〔註44〕

　　類似的見解還有不少，讀者諸君若有興趣，可以自己去閱讀和體會。〔註45〕

　　此外，周策縱先生的研究不是就事論事，不是只講五四這幾年的歷史，而是將視野放寬，把五四運動放到中國歷史的長河和世界文明的演進中加以考察。五四時期湧現出的很多事物和思潮在五四之前就有，但是真正得到發展、發揮效應的還是在五四這一時期。例如學生干政和倡導抗議運動，在中國歷史上並不罕見。在公元前524年就有鄉校議政。西漢時期有三萬多太學生抗議政府內政。後漢的學生與清議合流抨擊政要和宦官。宋朝的太學生領導軍民數十萬向皇帝請願。明代的書院更常與政治運動結合。但是古代的學生運動包括近代以來的一些運動都缺乏理論基礎，沒有遠大的理想，對於政治組織，社會制度，倫理思想和文化文學等都沒有什麼大的影響。五四的青年知識分子在這方面可謂史無前例。就是在今天他們的輝煌活動，也可以說是後無來者。五四與中國近代的其他運動相比較而言也是具有特殊意味的。戊戌變法固然由精英知識分子推動的，但它的改革目標以及對後世啟發都不如五四。辛亥革命雖然推到了幾千年的君主專制，但革命後遺留下來讓我們

〔註44〕周策縱，《五四運動史》，頁467。
〔註45〕當然不必以周先生的論斷為唯一標準，讀者可以提出自己看法，不過前提是根據大量的第一手文獻。

進一步發揚光大的並不多，反而需要五四新文化運動對之補課。就是抗日戰爭這樣的偉大事業，一旦結束後讓我們繼續努力的工作也所剩無幾。但是五四的許多目標尚沒有完成如民主、科學、自由，依然是我們不斷要為之努力的。五四還有一個更重要的思想基調：「重新估價一切」。對古今重在一切問題和主張，都要用「評判的態度」來重新估價一番，自己獨立思考和判斷，不做盲目接受。從縱向上來看，徹底重估傳統以創造一種新的文化。中國傳統文化往往帶有濃厚的道德色彩，缺乏邏輯推理，是被給教條式的以家族為中心的倫理觀念籠罩住了。〔註46〕雖然在中國歷史上也有人，包括五四前如梁啟超和嚴復已經認識到這一點，可是真正能在社會造成風氣的，特別注重理智，邏輯推理，獨立思考的卻是從五四時期開始的。從橫向上來看，五四新文化運動是一種世界各種文化、文明相互比較、檢討、融合的先導。以前中國的改良和革命運動，只注意到本國的變革和改革問題。但是在五四時期是以「重新估價一切」的態度，採取世界各國文明揚其長棄其短，企圖建立一種新文明。胡適說的「再造文明」便是具有世界性的，打破國界。〔註47〕總之，周先生視野開闊，有別於後來的只抱一孔之見的研究者。

四、客觀性的立場

　　周策縱先生的研究在很多問題上都持客觀的立場，盡量不摻入主觀因素。〔註48〕他對五四的研究是屬當朝人寫當朝事，有點像寫《中國近百年政治史》的李劍農先生。但是其研究在許多方面依然不乏洞見。他在研究「五四」時立下兩條治史原則：「一是臨文不諱，秉筆直書」；二是「不求寵於當時，卻待瞭解於後世」。〔註49〕當然完全沒有主觀因素是不可能的，任何人的觀點都具有主觀性，但總比先入為主、以論代史要強。

　　最明顯的體現便是在《五四運動史》中最後一章對各派觀點的評價上，周先生的研究擺脫了意識形態的偏見，亦即「深痛於當代某些中國史家逢迎上意，為黨派歪曲歷史，對五四尤其如此」，〔註50〕「非正統的觀點受到教條主

〔註46〕周策縱，〈「五四」五十年〉，《文史雜談》（北京：世界圖書公司，2014），頁253。
〔註47〕周策縱，〈「五四」時期中國的文化自覺〉，《文史雜談》，頁207。
〔註48〕即「不涉及道德的判斷或情感的偏向，凸顯出客觀史學（現實主義史學）的特質」。參見周策縱，《憶己懷人‧代序》（北京：世界圖書公司出版社，2014），頁6。
〔註49〕周策縱，〈認知‧評估‧再充〉，《五四運動史》，頁7。
〔註50〕周策縱，〈認知‧評估‧再充〉，頁8～9。

義派的歷史學家的嚴厲批判,而這些批判往往只是些言過其實的解釋而不是事實求是的論述」。〔註51〕因而對把五四運動意識形態化的官方解釋,作者是給予批判的。

而對於純學術爭論的觀點,作者的態度是既看到了合理性的一面,又提出問題之所在。如自由主義者認為五四新文化運動是一場文藝復興、宗教改革或啟蒙運動,周先生認為套用西方的理論來解讀中國的歷史是不全面的,甚至在一些關鍵問題上造成誤解。其偏頗之處在於忽視新式知識分子作為社會勢力和政治勢力的領導者的意義,以及新興民族主義和社會主義思潮的重要性。〔註52〕但是仍然認為他們的闡釋有一些價值,特別是對於運動初期而言。

而且自由主義者對五四運動的解釋相比較而言是最少教條主義的,從某種意義上看自由主義者對新思想和新文化運動都作了中肯的思考,肯定在運動中取得的成績,抓住了運動初期的本質:個人解放。同時抱有一種「瞭解之同情」的心態,自由主義者重視教育改革和學術提高,忽視運動的政治因素是可以理解的。〔註53〕又如馮友蘭等人批評五四運動忽視工業化的緊迫性。周先生認為這種批評沒有駁倒新式知識分子的觀念,思想改造是工業化的助力器,是延伸而不是反動。並且僅有工業化建設並不必然就有思想上的成就。〔註54〕最後作者提出自己的觀點時,說是一種參考性的闡釋,表明作者是謹慎的,並包容其他不同的意見。

其次,其研究的客觀性也體現在史料運用上。因為五四運動是一件多面相的社會政治事件,要弄清其來龍去脈並非易事。正如周先生的研究中所說那樣,人們對「五四運動」意見紛紜,很容易引起爭論,就是親身經歷者的說法也是前後不一,所謂「所見異辭,所聞異辭,所傳聞異辭」。〔註55〕加上各個黨派的不同解釋,就更加混亂,容易遮蔽事情的本來面目。所以,周先生採取的做法是大量採用當時的報刊記載和個人的當下回憶,對各種說法持謹慎懷疑的態度,不能隨便接受有目的的、誇大的陳述,提倡「不輕信」的觀念和習慣。透過真實的史料讓「當時的人和事,自己替自己說話」。〔註56〕

〔註51〕周策縱,《五四運動史》,頁492。
〔註52〕周策縱,《五四運動史》,頁481。
〔註53〕周策縱,《五四運動史》,頁481。
〔註54〕周策縱,《五四運動史》,頁509。
〔註55〕周策縱,〈認知·評估·再充〉,《五四運動史》,頁10。
〔註56〕周策縱,〈認知·評估·再充〉,《五四運動史》,頁6。周策縱先生的做法秉承中國史學中向來重視鑒別史料的傳統,即「欲求事實的正確,絕非靠空洞的推

例如在 4 月底學生向全國各團體各報館發出的電報聲稱是有 25000 人共同抗議。周先生認為這個數字是有問題的，可能誇大了。對比上次致電巴黎和會代表人數和東郊民巷給各國公使館的說帖，認為 11500 人是比較接近事實的。〔註 57〕

又如當學生衝進曹宅時是否毆打其父親，曹汝霖報告說是他的父親被毆打，但周先生認為這是不符合事實的，因為曹的父母妻兒已經被接走了，激進的青年衝進房屋內只是搗毀了一些東西，衝出時已經被警員抓住了。〔註 58〕

同樣地，他也不否認學生有著過激的行為，例如曹汝霖聲稱房屋是學生燒毀的，但學生對此不承認，認為是曹家為傷害學生自導自演的。他在比對當時的國內外媒體的許多報導和很多當事者的回憶錄，認為火是學生放的，至於怎麼放的，暫不清楚。〔註 59〕文中這樣的考辯史料例子還有很多，限於篇幅不一一列舉了。筆者從周先生的分析中受益不少，也認同他的做法。當然因為筆者的能力有限，閱讀的史料並不夠多，尚不能判斷其研究中對資料有沒有多剪或少裁。

再者，周先生敘事的客觀性還體現在自己對五四運動再評價上。即評價時並不是一味認同點贊。對於五四運動的缺點，他也毫不遮蔽。他在文末指出五四時期的一般缺陷。一是不能正確對待傳統，對傳統一味的批判，避而不談或低估了民族遺產中的優秀成分，這種批判難免簡單、膚淺。二是當時的知識分子過分相信外來思潮，而且對各種「主義」沒有仔細認真研究，只停留在口頭上而沒有落實到實踐上，未免空洞。而且，不能正確處理它與傳統的關係。第三是當時發起運動的人過於自信，沒有考慮或者沒有認真理性地考慮，在這樣幅員遼闊的國家從事改革要面臨的困境。他們對很多問題缺乏耐心，急於求成。要用短短幾年時間在中國實現西方幾百年間才採取的或還沒有完全取得的成果，是一個美妙的幻想。不過這些缺乏耐心的做法也不是中國改革者特有的，也屬那些後來批評和反對他們的人。〔註 60〕筆者覺得這第三點放在六十年後的今天依然不過時，研究五四不可在邏輯混亂、概念不清、語境不明、史實

論和尖巧的臆測所能得。必須用急耐煩工夫，在事實上旁推反勘，才能得著真相」。參見梁啟超，《中國近三百年學術史》（長沙：嶽麓書社，2009），頁 96。

〔註 57〕周策縱，《五四運動史》，頁 142。
〔註 58〕周策縱，《五四運動史》，頁 160～161。
〔註 59〕周策縱，《五四運動史》，頁 161。
〔註 60〕周策縱，《五四運動史》，頁 507～508。

缺漏的情況下就匆忙地下結論。

最後，其客觀性立場還表現在他對於一些新觀點如「五四」時期是不是整體性反傳統主義（前面已經提及），紀念五四運動有沒有必要，是不是要超越「五四」，懷疑主義是否有長遠存在的必要等問題的回應上。比如關於史華慈說五四時代的知識分子抱有「全體主義」思維模式，這種思想傾向是繼承中國傳統的「一元論」哲學思維。周先生並不是說持這種觀點的人都一無是處，而是說他們只看到問題的一小部分，換句話這只是抓住某個人在特定情況下說的話，而不知道拿他在別處說的話進行平衡或者只是放到一些知識分子身上合適如李漢俊等人。但是這些人的見解和觀點並不是 20 年代思想的主流，如果完全忽視掉胡適、蔡元培、蔣夢麟等人的看法，然後將這個罪名加諸於當時的知識分子，是不正確的。〔註61〕

又比如說到是否長久需要五四時期的懷疑精神，周先生認為是需要的，雖然不必像「五四」那個時代去懷疑一切，但對於中國和西方傳統重新估價不失為一種長遠目標。當然，作者也說一個社會如果人人都在懷疑，無信仰無共識，那麼這個社會也是難以維持的，要有個「懷疑—信仰—懷疑」的辯證過程，這才是懷疑精神的真義。〔註62〕

筆者很贊同周先生的觀點，筆者在上文中對秦暉先生「日本式自由主義」的評判就說他抓住某一小點將之誇大成主要甚至唯一思潮，而不去對比五四時期主流的自由主義。這個視角也可以用來分析金觀濤等人的觀點。例如金觀濤先生認為新文化運動的知識分子突破倫理中心主義後把新知識當做倫理的基礎。〔註63〕但是筆者認為新文化運動的知識分子雖然強調知識的重要性，可是並沒有金先生所謂的價值逆反而淪為「知識中心主義」。陳獨秀強調了情感和知識要平衡，即「我們一方面固然要曉得情感力量的偉大，一方面也要曉得他盲目的、超理性的危險；我們固然不可以靠知識，也不可拋棄知識。」還形象地說：「譬如走路，情感是我們自己的腿，知識是我們自己的眼或引路人的眼，不可說有了腿便不要眼」。〔註64〕高一涵還說道德和法律要

〔註61〕周策縱，〈以「五四」超越「五四」〉，《周策縱自選集》（濟南：山東教育出版社，2003），頁 17。
〔註62〕周策縱，《棄園文萃》（上海：上海文藝出版社，1998），頁 9。
〔註63〕金觀濤、劉青峰，《開放中的變邊：再論中國社會的超穩定結構》，頁 202～205。
〔註64〕陳獨秀，〈基督教與中國人〉，《新青年》第七卷第三號 1920 年 2 月 1 日。另外陳獨秀在《新文化運動是什麼》中還特意澄清社會上對新文化運動的誤解。

分開，道德屬思想情感範圍，非國家權力能干涉。〔註65〕他們反的是傳統的倫理教條。只拿他們的隻言片語就說他們是「整體性反傳統」並又沒有突破傳統的整體性思維是不恰當的，是不符合歷史的，是主觀隨意的，是經不住史實考驗的。

繼強加「價值逆反」後，金觀濤先生又認為新文化運動時期的民主與西方的民主有很大差異，是普羅大眾主義、民粹主義的。〔註66〕這個觀點又是不符合史實和邏輯的。不符合史實的是，普羅大眾主義、民粹主義是後來蘇俄社會主義真正傳入才有的，跟新文化運動前期沒有關係。不符合邏輯的是，陳獨秀晚年對蘇俄社會主義進行了反思，又重新舉起早年的科學與民主的大旗，他在〈孔子與中國〉曾說：

> 民主與科學，是人類社會進步之兩大主要動力……人類社會之
> 進步，雖不幸而有一時的曲折，甚至一時的倒退，然而只要不是過

参見陳獨秀，〈新文化運動是什麼〉，《新青年》第七卷第五號，1920 年 8 月 1 日。陳獨秀在《隨感錄》中也類似的看法，說到道德與科學、知識的關係。即：「再說到道德問題。這是人類進化上重要的一件事。現在人類社會種種不幸的現象，大半因為道德不進步，這是一種普遍的現象，卻不限於西洋、東洋。近幾百年，西洋物質的科學進步很快，而道德的進步卻跟他不上，這不是因為西洋人只重科學不重道德，乃因為道德是人類本能和情感上的作用，不能象知識那樣容易進步。根於人類本能上光明方面的相愛，互助，同情心，利他心，公共心等道德，不容易發達，乃是因為受了本能上黑暗方面的虛偽，忌妒，侵奪，爭殺，獨佔心，利己心，私有心等不道德難以減少的牽制；這是人類普通的現象，各民族都是一樣，卻不限於東洋、西洋。」參見陳獨秀，〈隨感錄（七十一）〉，《新青年》第二卷第一號，1916 年 9 月 1 日。

〔註65〕 高一涵，〈非君師主義〉，《新青年》第五卷第六號，1918 年 12 月 15 日。文中為了方便閱讀而有所簡略，這裡具體來看高一涵的言論：「我想所說的西哲，必定是孟德斯鳩。孟氏政治哲學的方法，不原於柏拉圖即基於亞里士多德。然他解釋法律，即不說法律是理性的表示，又不說是元後的命令，但說是人與人的關係。是孟氏已承認道德與法律及元首，是分開的了」「我的意見：不是說道德是不必要的，是說道德不能由國家干涉的；不是說共和國家不必尚道德的，是說主人的道德，須由主人自己培養，不能聽人指揮，養成奴性道德的；也不是說現在社會道德是不壞的，是說就是壞到極點，也不能因我們大總統下一道『上渝』的命令，就可以立刻挽回的；更不是說道德不該有人倡導的，是說總統偶吃一次齋，萬不能使人人戒殺；偶沐一回浴，萬不能使人人滌面洗心；偶正一刻心，亦萬不能使人人的心皆放在正中，而永遠不歪的。所以道德必須由我們自己修養，以我們自己的良知為標準，國家是不能攬入精神界去干涉我們的。」如果全景式看這些人的思想，金先生大概就不會發出那樣以偏概全的言論了。

〔註66〕 金觀濤、劉青峰，《開放中的變遷：再論中國社會的超穩定結構》，頁 207～210。

於近視的人，便不能否認歷史的大流，終於是沿著人權民主運動的總方向前進的……人權民主自然不能不是犯上作亂的邪說；人權民主不斷高漲，束手束足意氣消沉安分守己的奴才，那會有萬眾一心反抗強鄰的朝氣。〔註67〕

在〈致西流的信〉中也說：

> 許多年來，許多人，把民主和議會制度當作一件事情，排斥議會，同時排斥民主，這正是蘇俄墮落之最大原因；議會制度會成為過去，會成為歷史殘影，民主則不然也，蘇維埃制若沒有民主內容，仍舊是一種形式民主的代議制，甚至像俄國的蘇維埃，比資產階級的形式民主議會還不如。〔註68〕

在〈我的根本意見中〉又說：「民主主義是自從人類發生政治組織，以至消滅之間，各時代（希臘、羅馬，近代以至將來）多數階級的人民，反抗少數特權之旗幟。」無產階級民主不是空洞的，也是要求一切公民有集會、結社、言論、出版、罷工之自由。特別是反對黨派之自由，沒有這些，議會或蘇維埃同樣一文不值。〔註69〕就連胡適都說：「陳獨秀晚年的民主思想實在是他大覺大悟的見解」。〔註70〕如果陳獨秀早年提倡的民主與科學一無是處，就是在搞破壞，或者就是金先生說的是為了奔向後來的蘇俄社會主義，那麼晚年怎麼會重舉這兩幟大旗呢？這不自相矛盾麼？

五、研究方法、史料收集與不足之處

在研究方法上也有較好的提示作用。正如周策縱先生自己在《五四運動史》中開頭所說，對五四運動的評論性文章居多，但史實描述極少。也就是說這些評論都是沒有可靠的歷史依據的，弔詭地是這一點在六十年後的今天依然如故。而大多西方人士對這個運動認識又是零碎不正確的（在作者研究以前是如此，現在應該不是如此了）。因而其研究主要是要描述記錄五四的史實，詳細地檢討其流變和效應。雖然本書的文字讀來有點繁瑣，但總比那些

〔註67〕陳獨秀，〈孔子與中國〉，《陳獨秀文章選編》（下冊）（北京：三聯書店，1984），頁 532～534。

〔註68〕陳獨秀，〈陳獨秀致西流〉，水如編，《陳獨秀書信集》（北京：新華出版社，1987），頁 503。

〔註69〕陳獨秀〈我的根本意見〉，吳曉明選編，《德賽二先生與社會主義：陳獨秀文選》（上海：遠東出版社，1994），頁 402。

〔註70〕唐寶林，《陳獨秀全傳》（北京：社會科學文獻出版社，2014），頁 871。

食洋不化者，用西方理論來剪裁史料要好的多，也更能反映史實！

就史觀而言，他是採用多元化史觀，注重分析當時的社會思潮，不同於大陸主流的唯物史觀。這種分析方法有助於我們更全面的瞭解五四運動，而不僅僅限於革命話語內。同時兩種史觀相互切磋、補充，對完善史學方法也有裨益，「我們不僅要站在唯物史觀的角度上充分認識和分析問題，還要兼顧眾多的其他方法，從而開拓研究視野，以形成獨立完備的史學方法論體系」。〔註71〕

就史料收集而言，不得不佩服周策縱先生的求知精神。《五四運動史》是他的博士論文改編而成的，當時他要選這個話題來做博士論文時，他的導師是反對的，甚至要取消周先生的獎學金。但是周先生還是頂住多方面的壓力，堅持寫這個題目。因為當時西方學界對五四運動是比較漠視的，所以海外資料非常匱乏，全靠作者手抄，「我把 1915 年至 1923 年間的報刊，直接間接、多多少少檢閱過六七百種」。〔註72〕可見，他在史料上下了很大的功力，並且克服了諸多困難。筆者認為這是其研究成果還不過時的重要原因之一。

此外，他又編輯出版了《五四運動研究資料》，〔註73〕是《五四運動史》一書的補充和延伸。書中列出的關於五四時期的報刊和資料達到近千種，並且注明了出版地點、日期、編輯人員和撰稿人名單等等。可謂是後來學者研究現代中國政治、社會、文化、文學各領域的重要的史料基礎。周先生也注意到在他寫完本書之後，又有許多新資料和研究成果出版，不過還不能讓他作出重大的修改。

〔註71〕馬佳，〈兩種視野下的五四運動〉，《華中人文論叢》2013 年第 1 期（武漢，2013），頁 99～101。筆者注意到一個很有趣的現象：周策縱先生和代表中國主流學術話語的中國社會科學院的一些學者儘管在政治立場上相反，史觀上也不盡相同，但是他們都反對把「五四」與後來的共產主義革命、「文革」聯繫在一起，反而一些號稱是中國「自由主義者」（？）的學者極力否認、貶低「五四」的啟蒙性質，毫無根據地把「五四」與後來的革命、「文革」扯在一起。筆者還是要說要回答「大五四」的主調是什麼？為什麼會從自由主義轉向世界主義進而轉向共產主義，最有效的方法就是全景式地、耐心地閱讀當年留下來的第一手文獻，而不是簡單地從中國現實出發倒推過去。

〔註72〕劉作忠，〈「五四」是上兩代人的資產：周策縱教授訪談錄〉，《黨史縱橫》1998 年第 5 期（瀋陽，1998），頁 19～20。

〔註73〕Chow Tse-Tsung, *Research Guide to the May Fourth Movement:Intellectual Revolution in Modern China,1915~1924*（Cambridge, MA: Harvard University Press, 1963）。

關於周策縱先生對「五四」研究的不足之處，以筆者的看法主要有兩點。第一是因為涉及的面太廣，史料過多，在某些問題上研究得似乎還不夠深入，而且有些問題是很關鍵的。例如周先生在《五四運動史》注意到了五四新文化運動的知識分子批判儒家時箭有虛發，因為一些言論並不是孔子本人的思想，〔註74〕但是對哪些言論真正是古儒的，哪些是「法裏」強加的，沒有具體指出來。進而對五四時期為什麼反儒而不反法，沒有更深入的探討。作者似乎只是將史料羅列出來，沒有做更深入地分析。這個問題與「五四」的主調關係是什麼呢？是「救亡壓倒了啟蒙」（李澤厚）嗎，還是相反「啟蒙壓倒了救亡」（秦暉）？抑或說是在在救亡中啟蒙，以啟蒙從事救亡？或說兩者就不相干？這個要有更進一步的論證。

第二是周先生在《五四運動史》的開頭說他對一些新觀點進行了回應（筆者在上文中也提過），但是就筆者所讀的一些回應性文章，認為作者對於有些問題回應得比較到位比如對「五四」時期反傳統問題，但有些問題上卻不是如此。例如第一點中所說的救亡和啟蒙的關係，周策縱先生在《以「五四」超越「五四」》一文中是有回應，他說這個問題很多複雜，兩者不必相互牴觸，「五四運動」後來的發展確乎慢慢有了偏差。〔註75〕但筆者覺得這個回答有點籠統，也有點簡單化的傾向，例如這兩者為什麼不牴觸、究竟怎麼也就不牴觸了？說「五四」後來慢慢偏離了方向，筆者同意這個說法，可是這個偏離的過程是怎麼的？具體到了某個觀念如：民主、自由、科學等等是如何演變的？作者都沒有給出具體回答。據筆者所知的一些所謂的新觀點（如金觀濤、秦暉等人的書中）也沒有給出令人滿意的回答，往往顧此失彼甚至牽強附會，至少在筆者看來是如此。這個恐怕也要再認識。〔註76〕

從廣義上來說，五四新文化運動至今已經有百餘年了，對此次運動爭議褒貶亦有百餘年了。如何對待「五四」是一個非常值得探討的話題，因為它不僅涉及到歷史，也與現實有關。但不論是從宏觀層面還是微觀層研究五四運動，都應該不脫離當時的語境，將事後的邏輯強加於先人。2019年是五四

〔註74〕周策縱，《五四運動史》，頁435。

〔註75〕周策縱，〈以「五四」超越「五四」〉，《周策縱自選集》，頁22。

〔註76〕至此筆者論述完了周策縱先生和林毓生、秦暉、金觀濤等人關於「五四」的研究。但要提醒讀者的是，筆者不是以周策縱先生的研究為唯一論斷，也不是要所有的人都完全同意周先生的看法，更不是要做到絕對客觀，而是說在佔有大量原始資料的情況下的觀點是更客觀，更符合史實的。

運動（「小五四」）爆發一百週年，那時紀念「五四」的文章想必會如漫天飛舞的雪花一樣多。這些文章會是天馬行空還是尊重史實抑或是在宏大敘事與微觀實證之間？尚不可知。倘若是能客觀求真些，筆者這篇文章的目的也就達到了，也算是筆者為五四新文化運動研究所盡的一點綿薄之力！筆者謹識於「五四」百年前夕！

五四時期自由主義的研究回顧、反思與展望——以 1980 年代後大陸學界研究趨勢為主

一、前　言

　　在西方近現代思想史中，似乎沒有一種思潮能比自由主義更讓人熟悉，西方近現代歷史從某種意義上來說就是一部自由主義演進史。在近代中國引進西方思潮歷程，亦是重要的思想之一。中國近代自由主義在五四新文化運動時期大放異彩。在五四以後依舊保有一定聲勢，但已處於左右思潮夾攻的情況。學界關於「五四」時期自由主義的研究已經取得較大進展，既有宏觀考察，亦有微觀分析，但目前尚沒有專文回顧這些研究成果。〔註1〕本文以大陸學界論著為主，嘗試梳理其研究成果，以期達到「辨章學術，考鏡源流」的目的，更好地推動五四時期自由主義研究。

二、宏觀的考察

　　任何思想家的思想總是不脫離他所處的時代，他的思想大部分特質還是

<hr>

〔註1〕在一些關於近代中國自由主義思潮研究的綜述裏，對五四時期自由主義思潮有所提及，但限於篇幅與論題並沒有展開。參見俞祖華，〈近代中國自由主義思潮研究綜述〉，《煙臺大學學報（哲學社會科學版）》2005 年第 1 期（煙臺，2005），頁 97～103；閆潤魚，〈20 世紀 90 年代以來中國近代自由主義研究述評〉，《教學與研究》2006 年第 4 期（北京，2006），頁 53～60。

社會的特質。〔註2〕一九八零年以來大陸學界對五四時期自由主義的研究亦受時代思潮影響。在八十年代新啟蒙之際，為現代化激情所蕩漾的知識分子為實現現代化的靈魂：科學與民主，而尊崇五四，要求再次啟蒙。而經過一九八九年的大斷裂後，中國進入了所謂的後啟蒙時代，許多原本崇尚五四的知識分子反戈一擊，大加抨擊五四，認為其激進，導致研究五四時期自由主義主流以否定居多。這種反五四的情結源自於海外學者，其中引領風潮的是林毓生先生。

林氏在《中國意識的危機》中說五四是「整體性反傳統主義」（即「全盤反傳統主義」），借思想文化以解決問題，而「借思想文化作為解決問題的途徑，是一種強調必先進行思想和文化改革然後才能實現社會和政治改革的研究問題的基本設定」，〔註3〕從而進一步加重了中國意識的危機。並認為五四時代的激烈反傳統在文化大革命中再次出現，即毛澤東晚年的文化大革命與激烈反傳統，與五四的激進反傳統有著密切關係。毛澤東的深層意識認為五四的全盤反傳統沒有失去力量，所以他發動文化大革命和全盤否定過去。由此出發，林氏認為五四一代注重個人自由主要是用以反傳統，想從傳統社會和文化壓抑下解放出來，這與西方的個人自由觀念不同的。並且認為五四時期將個人主義之諸價值當作「價值」，與民族主義並行不悖。個人主義之所以夭折，是因為其與民族主義和反傳統思想糾纏在一起。〔註4〕

張灝先生也將五四與後來的革命、文革放在一起，他認為毛澤東（1893～1976）、陳獨秀（1879～1942）、高一涵（1885～1868）、胡適（1891～1962）、李大釗（1889～1927）等人，一方面肯定個人自我價值，另一方面隱藏於後的是「程度不一的精神個人主義」，為全體而犧牲個體。共產主義、文化大革命「有關人的神話的觀念，基本來自五四啟蒙運動」。〔註5〕

林、張二人的觀點又可以追溯到其師史華慈先生（Benjamin I. Schwartz）。史華慈在《尋求富強：嚴復與西方》中認為嚴復（1854～1921）嚴重扭曲了

〔註2〕 高一涵，《歐洲政治思想史》（北京：東方出版社，2007），頁2。
〔註3〕 林毓生著、穆善培譯，《中國意識的危機》（貴陽：貴州人民出版社，1986），頁44～46。
〔註4〕 林毓生，〈五四時代的激烈反傳統與中國自由主義的前途〉，《中國傳統的創造性轉化》（北京：三聯書店，2011），頁160～206。
〔註5〕 張灝，〈扮演上帝：20世紀中國激進思想中人的神話〉，《幽暗意識與民主傳統》（北京：新星出版社，2006），頁252～267。《幽暗意識與民主傳統》一書中還有其他關於五四的論述，如〈五四運動的批判與肯定〉、〈重訪五四：論五四思想的兩歧性〉等可以一併參見。

約翰‧密爾（John Stuart Mill，1806～1873）的自由主義思想，「假如說穆勒常以個人自由作為目的本身，嚴復則把個人自由變成促進民智、民德以及到達國家目的的手段」。〔註6〕總之，他們認為中國近代的自由主義是指向國家的，缺乏英美自由主義中對個人權利的關懷。

對五四進行猛烈批判的還有余英時先生，認為中國近代思想史不斷激進，一直激進到「文化大革命」。發源於五四的「大我」在以後民族危機中吞沒了「小我」。〔註7〕「小我」總是隨時隨地準備為「大我」犧牲，五四時期從舊「名教」中脫離，馬上又心甘情願地陷入新「名教」。〔註8〕

金觀濤、劉青峰先生以建立數據庫的方式分析，認為「新文化運動前期和中期，個人獨立和個人自由是破除舊道德的利器，具有正面價值」；但到新文化運動後期，個人自由具有負面價值。中國文化中常識個人觀與西方個人觀最大的不同是「權利不再是個人觀念不可缺少的核心」，因此它可以擁抱集體主義。〔註9〕

王汎森先生認為與梁啟超一代的「新民」相比，五四時期的「新人」更偏重個體，「單個的，不受各種規範約束的『人』，而不是一切以『國家』為歸宿的『民』，成為『自我』的理想狀態」。但是「新人」在 1920 年代大革命時期又轉變為以「組織」、「團體紀律」為依歸。這種對「主義」、嚴格紀律的依歸又是「新人」內在邏輯發展的結果。〔註10〕

黃克武先生在分析二十世紀中國自由主義時也認為，五四中的啟蒙理想是要救亡，個人自由和尊嚴是次要的，個人不是目的而是實現國家富強的手

〔註6〕 史華慈著、葉鳳美譯，《尋求富強：嚴復與西方》（南京：江蘇人民出版社，2010），頁96。

〔註7〕 余英時，〈中國近代思想史上的激進與保守〉，《現代儒學的回顧與展望》（北京：三聯書店，2005），頁39。

〔註8〕 余英時，〈中國近代個人觀改變〉，《現代儒學的回顧與展望》，頁 59～88。還可以參見：余英時，〈文藝復興乎？啟蒙運動乎？：一個史學家對五四運動的反思〉，《現代危機與思想人物》（北京：三聯書店，2005），頁 75～103。林毓生、余英時等人對五四的研究不乏肯定的成分，但是縱觀其言論還是以激烈批判為主，筆者在下文對五四的辯護也是針對他們對五四的批判而展開的。

〔註9〕 金觀濤、劉青峰，〈中國個人觀念的起源、演變及其形態初探〉，《觀念史研究：中國現代重要政治術語的形成》（北京：法律出版社，2009），頁 151～179。

〔註10〕 王汎森，〈從新民到新人：近代思想中的「自我」與「政治」〉，許紀霖等編，《現代中國思想的核心觀念》（上海：上海人民出版社，2011），頁 257。

段。〔註11〕

　　楊貞德延續了「借思想文化以解決問題」的模式，在探討近代「個人」時同樣認為，在五四時期新文化人雖然承認教育與政治如連環套般糾纏在一起，但是仍然要從個人思想改造入手，試圖通過思想文化推動現狀改變，《新青年》力圖促進青年覺悟，以期創造不同未來。〔註12〕

　　受海外學者的影響，一些大陸學者也對五四新文化運動進行批判，如胡偉希、王元化、陳來、馬勇、秦暉、蕭功秦等。胡偉希先生接受了林毓生先生所謂五四是「整體性反傳統主義」觀點，認為中國的自由主義更多是積極自由而不是免於強制的消極自由。胡適等人提倡的個人主義是以宣揚「個人解放」為特點的，「嚴格意義上說來它是一種積極自由觀念，而與西方自由主義以政治自由為內容的個人自由有相當大的分野」。〔註13〕

　　顧昕先生也接受了林毓生、張灝等海外學者的觀點，認為五四時期的個人主義與西方是不同的，它不是一種政治權利而是一種特立獨行的人格，主要是激烈反傳統主義的結果，並且與民族主義相關聯，個人之所以重要乃是形成一種人格能力，這種人格能力是促使西方迅速富強的核心，個人自由是圖強禦侮的手段而不是目的，五四時期的自由是積極的自由觀而非消極自由。〔註14〕

　　秦暉先生則由五四時期「反儒不反法」為出發點，提出了「日本式自由主義」這個概念，即認為西方的自由主義經過日本轉手以後發生了微妙而又重大的變化，即衝破了家庭和小共同體本位後走向了大共同體本位社會，而非西方的個人本位。〔註15〕出現了所謂「啟蒙呼喚個性，個性背叛家庭，背家投入救國，國家吞噬個性」的現象。〔註16〕經過日本轉手的自由主義和後來經過俄國

〔註11〕黃克武，〈近代中國的自由主義的發展：從嚴復到殷海光〉，《近代中國的思潮與人物》（北京：九州出版社，2013），頁109。

〔註12〕楊貞德，《轉向自我：近代中國政治思想上的個人》（北京：三聯書店，2012），頁12、21。

〔註13〕胡偉希，〈理性與烏托邦：二十世紀中國的自由主義思潮〉，許紀霖編，《二十世紀中國思想史論》（下卷）（上海：東方出版中心，2000），頁3～26。

〔註14〕顧昕，〈民主思想的貧瘠土壤：評述一九三〇年代中國知識分子關於「民主與獨裁」論戰〉，許紀霖編，《二十世紀中國思想史論》（上卷），頁394～395。

〔註15〕秦暉，〈兩次啟蒙的切換與「日本式自由主義」的影響：新文化運動百年祭（二）〉，《二十一世紀》2015年10月號（香港，2015），頁33～51。

〔註16〕秦暉，〈新文化運動的主調及所謂被「壓倒」問題：新文化運動百年反思（上）〉，《探索與爭鳴》2015年第9期（上海，2015），頁74～82。

轉手的社會主義一拍即合，代表此後中國的歷史走向。他還認為五四時期的「反儒不反法」在文化大革命中被推向了極端。〔註17〕

許紀霖先生認為五四前期的注重個人解放的，五四後期注重的是社會改造，「小我」和「大我」都有，要置於更廣闊的世界之中，「個人作為小我，不僅生命有限，而且在價值意義上也是有限的，小我只有融合到人類歷史、世界和社會的大我之中，最後才能實現不朽和永恆」。不過，許先生沒有將之與後來的革命、「文革」扯在一起，而是認為這種世界主義只是曇花一現，被 1925 年以後的國家主義吞沒。〔註18〕

這些學者主要是對自由主義（個人主義）在二十世紀中國的演變進行考察，有利於我們整體上把握自由主義的流變以及「五四」時期自由主義在近代中國的位置。但是不足之處在於，微觀分析不足甚至「倒果為因」、誤入歧途。具體而言，這些文章大多數都認為五四時期的自由主義與西方的自由主義有很大差異，並且有不少學者還將之與後來的革命甚至「文革」關聯在一起。這些看法也許符合自由主義在近代中國的宏觀演化，但是若將之無限放大到每個階段，則是「危險」的。

只要我們重返「五四」的現場，就會發現五四新文化運動與「革命」、「救亡」、「民族主義」、「烏托邦」沒有多大直接關係。五四新文化運動不是要「借思想文化以解決問題」，恰恰相反它要解決的就是思想文化問題。作為「經濟改革（自強運動）到政治改革（從百日維新到辛亥革命）再到文化改革這個全過程的最後一個環節」，新文化運動不僅僅是下一場社會變革的輿論前奏，更重要的是一場大變革後的文化補課。〔註19〕就自由主義而言，如果還原當時的語境就可知五四時期尤其是前期主流的自由主義論述是陳獨秀、高一涵、胡適、蔣夢麟為主，與西方的自由主義在基本內涵上沒有根

〔註17〕蕭功秦也認為五四以來的激烈反傳統所體現的與傳統決裂，實際上是與中國二十世紀的激進革命思維與價值觀，具有直接關聯。中國大陸本世紀六七十年代出現的文化大革命，正是這種激烈反傳統主義走向巔峰與極端的典型例子，毛澤東發動文化大革命的重要思想原因是五四時期形成的激烈的反傳統價值觀。參見：蕭功秦，《與政治浪漫主義告別》（武漢：湖北教育出版社，2001），頁 421～426。

〔註18〕許紀霖，〈大我的消解：現代中國個人主義思潮的變遷〉，許紀霖等編，《現代中國思想的核心觀念》，頁 209～236。

〔註19〕李新宇，〈五四：「借思想文化解決問題」的是與非〉，《南開學報》2004 年第 5 期（天津，2004），頁 50～55。

本上的差異。

陳獨秀即認為：「思想言論自由，謀個性之發展也。法律之前個人平等也，個人之自由權利，載諸憲章，國法不得而剝奪之，所謂人權是也……國家利益、社會利益名與個人利益相衝突，實以鞏固個人利益為本」。高一涵也指出：「自由之性出於天生，非國家所能賜，即精神上之自由，而不為法律所拘束者」。「欲尊重一己之自由，亦必尊重他人之自由。以尊重一己之心，推而施諸人人，以養成互尊重自由權利之習慣，此謂之平等的自由也」。「不尊重他人之言論自由權利，則一己之言論自由權已失去根據，脅迫他人以申己說，也暴論而已矣」。胡適在〈易卜生主義〉中也認為：「自治的社會，共和的國家，只要是個人有自由選擇之權，還要個人對於自己所行所為都負責任。若不如此，決不能造出自己獨立的人格」。蔣夢麟更確切地指出：「何謂個人主義 Individualism？曰使個人享自由平等之機會，而不為政府社會家庭所抑制是也。……極端反對之者，德國日本之國家學說是也。中正和平之個人主義，英美之平民主義 Democracy 是也」。他又進一步指出：「國家與社會者，所以保障個人之平等自由者也。故個人對於國家社會有維持之責任，國家社會對於個人有保障之義務；個人之行為有違害國家社會者，法律得以責罰之」。「國家社會有戕賊個人者，個人能以推翻而重組之」。〔註20〕

從以上的徵引可以看出，儘管這些人的經歷各不一樣（陳獨秀和高一涵留學過日本，胡適和蔣夢麟留學過美國）、思想觀點也不完全相同，但是他們的自由主義立場幾乎不約而同是一致的。即國家存在只為保障個人權利，個人在行使自由時不得妨礙他人之自由，政府若戕害人民之權利，人民有權推翻它。持的是歐美最普遍的自由主義立場，這種自由主義既是針對家族整體主義的，更是針對「民族」、「國家」的整體主義。為何這些人，例如陳獨秀由強調個人自由，轉向強調集體性的社會主義，則必須由微觀的具體分析入手。

另外，有些大陸學者對由海外學者帶起的觀點，提出不同的看法。例如，質疑把「五四」跟「文革」相提並論，認為五四新文化運動是一場以「科學」、

〔註20〕陳獨秀，〈東西民族根本思想之差異〉，《新青年》第一卷第四號，1915 年 12 月 15 日；高一涵，〈共和國家與青年自覺〉，《新青年》第一卷第二號，1915 年 10 月 15 日；胡適，〈易卜生主義〉，《新青年》第四卷第六號，1918 年 6 月 15 日；蔣夢麟，〈個性主義與個人主義〉，《教育雜誌》第十一卷第二號，1919 年 1 月 1 日。

「民主」為主調啟蒙運動，非要說激也是文化激進主義。文化大革命雖然標榜是「文化」，但主要表現於政治鬥爭之上，屬政治激進主義。﹝註 21﹞這些不同的聲音，也提醒我們，五四與文革的關係，確實有許多推敲之處，必須做更深入的思考。

三、微觀的分析

　　從微觀方面看，主要研究成果表現在三個方面：一是對五四新文化運動的主要人物如陳獨秀、胡適、高一涵、蔣夢麟、錢玄同（1887～1939）、魯迅（1881～1936）、周作人（1885～1967）、杜亞泉（1873～1933）的自由主義思想進行研究。二是對當時主要雜誌如《新青年》的自由思想進行考察。三

﹝註21﹞ 鄭大華，〈20 世紀 90 年代以來的激進與保守研究述評〉，《民國思想史論》（北京：社會科學文獻出版社，2010），第 484 頁。質疑林毓生等人把「五四」跟「文革」相提並論說法還有以下學者：袁偉時先生也說新文化運動與文化大革命沒有任何關係，兩者在一切主要方面都是背道而馳的，新文化運動是知識分子發動的思想文化大討論，文化大革命是政治家發動的「政治大革命」；前者是自由辯論，以追求思想自由和學術自由，是訴諸人類理性的，而後者是加強思想文化領域的全面專政，以政治力量為後盾，網羅各種罪名為「大批判」開路；前者有力推動中國思想文化發展，後者使得知識分子受盡磨難。林毓生先生似乎自己才是「借思想文化以解決問題」，認為「創造性轉化中國傳統」，一切問題都可以迎刃而解。參見袁偉時，〈回歸五四〉，《大國之道》（鄭州：鄭州大學出版社，2003），頁 123；〈胡適與所謂「中國意識的危機」〉，《中國現代思想散論》（上海：三聯書店，2008），頁 287～305。

　　徐友漁先生也認為把「五四」跟「文革」相提並論，以此否定五四新文化運動，是根本不瞭解「文革」政治鬥爭的複雜性。「文革」批孔真正是目的有二：一是為了批判林彪事件後出現的批判「左傾」的新現象，借批孔子的「克己復禮」，反擊否定「文革」的態勢；二是有著一石二鳥之效，即把孔子和周恩來對照，藉此批判周恩來。因為周本人溫文爾雅，行事喜歡折衷調和，批孔浪潮中充斥著批判「周公」、「宰相」的呼聲，對孔子特點的描述，完全是按照周恩來的特點刻畫的。參見徐友漁，〈啟蒙在中國〉，資中筠等著，《啟蒙與中國社會轉型》（北京：社會科學文獻出版社，2011），頁 83～94。

　　資中筠先生同樣認為「五四」跟「文革」截然不同，「文革」的「批林批孔」主要是服務於高層的權力鬥爭的，是政治鬥爭和陰謀的工具，與「五四」反傳統風馬牛不相及；「文革」是高度思想禁錮，反科學倡愚昧、反民主強專制的，與「五四」精神百分之一百背道而馳；「文革」是真正的文化斷裂，而「五四」使幾代人受益；「文革」時期思想專制、文字獄達到空前絕後的程度，「五四」時期思想自由，五四反傳統與「文革」根本不能比較的。參見資中筠，〈「五四」新文化運動與今天的爭論〉，資中筠著，《認識世界，認識自己》（北京：中國社會科學文獻出版社，2015），頁 187～193。

是綜合討論五四時期的自由思想。

首先是五四主要人物的自由思想研究。有論者認為陳獨秀五四時期自由觀為「從封建禮教、宗法思想的束縛中解放出來而形成獨立的人格。他對孔教、宗法思想進行批判、對自由人格進行了闡釋、對自由與憲政、救國的關係進行了探討，並深入研究了個人財產權與自由的關係」，〔註 22〕與國情相結合，具有深遠的影響。

羅志田則認為，陳獨秀並不像後來的研究者強調馬克思主義與自由主義的差別，他更注重的是兩者互補的一面而非對立，他敏銳地感覺到杜威等人的自由主義與社會主義是親近的。陳獨秀強調「政府的強權我們固然應當反抗，社會群眾的無意識舉動我們也應當反抗」，是典型的自由主義表達。〔註 23〕

也有論者認為陳獨秀的自由思想經歷了從「自由主義到社會主義的嬗變，形成新型的社會主義人權觀」，陳獨秀人權思想的轉變並不是說後期的社會主義是對前期的自由主義的否定，兩者更多的是呈現同一性：都有非常濃厚的實用理性、都注重自由、民主的人權內容的理念層面、都注重探索實現人權的根本途徑。〔註 24〕

除了陳獨秀外，胡適的自由思想是另外一個重要考察對象。格里德認為胡適的易卜生主義是一種革命的號召，個人對群體要有一種對抗精神，號召人們去反抗傳統社會的專制統治。〔註 25〕周昌龍則認為胡適的易卜生主義是「一種與客觀政治經濟絕緣的個人智慧主義」。胡適強調人對制度的超越性，忽視了制度、秩序作為「一種社會生命的客觀存在問題」，也很少思考制度與人的客觀關係。〔註 26〕許紀霖同樣認為五四後期胡適的「好人政府」是一種烏托邦主義，首先將好人推上臺，才能建立憲政，民主政治被偷換成民本政治，理性法治被「聖王之治」替代了。〔註 27〕

〔註 22〕張勝利，〈陳獨秀對近代自由觀的貢獻〉，《河南科技大學學報（社會科學版）》2003 年第 2 期（開封，2003），頁 35。

〔註 23〕羅志田，〈陳獨秀與「五四」後《新青年》的轉向〉，《道出於二：過渡時代的新舊之爭》（北京：北京師範大學出版社，2014），頁 191。

〔註 24〕屈向東，〈從自由主義到社會主義：五四時期陳獨秀人權思想的嬗變〉，《政治法學研究》2014 年第 2 卷（北京，2014），頁 201。

〔註 25〕格裏德著，魯奇譯、王友琴校，《胡適與中國的文藝復興：中國革命中的自由主義（1917～1950）》，（南京：江蘇人民出版社，1989），頁 226。

〔註 26〕周昌龍，〈五四時期知識分子對個人主義的詮釋〉，許紀霖等編，《現代中國思想的核心觀念》，頁 270～272。

〔註 27〕許紀霖，〈中國自由主義的烏托邦：胡適和「好人政府」論戰〉，許紀霖編，《二

但是他們的觀點也遭到後來學者的質疑，例如章清先生認為如果說胡適等人的「好人政府」僅僅是「聖王之治」的現代翻版是不妥的，「好人政府」毋寧說是尋求秩序。從這個意義上說，「好人政府」所表達的政治理念與西方自由主義一樣，處於保守主義和激進主義的中間立場，狹義地說是主張改革反對激進的立場。〔註28〕

高力克更進一步說與陳獨秀的積極自由觀相比，胡適強調的「好人政府」是一種限制權力的憲政體制，是一種防止人類濫用權力以圖自私自利的劣性的制度，「這種基於幽暗意識的低調民主觀，顯然是一種標準的自由主義民主觀」。〔註29〕

袁偉時先生似乎綜合兩種不同的看法，認為胡適等人的《努力》就是要建立以自由、民主、法治、憲政為核心的現代政治文化，這在當時國民黨、共產黨、梁啟超等人在一戰影響下都走向反自由的道路是極具重要意義的。一是把政治觀點和制度變革放到首位，二是以胡適為代表的中國自由主義者經受住了一戰和十月革命的震動。但是其缺失在於：一是不脫離士大夫傳統和「為盜賊上陳條」，二是沒有組建政黨，沒有強大的政黨作為依靠，「俯視民眾，終於從政治思想和政治制度改革為中心的主張後退」。〔註30〕

也有論者認為胡適是現代中國自由主義的領袖，從五四時期便投入自由主義運動中，並且扮演重要的角色，其基本理念是：「獨立的言論立場、善意的批評態度、漸進改革的路徑選擇、民主政治的目標定位」。當然，由於社會政治環境惡劣、當權者的打壓、中產階級的發展不良使其自由主義事業最終失敗。〔註31〕還有學者認為胡適受穆勒的《論自由》影響很大，是其自由思想的重要來源。故此，五四時期胡適提倡健全的個人主義，以衝擊家族主義。〔註32〕

十世紀中國思想史論》（上卷），頁 304～322。

〔註28〕章清，《「胡適派學人群」與現代中國自由主義》（上海：上海古籍出版社，2004），頁 202。

〔註29〕高力克，〈民初陳獨秀與胡適的自由民主理念〉，《自由與國家：現代中國政治思想史論》（杭州：浙江人民出版社，2016），頁 200。

〔註30〕袁偉時，〈從《努力》看中國自由主義者的貢獻和失敗〉，劉青峰等編，《自由主義與中國近代傳統》（香港：中文大學出版社，2002），頁 347～370。

〔註31〕陳先初等，〈胡適與中國現代的自由主義〉，《求索》2008 年第 3 期（長沙，2008），頁 208。

〔註32〕張書克，〈胡適和約翰‧密爾的論自由〉，《廣東社會科學》2011 年第 6 期（廣州，2011），頁 20。

此外，一些學者從胡適自由思想與中國傳統文化的關聯來探討其自由主義思想，金觀濤先生將胡適的自由主義思想追溯到戴震哲學，認為胡適在五四這個流變真理取代不變公理、辯證法取代進化的時代，依然能夠堅持由進化論維持的自由主義觀念在於他的思想與戴震具有一致性。戴震把「氣化流行中的具體個別事物當做真實」，「理」是名，不能離開具體的個體而存在。胡適也把真理當成假說，它只是為方便人們解決問題而有的觀念虛構，只有個體是真實的。如此，胡適的自由主義觀念是矛盾的，唯物論和經驗論並存，全盤反傳統和「禮的自由化」並立，個人主義中是精英主義和獨善其身的混合物，可以概括為「常識的個人主義」。這種「個人主義」是現代中國自由主義的靈魂，並在後來中共黨內和八十年代思想解放、九十年代的多元自由主義中再現。〔註33〕

李孝悌認為中國傳統思想中不缺乏自由的成分，胡適就是從《呂氏春秋》中找到對個人主義和情慾的肯定，這與西方現代主流價值相吻合。即便是在皇權專制達到頂峰的十八世紀，也存在著一個相當廣闊的私人領悟，袁枚的畢生追求就是柏林（Isaiah Berlin，1909～1997）等人一再維護的。「胡適著作中對樂利主義的重視，對宋明理學家滅絕人慾的攻擊，在某一個意義上，其實正承續了西方自由主義對消極自由的關切」。二十世紀中國的知識分子在爭取政治自由和基本人權，宗教自由和情慾自主同樣被壓制和摧殘。二十世紀中國的自由主義，也缺少了傳統的寬容成分。〔註34〕

周昌龍認為中國傳統的自由思想資源已不僅僅是「內在自由」，也有與現實密切相關的各種形體自由之設計，明代的李卓吾（1527～1602）便是。李卓吾的自由思想對五四時期產生重要影響，在五四時期反專制的潮流中，被奉為「思想解放，愛好個性自由」的現代思想家。〔註35〕

除陳獨秀、胡適外，高一涵、錢玄同、李大釗、周作人、魯迅等人的自由思想亦被納入學者們的視野。董國強先生認為高一涵的自由主義、個人主義、民主、法治思想大大超越了《新青年》知識群體，但也「無法徹底擺脫

〔註33〕 金觀濤，〈試論中國式自由主義〉，劉青峰等編，《自由主義與中國近代傳統》，頁167～200。

〔註34〕 李孝悌，〈袁枚與十八世紀中國傳統中的自由〉，劉青峰等編，《自由主義與中國近代傳統》），頁103～129。

〔註35〕 周昌龍，〈明清時期中國近代新自由傳統的建立〉，劉青峰等編，《自由主義與中國近代傳統》，頁45。

中國傳統的泛道德政治觀和歐美各國唯心主義思想影響」。〔註 36〕也有論者認為高一涵對自由思想的宣揚是與當時中國社會不自由的現實結合，即國家不但沒有保障人民權利，反而欲除之而後快，體現了其力圖將西方自由思想中國化，對思想啟蒙而言具有重大意義。〔註 37〕

劉貴福認為錢玄同以自由思想和包容為原則，傾向於自由主義但是不反對馬克思主義。他始終反對思想專制，宣傳民主思想，從擔心思想和信仰自由被危害出發，反對大規模的群眾運動。〔註 38〕

方寧認為李大釗的自由思想受密爾影響較大，認為思想言論自由是一切自由的根源，並且「沒有只停留在空洞的理論宣傳與介紹上，而是密切注意、結合當時中國具體的立憲活動與政治法律實踐，並強調思想言論自由的保障必需要與法律制度相結合，要一定的制度形式固定下來」。〔註 39〕童世駿更為細緻地比較了李大釗與穆勒自由思想的異同，認為李大釗強調良好政治有賴於尊重自由、有賴於如何使用自由的民眾，同時統治者不能剝奪民眾的自由，這是民眾行使自由的前提，而穆勒關注整體的民眾可能壓抑個體的民眾；在思想言論自由上，李大釗特別關注反自由的中國傳統政治文化對民眾和政治家的影響，而約翰·密爾更關注「隨民主政治範圍之擴大而來的無財產無教養民眾所構成的多數公眾及其輿論對少數人的專制，以及政治決策之質量的降低」；李大釗還設法把穆勒和盧梭的觀點結合「把平等和自由、統一和多樣、多數人權利和少數人權利統一起來」；十月革命以後李大釗依然捍衛穆樂的自由主義思想，強調個人主義和社會主義分別強調己群兩個方面，兩者相互依賴，缺一不可，個人主義和社會主義並不對立。但是在社會主義是否一定能保障個人自由問題有分歧，穆樂持保留態度，等到具備足夠條件時才能

〔註 36〕董國強，〈論「五四」時期高一涵的自由主義觀念〉，《民國檔案》2004 年第 4 期（南京，2004），頁 112。還可以參見：馬麗，〈五四時期高一涵的個人主義思想〉，《史學月刊》2010 年第 9 期（開封，2010），頁 128～130；張玲，〈被「遮蔽」的啟蒙：解讀五四時期的高一涵〉，《天府新論》2016 年第 2 期（成都，2016），頁 148～153。

〔註 37〕吳漢全，《五四時期高一涵的政治思想研究》（長春：吉林人民出版社，2012），頁 44。

〔註 38〕劉貴福，〈論五四時期錢玄同的自由主義思想〉，鄭大華、鄒小站主編，《中國近代史上的自由主義》（北京：社會科學文獻出版社，2008），頁 377～387。

〔註 39〕方寧，〈「禁止思想是頂危險的行為」：李大釗論思想言論自由〉，《炎黃春秋》2009 年第 8 期（北京，2009），頁 38。

下結論，李大釗認為這是毋庸質疑的。〔註40〕

　　對於蔣夢麟，論者認為，「蔣夢麟的自由主義思想，強調個體的自由、權利、平等、獨立，充分肯定自我實現、自我發展的個性價值」，但是不成系統，缺乏制度性建構，更多是基於救亡、啟蒙、現代化的工具性意圖。〔註41〕

　　周昌龍認為周作人的個人主義思想「調解了天理人慾的對立，使人生免得靈肉糾纏而歸於藝術，從而獲得自然人的自信與尊嚴」。魯迅的自由思想與陳獨秀、胡適相比則較為複雜，周昌龍認為魯迅的意志個人主義在於盼望養成「精神界的超人戰士，發為雄聲壯觀，以起國人之新生，結果在道德與歷史的重壓下所出現的，則只能是狂人、瘋子和狂野的狼」。〔註42〕楊國強認為魯迅「既以『非物質』而『重個人』為深思之所得，其關注便非常不同地指向人本身，以及由『內曜』『個性』『意力』『主觀』『人格』『靈明』等相沿而來的個體的精神一面，並以此構成了一種以精神為內涵，又以精神為歸向的個人主義」。〔註43〕邵建認為魯迅的自由思想「惟有此我，本屬自由」與毛澤東思想有著同一性，容易走向專制。〔註44〕錢理群認為魯迅思想中的「個」、「己」是指具體的人，不是抽象的人；是個體的人，不是群體的人，他很是強調真正的人道主義是要關注真實的個人，具體人的生命價值。魯迅的自由思想帶有精神的一面，這與馬克思（Karl Heinrich Marx，1818～1883）的自由思想非常相似，馬克思的「自由聯合體」與魯迅的「立人」直到今天還具有意義。〔註45〕

　　高力克等人對杜亞泉的調適思想進行了研究，認為杜氏「融政治自由主義和文化保守主義於一體的調適思想，頗近自由與保守兼容英國式自由主義傳統」〔註46〕，將英國自由主義、現代科學思想與中土陰陽學說、中庸思想融合

〔註40〕童世駿，〈李大釗與Ｊ・Ｓ・穆勒〉，劉青峰等編，《自由主義與中國近代傳統》，頁307～334。

〔註41〕潘麗萍，〈蔣夢麟自由主義思想評述〉，《青島大學師範學院學報》2009年第2期（青島，2009），頁96～100。

〔註42〕周昌龍，〈五四時期知識分子對個人主義的詮釋〉，《新思潮與傳統》（南昌：百花洲文藝出版社，2004），頁1～26。

〔註43〕楊國強，〈論新文化運動中的個人主義（上）〉，《探索與爭鳴》2016年第8期（上海，2016），頁21。

〔註44〕邵建，〈自魯而胡：李慎之思想哀變的意義與侷限性〉，《二十一世紀》2004年4月號（香港，2004），頁121。

〔註45〕錢理群，《與魯迅相遇》（北京：三聯書店，2018），頁78～83。

〔註46〕高力克，〈調適的啟蒙傳統〉，《二十一世紀》2000年6月號（香港，2000），頁158。對杜亞泉思想的研究還可以參見高力克，《調適的智慧》（杭州：浙

在一起，從而使其思想具有多元、辯證、中和的特質，即所謂的「對立的和諧」，這是五四時期另一種溫和的啟蒙傳統。

筆者必須指出，重估杜亞泉思想（主要是肯定為主），代表著九十年代以來保守主義派的觀點，他們為以往對杜亞泉「毀多譽少」不平，認為「現在是應該對他作心平氣和的再認識、再估價的時候了」。〔註47〕但這也引發其他學者的質疑，李新宇就認為杜亞泉的思想並非多元、辯證的，對學術獨立、思想自由並不感興趣，也不喜歡思想文化的多元和自由狀態。相反，杜氏倒是迷戀以往的大一統思想文化秩序，把西方學說輸入後的思想自由和文化多元看作是迷亂人心，其思想有著明顯的中國傳統中文化專制色彩。與之相對照，以陳獨秀為代表新文化陣營反對文化專制主義，呼喚學術獨立與思想自由，認為學術思想自由比學術統一更重要，所以需要的是自由而不是統一。〔註48〕

其次，再看對《新青年》知識群體自由思想考察和對五四時期自由主義的綜論。高力克在〈《新青年》與兩種自由主義傳統〉一文，認為《新青年》雜誌前期注重英美式自由主義，陳獨秀、高一涵等人對英美自由主義和歐陸自由主義兩種自由觀進行了辨析。但是一戰之後《新青年》知識群體激進化，由洛克傳統轉向盧梭傳統，羅素、杜威來華也加強了當時《新青年》同人的左傾立場。〔註49〕張寶明在〈《新青年》與中國現代性的轉向〉一文，認為《新青年》知識群體初期肯定個人自由優先，後來又試圖在個人與社會、國家之間尋求平穩的「平衡過渡帶」，但是這個平衡只是曇花一現的「閃斷」。《新青年》知識群體的個人本位本身隱藏著巨大的危險性，容易走向軍國主義、民族主義、社會主義、共產主義。最後張寶明先生認為自由憲政在二十世紀的中國只能是個幻影，既沒有期待已久的「人格之獨立，個性之自由」，也沒有空間獨立、道德寬容的市民社會。〔註50〕耿雲志先生則認為「個人的

　　　江人民出版社，1998）；許紀霖等編，《一溪集：杜亞泉的生平與思想》（北京：三聯書店，1999）；許紀霖等編，《杜亞泉文存》（上海：上海教育出版社，2003）。

〔註47〕王元化：《九十年代反思錄》（上海：上海古籍出版社，2000），頁47。

〔註48〕李新宇，〈五四：文化論戰，為何而戰？〉，《齊魯學刊》第3期（濟南，2006），頁94～95。

〔註49〕高力克，〈《新青年》與兩種自由主義傳統〉，《二十一世紀》，1997年8月號（香港，1997），頁39～46。

〔註50〕張寶明，〈《新青年》與中國現代性的轉向〉，《二十一世紀》，2004年4月號（香港，2004），頁37～45。

發現，個性主義、個人獨立自主的人格，個人的權力，是《新青年》最重要的核心觀念之一，這個觀念得以確立，引發了對專制主義舊思想、舊倫理的猛烈批判，推動一系列新思想、新觀念的傳播」。這個在思想史上的意義，是無論怎麼強調都不過分。〔註51〕

在對五四時期自由主義的綜合考察中，論者們認為五四時期的自由主義是在批判家族制度中凸顯，「孝」和「順從」阻礙了個性發展和個人獨立人格的養成。〔註52〕但是從家族中獲得解放的自由主義，並非古典自由主義的「原子式」個人。雖然其個人主義帶有強烈的道德自主性，但是五四的啟蒙知識分子中的個人道德自覺卻是遵循「修齊治平」的「群己」價值尺度。個人不是僅僅為己謀私利，還要為社會和全人類服務。〔註53〕亦即，「小我」背後始終有「大我」的制約。也有論者認為五四時期面臨著國家獨立問題，使得自由主義和民族主義調適融合了。個人是建立民族國家的手段，五四的知識分子既是自由主義者也是民族主義者。〔註54〕歐陽哲生則認為五四運動後魯迅、錢玄同、蔡元培（1868～1940）等人依然注重思想自由、個人自由，這是新文化運動的本質意義。他們於「五四」以後「重新提出容忍在思想革命、思想爭鳴和文化討論中的重要性，即任何人都有堅持其思想主張的權利，其他人都須尊重他的思想主張，這是出於對五四民主精神的維護」。他們對群眾運動的盲目性有所警惕，依然不遺餘力地提倡個人主義、思想自由、容忍異議，對各種政治運動保有的警戒心，體現了他們對五四運動的幽暗意識。〔註55〕

相比較以宏觀思想史去闡釋具體的微觀問題而言，這些研究更有利於我們把握五四時期的自由主義的內涵、特點、發展和意義，尤其是羅志田、高力克、歐陽哲生等人對五四主要人物具有自由主義幽暗意識的肯定。另外，在九

〔註51〕耿雲志，〈《新青年》與「個人」的發現：紀念《新青年》創刊一百週年〉，《廣東社會科學》2015年第6期（廣州，2015），頁93。

〔註52〕姬蕾，〈論「五四」新文化運動中個人主義話語的現代性內涵〉，《東北師大學報‧哲學社會科學版》2013年第1期（長春，2013），頁126。

〔註53〕楊智勇等，〈從「小我」到「大我」：五四啟蒙思想中的個人觀念〉，《學術研究》2015年第9期（廣州，2015），頁116～122。又見蔣東玲等，〈論五四時期個人主義思潮的本土化〉，《南昌大學學報（人文社會科學版）》2008年第3期（南昌，2008），頁16～19。

〔註54〕王中園等，〈五四時期的國家理念：自由主義與民族主義的融合〉，《法制與社會》2015年第15期（昆明，2015），頁283。

〔註55〕歐陽哲生，〈被解釋的傳統〉，《五四運動的歷史詮釋》（北京：北京大學出版社，2012），頁249。

十年代以後保守主義浪潮不斷襲來之際，一些學者依然不遺餘力地捍衛新文
化陣營的啟蒙思想，也是很難得的。

　　但不是說五四時期自由主義的研究就沒有拓展和深化的餘地了，因為以
上的著述也存在明顯的不足。在筆者看來不足之處有五：一是重複率比較高，
有不少論文在文章開頭沒有做學術史的梳理，導致觀點雷同、重複研究。一些
文章雖然說是綜論五四時期自由主義，其實不過是機械地個案相加，沒有弄清
各個人自由思想的聯繫，重複了前人成果。

　　二是也正是因為沒做綜述，或者對前人研究吸收、評判不足。宏觀考察
的不足，在這些文章中依然存在，如楊國強先生就依然延續林毓生等人的觀點
即五四新文化運動是「整體性反傳統的」以及將科學神話為「科學萬能論」。
〔註 56〕也有不少論者依然將之與「救亡」、「民族主義」、「革命」相串聯，甚
至還將五四人物的思想與毛澤東的思想相提並論。這些跟「五四」沒有直接
或必然關係，至多是後期發生了一些偏轉。但即便是後期的偏轉，跟共產主
義革命和文化大革命也不能直接掛鉤。因為後來歷史的發展並不是直線上升
的，正如有論者所指出的那樣：「『五四』本身的主題有一個轉換的過程，即
經歷了一個從政治關懷向文化問題遷徙，最後又向社會問題轉移的過程。這
種變化不是簡單的線性遞進，而是交疊演化」。〔註 57〕

　　三是以往的研究主要關注陳獨秀、高一涵、胡適等人思想的同一性，且
講得比較籠統。最近的一些個案研究凸顯了陳獨秀、高一涵、胡適等人思想
的差異性，可以彌補以往研究的不足。但是這些較新的個案研究似乎又陷入
另一個困境，即對陳獨秀、高一涵、胡適等人自由思想的同一性有所忽略或
強調不夠。因此呈現出「為同一而同一，為異性而異性」的態勢，即使有人
注意到了，也沒有將之置於共和政體的語境下進行考察。而在筆者看來不同
性也只有置於同一性中考察才更有意義。

　　四是直接以《新青年》為核心的考察還較少或者說還不夠。高力克和張寶
明的文章只是做宏觀考察，對雜誌微觀闡釋力度不足。而且，他們也將五四與
後來的革命扭結一起。耿雲志先生雖然高度肯定《新青年》的自由觀，但是他
的論述似乎只限於前期，沒有勾勒《新青年》知識群體自由思想的全貌。

〔註 56〕楊國強，〈論新文化運動中的個人主義（上）〉，《探索與爭鳴》，2016 年第 9 期
　　　　（上海，2016），頁 23、30。
〔註 57〕楊念群，《「五四」九十週年祭：一個「問題史」的回溯與反思》，（北京：世圖
　　　　書出版公司，2009），頁 18。

　　五是有些重要概念還沒有釐清，例如對積極自由和消極自由，論者們（不論是宏觀考察還是微觀分析）大多講兩者的不同，並對積極自由批判較多，而對兩者的同一性認識不足甚至幾乎闕如。其實兩者並非人們常說的是相互對立的，因為消極自由本不「消極」，同樣地積極自由也不「積極」。也就是說消極的自由要用積極的自由來爭取，積極的自由要用消極的自由來界限。這兩種自由「並不存在無法消解的衝突關係，相反，『古代自由與現代自由都是共源的與具有平等價值的，兩者之間沒有什麼值得自豪的優劣之分』」。〔註58〕

　　又如「救亡」與「啟蒙」的關係，長期以來學術界、思想界無論是對五四是褒還是貶，幾乎都潛在地把啟蒙看成是救亡的手段，〔註59〕相當多的學者認為前期的個人解放與後來走向共產主義革命、衝向大共同體本位並不矛盾。

　　李新宇先生則提出不同的觀點，認為五四以來同時存在的三大主題：啟蒙、救亡、革命，它們有著各自不同的思想基礎和內在邏輯，三者往往處於矛盾之中，很少有統一的可能性，也沒正主題和副主題之說。在「救亡」的體系中，民族解放和國家富強是根本目的，無論是人的解放還是階級的解放，

〔註58〕許紀霖，《啟蒙如何起死回生：現代中國知識分子的思想困境》（北京：北京大學出版社，2012），頁279。

〔註59〕較早意識到「救亡」與「啟蒙」矛盾的是西方學者舒衡哲，參見：施瓦支著、李國英等譯，《中國的啟蒙運動：知識分子與五四遺產》（太原：山西人民出版社，1989），大陸學者李澤厚將之深化。李澤厚認為：「儘管新文化運動的自我意識並非政治，而是文化。它的目的是國民性的改造，是舊傳統的摧毀。它把社會進步的基礎放在意識形態的思想改造上，放在民主啟蒙工作上。但從一開頭，其中便明確包含著或暗中潛埋著政治的因素和要素……仍然是指向國家、社會和群體的改造和進步。即是說，啟蒙的目標，文化的改造，傳統的扔棄，仍是為了國家、民族，仍是為了改變中國的政局和社會的面貌。它仍然既沒有脫離中國士大夫『以天下為己任』的固有傳統，也沒有脫離中國近代的反抗外侮，追求富強的救亡主線」。參見李澤厚，〈啟蒙與救亡的雙重變奏〉，《中國現代思想史論》（北京：東方出版社，1987），頁11～12。李澤厚的觀點影響深遠，很多研究五四新文化運動的學者都受此觀點影響，除了上文中所呈現的將「救亡」與「啟蒙」扭結在一起。受此觀點影響的還有汪暉、呂芳上等人，參見汪暉，〈預言與危機：中國現代歷史中的啟蒙運動〉，《文學評論》，1989第4期（北京，1989），頁35～86；呂芳上，《從學生運動到運動學生》（臺北：中央研究院近代史研究所，2015），頁434。

另外，一些學者雖然沒有用「救亡」一詞，甚至對李澤厚的「救亡」壓倒「啟蒙」說提出質疑如秦暉先生，參見秦暉，〈重論「大五四」的主調及其何以被壓倒：新文化運動百年祭（一）〉，《二十一世紀》，2015年8月號（香港，2015），頁19～34。但是他們取而代之的軍國主義、大共同體本位等等，若撇開價值判斷不講，兩者在邏輯上是一致的，即將個人解放當做手段，而不是目的。

只能與這一目的一致。救亡要求全民族團結一致,既排斥個人權利,也反對
鼓吹階級鬥爭。在「革命」的體系中,階級鬥爭是根本目的,個人解放與民
族解放,都要服從於它,否則都會受到排斥和打壓。「啟蒙」的內在理路就是
以個人解放為根本目標的,民族、救亡、階級等都是人的解放和人權保障的
手段,也就是說只要有利於個人解放,它就可以接受任何思想,反之則會被
其排斥。〔註60〕這樣的說法,或許可以讓我們在考量「救亡」與「啟蒙」的
關係,可以發展新的可能性。諸如「啟蒙呼喚個性,個性背叛家庭,背家投
入救國,國家吞噬個性」之類云云,我們也要警覺其帶有邏輯的必然性,而
現實可能有更多的變量存在。

四、總結與展望

本文是從時代背景、問題意識、研究不足三個方面,評述五四時期自由
主義的研究。由此,筆者在這節中從研究內容與方法兩個方面,以展望今後
研究方向。從研究內容論,現有研究中對五四時期個人思想研究較多,但對
當時重要的報刊雜誌的分析還較少。除了對《新青年》可做進一步分析,還
可以觸及當時的其他刊物,如《東方雜誌》、《甲寅》、《每週評論》、《新潮》、
《努力週報》。在微觀情境下,勾勒出各個重要雜誌對自由主義論述的不同面
向。不僅僅要梳理這些雜誌的自由思想的內容以弄清史實,也側重其思想淵
源,探索背後的學術繼承關係,並試著提煉其思想的特色,期望能上升到理
論層次,探究其特徵性和規律性。當然要避免「見樹不見林」,不能只滿足於
羅列單一雜誌自由思想的內容、淵源、特徵,最終還是要彰顯整體,既能見
樹又見林,否則只是一堆沒有意義的碎片。

就研究方法而言,除了進一步還原當時的語境,釐清重要概念(如「救
亡」與「啟蒙」的關係),撥開籠罩在五四時期的各種革命話語以外,還可以
採用新的方法。傳統的思想史研究方法主要以時間為主軸、以精英人物為核
心,注重單個思想家的文本。雖然到了近代以後,新史學家也強調思想與思
想、思想與社會思潮的互動,但很少是真正落實到具體的研究中,往往停留
在口頭上。目前五四時期自由主義的研究方法還不脫離傳統的闡釋精英人物
思想的窠臼,這似乎與自九十年代以來思想史研究越來越凸顯的話語趨勢有

〔註60〕李新宇,〈重評五四啟蒙運動三題:兼評李澤厚諸先生之說〉,《文史哲》2004
年第 4 期(濟南,2004),頁 138~144。

點不協調。

　　當然，目前學界已有嘗試性的成果，〔註61〕例如金觀濤、劉青峰先生建立了「中國近現代思想史專業數據庫」，收集了大量文集、雜誌、報刊，將中國近代以來的重要政治術語包括「自由」、「個人」，放到不同的歷史階段考察，有助於我們由整體把握觀念演變的脈絡，也呈現出觀念在不同時期的各種面貌。但是金、劉二人的知識背景依然是其所謂的「中國社會的超穩定結構」，並且他們的研究還是限於傳統的精英。〔註62〕

　　除了金、劉二人之外，劉禾也從話語角度考察了五四時期的個人主義。不過，對筆者比較遺憾的是，劉禾運用大量西方的話語理論後得出來的結論，依舊是五四後期對資產階級的個人主義批判與前期個人主義自由派構造的個人與國家關係並無二致。〔註63〕即早期的個人解放與後來走向共產主義革命並不衝突，國家主義壓倒個人主義是其潛在邏輯。這又是在重彈宏觀思想史的老調。

　　因而對五四時期的自由主義做真正的概念史考察，進行話語解釋，打破僅從精英角度研究，以剖析五四時期「不同群體、不同階層對自由概念的理解分歧、對立、綜合及其意義指向，並分析造成自由概念多面性與爭議性的政治和社會背景」，〔註64〕似乎還是個有待彌補的學術空白。除了概念史的研究嘗試以外，葛兆光先生在《中國思想史》提出的「一般性知識、思想與信仰」即「一般思想史」、眼光向下看也是一個視野。〔註65〕同時史料也應該多元化，廣泛收集各種文字資料，「不僅涉及名家著作、演講、回憶錄、通信、

〔註61〕此處說的研究成果是指與五四時期自由主義研究相關的，對沒有直接關聯的其他五四時期眼光向下看的研究有所忽略，如瞿駿，〈新文化運動的「下行」：以江浙讀書人的反應為中心〉，《思想史》2016年第6輯（臺北，2016），頁47～97。敬請見諒。

〔註62〕對金觀濤、劉青峰的論著質疑，見金、劉二人與張仲民先生的兩次爭論。張仲民，〈「局部真實」的觀念史研究〉，《東方早報・上海書評》（上海）2010年5月23日，B05版；金觀濤、劉青峰的回應，〈簡答張仲民先生對拙作的評論〉，《東方早報・上海書評》2010年5月30日，B15版；張仲民，〈觀念史研究應該怎麼做：再次回應金觀濤、劉青峰兩教授〉，《南方都市報》（廣州）2010年9月5日，GB18版；金觀濤、劉青峰的再次回應，〈就觀念史研究再答張仲民先生〉，《南方都市報》2010年9月19日，GB19版。

〔註63〕劉禾著、宋偉傑等譯，《跨語際實踐》（北京：三聯書店，2002），頁136。

〔註64〕王冠群，〈概念史：近代中國自由思想研究的新路徑〉，《學習與探索》2014年第12期（哈爾濱，2014），頁54。

〔註65〕葛兆光，《中國思想史》（上海：復旦大學出版社，2000），頁25。

日記等文獻，還包括政府文書、刊物、宣傳冊、議會報告等文件，甚至地區小報和民間流行的手抄本也納入研究對象」。〔註 66〕

話語分析是把思想看成是歷史性的、社會性的，「時代大事件及社會結構（知識人的社會狀況、學院體制、書籍審查評價機制、出版市場、讀者群體）對觀念的形成、傳播都有直接的影響，所以我們只有將思想放置所處的時代背景與社會結構中才能接近它本身的意義」。〔註 67〕從社會結構、傳播機制的角度系統地考察自由主義在近代中國演變的論著似乎還不多，章清先生的《「胡適派學人群」與現代中國自由主義》算是其中之一。他側重考察中國自由主義知識群體對「學術社會」的建構，和與之相關的「論述空間」和「權勢網絡」。〔註 68〕

有志於此的學者不妨從話語分析這個視角做更多嘗試，從而為五四時期自由主義提供不同的面相。當然，筆者必須提醒的是探索新路徑的前提是不能以脫離具體的歷史語境，否則就會南轅北轍。最後，筆者還要指出，用話語來分析自由主義思想的路徑是針對以往研究中只注重經典文本闡釋的弊端而提出來的，但是它並不能從根本上顛覆以往的研究。不能與傳統思想史犯一樣的邏輯錯誤，即把話語作為唯一闡釋方法，兩者應當是個互補的關係，而非對立。

〔註 66〕 李宏圖等，〈概念史筆談〉，《史學理論研究》2012 年第 1 期（北京，2012），頁 14。

〔註 67〕 徐鶴濤，〈近二十年中國近代思想史研究的若干趨勢：圍繞問題意識與研究方法的討論〉，《史林》2015 年第 2 期（上海，2015），頁 211～212。

〔註 68〕 章清，《「胡適派學人群」與現代中國自由主義》，頁 34。章清的另一本著作對此也有涉及，參見章清，《學術與社會：近代中國「社會重心」的轉移與讀書人新的角色》，上海：上海人民出版社，2012。

自由的重建

　　梁啟超的自由思想分為「野蠻之自由」、「團體之自由」、「思想之自由」三個層次，這三個層次的自由觀是由淺入深、環環相扣的整體。梁氏出於建立新制度、新政府、新國家（憲政國家）的需要，力破以往的野蠻之自由，而強調團體自由的重要性，以克服以往的一盤散沙、各謀私利的弊病。但強調團體自由，並非要犧牲個人在私人領域自由，這恰恰是建設現代國家需要的。思想自由是將個人自由更加推進一個層次，將中國傳統的思想與西方近代的自由思想融為一體，把個人的自由進一步深化，以此來更好地建立現代化國家。

　　自由主義是《新青年》的重要思想，其自由主義主義觀是歐美最普遍的自由主義立場。在最普遍的自由主義立場下，前後期也有不同的變化。在自由主義基本內涵上，《新青年》前後期都沒有拋棄一些最基本的自由，在不變的同時，後期對這些基本自由的強調也略有變化。在個人與國家關係上，《新青年》前後都認為即國家由人民結合而成，以「契約論」為基礎。前期主張「縮小」的國家觀，後期主張「擴張」的國家觀。在個人與社會關係上，《新青年》前後期都沒有否認「個人」與「社會」的界限。前期更注重個人，後期更注重社會。

　　《新青年》自由主義思想除了要爬梳其思想內涵以外，還要將其置於民初的政治環境下加以考察。民初混亂的政局讓一些知識分子如陳獨秀、高一涵等人對走向現實政治感到失望，他們希冀從思想啟蒙的角度著手，以為中國政治改革提供社會基礎。《新青年》同人密切關注時政，以「民主」、「積極自由」反對袁世凱「國權」、「專權」，在反對孔教運動和批判限制自由權利法令中強調一些基本自由如思想、言論、出版、信仰自由的重要性，捍衛了共和憲政。

　　在看到《新青年》自由主義思想正面意義的同時，也應該有所檢討。一是沒有充分認識到現代政黨的作用。二是對「積極自由」可能存在的危險性幾乎沒有警惕。三是沒有意識到到個人與社會之間可能存在的矛盾。

梁啟超自由思想論析

一、前　言

　　梁啟超（1873～1929）是中國過渡時代重要的啟蒙思想家，也是將西方自由觀念輸入中國的重要人物。其自由觀主要體現在《自由書》、《論自由》、《清議報》、《新民叢報》以及《飲冰室文集》、《飲冰室專集》等著作中。學術界對梁啟超自由思想的研究已取得不小的成就，既有專題論文探討，也有專著專節評述。

　　縱觀這些研究成果主要集中在以下幾個方面：第一，梁氏自由思想的內涵、特徵、影響。自由思想的內涵，從「個人自由」到「團體自由」再到「思想自由」的過程，從而思考如何建立一個理想的社會，﹝註1﹞論析了在救亡啟蒙的主導下梁啟超自由觀形成的特徵與影響，如何吸收西方思想形成自己的獨特思想。﹝註2﹞

﹝註1﹞高玉，〈從個體自由到群體自由：梁啟超自由主義思想的中國化〉，《學海》2005年第5期（南京，2005），頁5～13；又見成守勇，〈自除心奴始自由：梁啟超自由思想析論〉，《浙江學刊》2006年第6期（杭州，2006）頁68～72；吳寧寧，〈梁啟超自由思想評析〉，《內蒙古社會科學（漢文版）》2010年第3期（內蒙古，2010），頁84。

﹝註2﹞呂瑩，〈梁啟超自由思想特徵與成因探析〉，《內蒙古農業大學學報（社會科學版）》2012年第2期（內蒙古，2012），頁271；又見袁詠紅，〈梁啟超思想的自由主義色彩〉，《史學月刊》2012年第11期（開封，2012），頁122～125；閆偉傑，〈論梁啟超的自由主義思想〉，《中共福建省委黨校學報》2012年第11期（福州，2012），頁114；吳友根，〈簡論早期梁啟超的自由觀〉，《湖北大學學報（哲學社會科學版）》2003年第6期（武漢，2003），頁98。

梁氏自由思想的來源，主要分為四種觀點：一派的學者認為是來源儒家思想，另一派學者認為是來源西方的自由思想，還有一派學者強調日本思想界對梁啟超的影響。也有學者說梁氏的自由思想有兩條不同脈絡即盧梭（Jean-Jacques Rousseau，1712～1778）和密爾（John Stuart Mill，1806～1873）式的，而傳統思想只是輔助作用。〔註3〕

梁氏自由思想的缺陷和誤區。在肯定梁啟超自由思想的巨大作用時，學者們也指出其中的不足，例如對西方自由觀進行附會，梁氏的自由思想具有鬆散性，不成體系，而且梁啟超淡漠了個人的自由權利，把天平倒向了國家自由這一邊。〔註4〕知名學者張灝也認為梁氏是偏向集體自由主義的。

此外，還有的學者比較了梁啟超和嚴復（1854～1921）的自由思想，認為嚴氏思想學理色彩更濃，梁氏思想鬥爭性更強。〔註5〕

這些論述都有利於加深對梁氏自由思想的認識，但在不足之處幾乎所有的學者都以消極自由（私人領域自由）作為衡量梁啟超自由思想的標準，並且以此貶低其積極的自由觀（團體之自由、群之自由），但其實這兩種自由並不是非此即彼的，不可存其一去其一，更不能相互貶低。此外梁啟超的「思想之自由」並不是對西方自由觀進行附會，而是用現代性的方式對傳統思想進行轉化。如此梁氏的自由主義思想需要重估，本文就在這個方面進行探討。

二、力破「野蠻之自由」

19 世紀末至 20 世紀初，是中國思想轉變重要的時期。有論者稱之為是轉型時代（即 1895～1920 年），中國思想文化由傳統過渡到現代，思想知識傳播

〔註3〕陳敏榮等，〈梁啟超自由主義思想形成的脈絡〉，《中南民族大學學報（人文社會科學版）》2012 年第 3 期（武漢，2012），頁 83；又見許紀霖，〈政治美德與國民共同體：梁啟超自由民族主義思想研究〉，《天津社會科學》2005 年第 1 期（天津，2005），頁 122～131。

〔註4〕顏德如等，〈離合之間：梁啟超與西方自由主義〉，《江蘇社會科學》2004 年第 2 期（南京，2004），頁 116～122；又見陳浩，〈論梁啟超的「自由觀」及其可能的盲區〉，《江漢學術》2014 年第 6 期（武漢，2014），頁 124；陳敏榮，〈個人自由與國家自由的張力：梁啟超自由主義思想探析〉，《武漢大學學報（人文科學版）》2009 年第 3 期（武漢，2009），頁 310。

〔註5〕俞政，〈嚴復和梁啟超自由思想的幾點比較〉，《社會科學研究》2004 年第 4 期（成都，2004），頁 105；又見魏義霞，〈中國近代自由的悖論——從嚴復、梁啟超的自由思想談起〉，《理論探索》2011 年第 5 期（太原，2011），頁 35～39。

的媒介、思想內容皆有突破性的巨變。〔註6〕就思想內容來說,傳統的儒家思想逐步模糊化而漸於解體,新的思想不斷浮現,這其中有新舊交織的複雜性(舊中有新,新中有舊),於同一個思想家或新式的知識分子而言在不同時期又有著不同的側重點甚至充滿著矛盾。

梁啟超是這期間關鍵性人物之一。他以同文同種、風俗相近的日本為中介,向國內大量介紹西方的思想觀念、價值體系,起到了思想啟蒙作用,並且對後世產生了巨大影響。其啟蒙思想旨在改變國民的「劣性」,開「民德、民智、民力」,使其從由「野蠻」到「文明」,使新的國民形象而立於世。如何進行啟蒙、打造新民呢?梁啟超列出一系列「優性」,如「公德」、「私德」、「權利思想」、「自由」、「自尊」、「合群」等等。

新制度、新政府、新國家的建立都離不開「新民」。這樣的「國民」與「部民」是不同的:

> 人群之初級也,有部民而無國民。由部民而進為國民,此文野所由分也。部民與國民之異安在?曰:群族而居,自成風俗者,謂之部民;有國家思想,能自布政治者,謂之國民。天下未有無國民而可以成國者也。〔註7〕

就是說部民是由風俗自然而然形成的,而國民是有國家思想的,是能夠「自部政治」、「人人皆主權者」的,這是新國家形成的必要條件。而自由思想是塑造新民重要的方面,自由是每個國民具有活力、進取精神必不可少的。梁啟超的自由思想是在日本時接觸西方思想而形成的,尤其是經日本思想家中江兆民翻譯的《民約譯解》(即《社會契約論》)對其影響甚大。當然不能否認傳統思想對其自由觀形成的作用,但更多體現卻是西方的自由思想,不同於以往的舊思想。所謂的新舊是比較而言的,新是對舊制度下「人與物為一體」的突破。梁氏〈論自由〉中有曰:「野蠻之自由勝,而團體之自由亡。文明時代團體之自由強而個人之自由滅,斯二者蓋有一定之比例」、「求真自由者乎,其必除心中之奴隸始」。〔註8〕〈保教非所以尊孔論〉亦云:

〔註6〕 張灝,〈中國近代思想史的轉型時代〉,《二十一世紀》1999 年第 52 期(香港,1999),頁 29。

〔註7〕 梁啟超,〈論國家思想〉,李華興、吳嘉勳編,《梁啟超選集》(上海:上海人民出版社,1984),頁 217~218。

〔註8〕 梁啟超,〈新民說〉,《飲冰室合集》(專集之四)(北京:中華書局影印版,1989),頁 44~47。

文明之所以進，其原因不一端，而思想自由，其總因也。歐洲
之所以有今日，皆由十四五世紀時，古學復興，脫教會之樊籬，一
洗思想界之奴性，其進步乃沛乎莫能御，此稍治史學者所能知矣。
我中國學界之光明，人物之偉大，莫盛於戰國，蓋思想自由之明效
也。〔註9〕

概括地說顯現出的自由主義思想有三，即「野蠻的自由」、「團體的自由」、
「思想的自由」。而這三種自由都是出自於他在日本留亡之際所閱讀的中江
兆民的《民約譯解》，中江兆民（1847～1901）曾在《民約論》中說：「自由
權亦有二焉，上古之人肆意為生，不被檢束，純乎天者也。故謂之天命之自
由。本章所云即是民相為約建邦國，設法度與自治之制，以得各遂其生長其
利雜乎人者也，故謂之人義之自由」。〔註10〕兆民又說道：「所謂心神的自
由，就是我們的精神思想絕不受任何他物之束縛，得到沒有任何餘力的完全
發展」。〔註11〕在兆民的自由思想也有三個：「天命之自由」、「人義之自由」、
「心神之自由」，與前面梁啟超的三種自由相對應。中江兆民的自由觀脫胎
於盧梭的「天然自由」、「社會自由」、「道德自由」。

《新民說》中指出，歐美的自由有四，「政治自由」、「宗教自由」、「民族
自由」、「生計自由」。而政治自由又可以分為：平民對貴族的自由、全體國民
對政府的自由、殖民地對母國的自由。總而言之有六端：四民平等、參政權、
自治、民族建國、信仰及工群問題。而這些問題並不都是中國急需要的（筆者
按但不等於不需要），《新民說》曰：

今日吾中國所最急者，惟第二之參政問題，與第四之民族建國
問題而已。此兩者事本同源，苟得其乙，則甲不求而自來。苟得其
甲，則乙雖弗獲猶無害也。若是夫吾儕之所謂自由，與其所以自由
之道，可見矣。〔註12〕

換言之，中國當時最需要的是：參政問題和民族建國問題，這兩者不是孤
立的，而是相輔相成的，若得其一，他者則來。並且，由此衍生出了「野蠻的

〔註9〕 梁啟超，〈新史學〉，《飲冰室合集》（文集之九）（北京：中華書局影印版，
　　　　1989），頁55。
〔註10〕 中江篤介，《民約論》（上海：泰東圖書局，1920），頁2。
〔註11〕 何力群，《中江兆民的政治活動與政治思想研究》（長春：吉林大學博士論文
　　　　（政治學理論），2011），頁115～117。
〔註12〕 梁啟超，《新民說》，頁40～44。

自由」、「團體的自由」、「思想的自由」。首先來看「野蠻之自由」：

> 使其以個人之自由為自由也，則天下享自由之福者，宜莫今日之
> 中國人若也。紳士武斷於鄉曲，受魚肉者莫能抗也；駔商逋債而不償，
> 受欺騙者莫能責也。夫人人皆可以為紳士，人人皆可以為駔商，則人
> 人之自由亦甚矣。不寧惟是，首善之區，而男婦以官道為圊廁，何其
> 自由也；市邑之間，而老稚以鴉片為菽粟，何其自由也。若在文明國，
> 輕則罰鍰，重則輸城旦矣。諸類此者，若悉數之，則更十僕而不能盡。
> 由是言之，中國人自由乎，他國人自由乎？顧識者楬櫫自由之國，不
> 於此而於彼者何也？野蠻自由，正文明自由之蟊賊也。〔註13〕

梁啟超認為中國於西方而言是處於野蠻時代，野蠻時代有「野蠻的自
由」，如紳士在鄉專斷魚肉百姓，駔商肆意欺騙，老幼人以吸食鴉片，而這個
在文明國家是不能發生的，否則的話「輕則罰鍰，重則輸城旦矣」，由此可見
野蠻自由是文明自由的蟊賊。這裡需要注意的是這種個人自由並不是西方意
義上的「消極自由」，就是說連那種由「形式上的平等」掩蓋實質的「不平等」
也算不上。而梁啟超對這種「濫用人民自由，必侵人自由」的野蠻之自由深
痛惡覺，並要力破這種野蠻自由。〔註14〕這個就要自然而言的過渡到「團體
的自由」。

三、建構「團體之自由」

何為「團體的自由」？乃文明國家的自由。「文明自由者，自由於法律之
下，其一舉一動，如機器之節奏。其一進一退，如軍隊之步武」、「故真自由必
能服從，服從者何，服法律也，法律者何，我所制定之，以保護我自由，而亦
以鉗束我自由者也」。也就說真正的自由是置於法律之下的，而這樣的法律是
由「我」制定的。「無一役為團體公益計，而絕非一私人」、「今世之言自由者，
不務所以進其群其國於自由之道，而惟於薄物細故日用飲食，斷斷然主張一己
之自由」。〔註15〕即真自由是為團體利益服務的，而不是為一人之自由，為一

〔註13〕 梁啟超，《新民說》，頁 45。

〔註14〕 「是故文明人最自由，野蠻人亦最自由，自由等也，而文野之別全在其有制裁
力與否。無制裁之自由，群之賊也；有制裁之自由，群之寶也」。梁氏對野蠻
之自由的痛斥可見一斑。參見梁啟超，〈自由與制裁〉，《清議報》第 82 冊（北
京：中華書局影印版，1991），頁 5156。

〔註15〕 梁啟超，《新民說》，頁 46。

人之自由是野蠻之自由也。甚至為了公益要犧牲私益：「則以公觀念與私觀念常不能無矛盾，而私益小者近者，往往為公益之大者遠者之蟊賊也。故只有公共觀念者，常不惜犧牲其私益之一部分，已擁護公益」〔註16〕有論者認為，梁氏的權利和自由觀是具有集體主義性質的，即保障公民參與的自由，古代意義上的自由，而非現代意義上的自由。〔註17〕這是一個非常普遍的看法，但不可忽視梁氏的其他言論。在之前的《清議報》上梁啟超就引用約翰‧密爾的話說：「人群的進化離不開思想自由，言論自由，出版自由」〔註18〕，又說「侵我民自由之權，是可忍孰不可忍」。〔註19〕在〈論政府與人民之權限〉中梁氏又說：

> 凡人民之行事，有侵他人之自由權者，則政府干涉之。苟非爾者，則一任民之自由。政府宜勿過問也……政府方日人民之互侵自由，而政府先侵人民之自由，是政府自己滔天下第一大罪惡。西人常言天下罪惡之大，未過於侵人自由權者。而欲以命於人民，何可得也。且人民之相互侵也，有裁制之者，而政府之侵人民也，無制裁之者。〔註20〕

當個人的權利得不到保障時，政府要加以干涉，目的是保障人民之權利，否則就不要去干涉。若是無端干涉，則比人侵人之危害還要大，因「政府之侵人民也，無制裁之者」。不僅如此，在〈答某君問法國禁止民權自由之說〉中又說：「醫今日之中國，必先使人人知有權，人人知有自由」〔註21〕。在之

〔註16〕梁啟超，《新民說》，頁77。在《斯巴達小志》中也說：「以專制之手段行法，乃正所以進其民而成就其自由之人格而已」引自梁啟超，〈斯巴達小志〉，《飲冰室合集》（專集之十五）（北京：中華書局影印版，1989），頁2。並且在《雅典小史》中又說：「雅典主自由，以自由為性命也」。引自梁啟超，〈雅典小史〉，《飲冰室合集》（專集之十六）（北京：中華書局影印版，1989），頁1～2。所有這些似乎都是梁氏自由觀為團體壓制個人的證明。

〔註17〕張灝著，崔志海、葛夫平譯，《梁啟超與中國思想的過渡（1890～1907）》（南京：江蘇人民出版社，1995），頁121。

〔註18〕梁啟超，〈自由書〉，《飲冰室合集》（文集之四）（北京：中華書局影印版，1989），頁4。

〔註19〕梁啟超，〈國權與民權〉，《清議報》（第三十冊）（北京：中華書局影印版，1991），頁1930。

〔註20〕梁啟超，〈論政府與人民之權限〉，《飲冰室合集》（文集之十）（北京：中華書局影印版，1989），頁3。

〔註21〕梁啟超，〈答某君問法國禁止民權自由之說〉，《飲冰室合集》（文集之十四）（北京：中華書局影印版，1989），頁31。

後的〈政治學大家伯倫知理之學說〉中也說:「苟濫用之,則各私人亦有對於國家而保護其自由之權理云」。〔註22〕所有的這些都表明梁啟超是注重個人自由的,這似乎與前面的積極自由(團體自由)發生了矛盾,論者們會說梁啟超是注重個人自由,但是這種個人自由是指向國家的,與國家、集體無關的自由他都不重視,因而並不矛盾。〔註23〕

但是筆者覺得這種解釋忽視了或者低估了梁啟超自由思想中消極的成分,也忽略了積極自由和消極自由的同一性。〔註24〕梁氏的個人自由的確是有指向國家的意味,這一點基本上沒有疑問。但問題是並不是所有的個人自由都指向國家,甚至讓國家來決定個人的一切,最起碼思想自由、言論自由、出版自由是具有消極性質的,不是全部指向國家。在〈各國憲法異同論〉中梁啟超又更確切地說:各國憲法都規定個人權利如言論著作之自由,集會結社之自由,行為之自由,居住之自由,財產所有權,請願權等等。〔註25〕試問這些都是指向國家的嗎?

梁啟超還說:「凡人民之行事,有侵他人之自由權者,則政府干涉之。苟非爾者,則一任民之自由。政府宜勿過問也」,這句話中「一任民之自由」,不是私人領域的消極自由又是什麼呢?即便接受伯倫知理的國家主義後還說:

〔註22〕 力人(梁啟超),〈政治學大家伯倫知理之學說〉,《新民叢報》(第七冊)(北京:中華書局影印版,2008),頁5472。值得注意的是此時已是1903年了,很多研究者都認為這時梁啟超接受了伯倫知理(Bluntchi Johann Caspar,1808～1881)的國家主義學說,由民權論轉向了國權論。參見:巴斯蒂(Pro. Bastid),〈中國近代國家觀念溯源:關於伯倫知理國家論的翻譯〉,《近代史研究》1997年第3期(北京,1997),頁221～232;王昆,〈梁啟超與伯倫知理的國家學說〉,《中國國家博物館館刊》2013年第2期(北京,2013),頁115～123;李春馥,〈論梁啟超國家主義觀點及其轉變過程〉,《清史研究》2004年第2期(北京,2004),頁46～51。

〔註23〕 狹間直樹,〈新民說略論〉、土屋英雄,〈梁啟超的「西洋」攝取與權利──自由論〉,狹間直樹編、孫路易等譯,《梁啟超‧明治日本‧西方》(北京:社會科學文獻出版社,2001),頁74、155。

〔註24〕 梁氏本人雖然沒有說過「積極自由」、「消極自由」這類的詞語,但是其自由思想還是傳達出此意。「積極自由」就相當於梁啟超所說的「團體自由」「群之自由」,「消極自由」就相當於「個人自由」(注意這裡的「個人自由」不是野蠻時代的「個人自由」,而是文明時代私人領域的自由)。當然「積極自由」、「消極自由」本身的內涵與外延很複雜,筆者在此做簡化處理,取其最普遍的部分,謹此說明。

〔註25〕 梁啟超,〈各國憲法異同論〉,《飲冰室合集》(文集之四)(北京:中華書局影印版,1989),頁78～79。

「各私人亦有對於國家而保護其自由之權理」，這不又是私人領域的消極自由嗎？即使是前面梁啟超說經濟（生計）自由不是急需的，只是對於特定情形而言的，若是中國到了需要經濟自由之時，梁氏斷然也會主張保護經濟自由的。之所以給人一種注重團體自由、群之自由忽視消極自由的印象是出於當時的救亡圖存、國家獨立的需要。

這裡還有一個更重的問題，就是消極自由（個人自由）和積極自由（團體自由）的關係。論者們之所以說梁氏的自由思想與西方的自由思想有很大的不同，是因為用西方的消極自由來衡量的，似乎西方永遠是個定量，永遠不會改變，但是事實上則不然。在西方自由思想史上不僅僅有消極的自由，還有積極的自由。如前文所言，這兩種自由並非人們常說的那樣是非此即彼、相互對立的。消極自由本不「消極」，同樣地積極自由也不「積極」。也就是說消極的自由要用積極的自由來爭取，積極的自由要用消極的自由來界限。這兩種自由「並不存在無法消解的衝突關係，相反，『古代自由與現代自由都是共源的和具有平等價值的，兩者之間沒有什麼值得自豪的優劣之分』」。〔註26〕

由此觀察就可以知道前面梁啟超所強調的積極自由（團體之自由）是為了爭取憲政政體而存在，它的確如人們所言的那樣可能會導致極權主義，但是它如果有消極自由來界限則不會發生劍走偏鋒、誤入歧途的狀況。而由前面分析可知梁啟超是不否認消極自由（個人在私人領域的自由），他為了防止別人誤會他，在《新民說》的開頭就明確表示：要「定團體與個人之權限，各不相侵」，〔註27〕正因為如此梁氏強調的團體之自由不會導致極權主義或軍國主義。所以梁啟超在吸收伯倫知理的國家觀時一面可以說：「我中國今日

〔註26〕許紀霖，《啟蒙如何起死回生：現代中國知識分子的思想困境》（北京：北京大學出版社，2012），頁279。

〔註27〕梁啟超，《新民說》，頁11。在之前的〈國家思想變遷異同論〉也有類似的說法：「公法私法，界限極明。國家對於人民，人民對於國家，人民對於人民，皆各有其相當之權利義務。」參見梁啟超，〈國家思想變遷異同論〉，《飲冰室合集》（文集之六）（北京：中華書局影印版，1989），頁17。在不僅如此，在〈盧梭學案〉中又說：盧梭的學說實際上是要正國家與人民之界，個人對於國家而言只是放棄部分財產與自由權利，而不是全部。並進一步說盧梭學說的精義還不止於此，「彼以為民約之成也，各人實於其權利分毫無所捐棄，非獨無捐棄而已，個人因民約所得之利益，較之未立約以前更有增者。何也？合眾力而自擁衛，得以護持己之自由權而使莫或侵也」。參梁啟超，〈盧梭學案〉，《清議報》（第九十九冊）（北京：中華書局影印版，1991），頁6141～6142。

所最缺點而最急需者，在有機之統一與有力之秩序，而平等自由等直其次耳」，另一面也可以說：「苟濫用之，則各私人亦有對於國家而保護其自由之權理云」。這兩句話看起來很矛盾，其實卻不是。即便會發生團體自由壓制消極自由的情況也是在非常危急時刻如面臨帝國主義瓜分，必須要先保國家（憲政之國，不是以往的專制之國）之存在。但是這種情況只是一種過渡形態，並不是常態。

「問題」之爭對當時的梁啟超而言，並不是主要的，而最重要的是「主義」的變化。不論消極的自由（私人領域自由）和積極的自由（團體之自由）之間存在多麼大的張力和衝突，它們都是「自由的」，都與「野蠻之自由」劃開界限。

總之，梁啟超強調團體自由只是把它作為實現個人私人領域自由的一種手段，而不是像一些研究者所誤解的那樣把個人自由當作實現國家富強的手段，在筆者看來恰恰是相反。〔註28〕就像梁氏後來提倡開明專制一樣，他看重的並不是開明專制本身，而只是「把它作為帝國主義時代解決中國國家安全和生存問題的一個理想和有效的方法」。〔註29〕

〔註28〕 梁啟超關於群獨關係也證實了筆者的看法。他強調獨立之反面是依賴，不是合群；合群之反面是營私，不是獨立。獨立與合群是不可分離的，是一個問題的兩個方面。「天生人而使之有求智之性也，有獨立之性也，有合群之性也」。參梁啟超，〈中國積弱溯源論〉，《飲冰室合集》（文集之十）（北京：中華書局影印版，1989），頁 67。但是合群並不是說完全泯滅掉個性，梁氏的思想中強調的是個人為先。他說：「吾以為不患中國不為獨立之國，特患中國今無獨立之民。故今日欲言獨立，當先言個人獨立，乃能言全體獨立；先言道德上之獨立，乃能言形勢上之獨立」。參梁啟超，〈獨立與合群〉，《飲冰室合集》（文集之五）（北京：中華書局影印版，1989），頁 24。這裡都是極力強調個人獨立的，個人合群時並不是把所有之權利都交給群而失去個人最起碼的獨立，還形象地說：「譬之物質然，合無數阿屯而成一體，合群之義也；每一阿屯中皆具有本體所含原質之全分，獨立之義也。若是者謂之合群之獨立。」當然梁啟超不是只要「個」不要「群」，只要個人自由不要團體自由，或者說只要民權不要國權。民權到達極端而湮沒國權，梁氏也是給予批判的，1912 年他針對民權壓制國權時就說：「我中國今日固儼然共和矣。民權之論，洋洋盈耳，誠不憂其天閼。所患者，甚囂塵上，鈍國權之作用，不獲整齊於內競勝於外耳。故在今日，稍畸重國權主義以濟民權主義之窮」。參梁啟超，〈憲法之三大精神〉，《飲冰室合集》（文集之二十九）（北京：中華書局影印版，1989），頁 100。

〔註29〕 張衍前，〈梁啟超的近代國家觀〉，《理論學刊》1996 年第 2 期（濟南，1996），頁 73。

四、實現「思想之自由」

上面說的是「團體的自由」，而這個「團體的自由」是由個人自由積累而成的，個人自由不可過於「任性」，要節制自身，否則與他人交涉時不保他人的自由。不妨礙他人自由，在前面的「消極自由」與「積極自由」的探討中已經說明，那麼如何做到即如何節制自身問題？「吾請更言一身自由之事」。

關於「質料」（人）自身的問題，梁啟超又進一步提出了「思想的自由」，即是「人莫不有兩我焉，其一與眾生對待之我，昂昂七尺立於人間是也，其二則與七尺對侍之我，瑩瑩一點存於靈臺者是也」。〔註30〕也就是說人有兩個我，一個是精神的我，一個是實體的我，而獲得自由之境的是除心中之奴隸，即思想能自由。這裡的思想自由是受孟子（BC372～BC289）影響的，孟子曰：「耳目之官不思，而蔽於物。物交物，則引之而已矣心之官則思，思得則之，不思則不得也」。〔註31〕耳目之官不會思考容易被蔽，要用心去思考。

梁啟超作了進一步引申，要破除心中的不自由（即四種：為古人奴隸、為世俗奴隸、為境遇奴隸、為情慾奴隸），自縛之就要自解之。由此人們獲得思想自由，能夠自我判斷，自我克制，當思想自由訴之於外時不會與公共意志相衝突，讓「團體的自由」存在，同時個人自由也就有了保障。在這裡筆者需要指出的是，這並不是對傳統的情感（列文森，Joseph R. Levenson），亦不為價值（張灝），或是調適（墨子刻 ThomasA. Metzger、黃克武）〔註32〕，也不是認為孟子具有與西方人權思想家相同的民治思想（張朋園）〔註33〕，

〔註30〕梁啟超，《新民說》，頁 46～47。

〔註31〕孟子著，楊伯峻譯注，《孟子》（北京：中華書局，2011），頁 249。

〔註32〕墨子刻，〈墨子刻先生序〉，黃克武著，《一個被放棄的原則：梁啟超調適思想研究》（北京：新星出版社，2006），頁 1；黃克武，〈墨子刻的儒學〉，《國際漢學》2004 年第 1 期（鄭州，2004），頁 252～268。還可以參見墨子刻著，顏世安等譯，《擺脫困境：新儒學與中國政治文化的演進》，（南京：江蘇人民出版社，1990）；蕭功秦、墨子刻，〈一個保守主義者眼中的中國〉，《社會科學報》2002 年第 4 期（上海，2002），版 6。

〔註33〕張朋園，《梁啟超與清季革命》（上海：三聯書店，2013），頁 18。梁啟超曾經明確表示過孟子之民治與西人之民治是不同的，孟子所言的是保民、牧民，是為侵民自由權利，而西人民治貴在獨立、重在權利，是不可干預的。當然這麼說並不妨礙梁氏用現代性的眼光來對待孟子的思想。參梁啟超，〈保全支那〉，《飲冰室合集》（專集之四）（北京：中華書局影印版，1989），頁 40～41。

而是用一種現代性的眼光「順著看」儒家思想（打掉原來的專制層面），以
「借屍還魂」的方式來建構「自由」之精神，學會「克己」。為什麼野蠻時
代的「偽自由主義」如此可惡還能從那個時代提取合理成分？就是因為如果
破除專制的層面後其中的思想可以放到文明時代的自由，這種限制是建立在
消極自由和積極自由的動態平衡中，因而與以往不同。也無怪乎前面梁啟超
會說：「野蠻之自由勝，而團體之自由亡。文明時代團體之自由強而個人之
自由滅，斯二者蓋有一定之比例」。野蠻時代的自由與文明時代的自由兩者
有一定之「比例」，不是完全摒棄傳統。

　　用現代性的眼光看待傳統思想不僅表現在《新民說》中，在此前和此後梁
啟超都有所敘述。在之前的〈近世文明初祖二大家之學說〉中說：「使其無精
神也，雖日日手西書，口西語，其奴性自若也。所謂精神者何？即常有一種自
由獨立不傍門戶不拾唾餘之氣概而已。」〔註34〕在之後的〈近世第一大哲康德
之學說〉中也說：

> 真尊重自由者，不可不尊重良心之自由。所小人無忌憚之自由，
> 良心為人慾所制，真我為軀殼之我所制，則是天囚也……一點良知
> 是汝自家的準則。汝意念著處，他是便知，非便知非，又瞞他些子
> 不得。汝只要實實落落著他做，善變存，惡變去。〔註35〕

　　這裡梁啟超將康德（Immanuel Kant，1727～1804）與王陽明（1472～1529）
的良知融會貫通，陽明的良知即康德的真我，兩種學說的基礎是相通的。這
跟他之前在《新民說》中將孟子的思想轉化過來是一樣的，以塑造理想的人
格。

　　這種理想人格的塑造最終是要建立一個現代化的國家，一國能否立於世
界，立憲議會、地方自治能否實行都要看其自治力之大小、強弱。自治又分為
一身之自治和一群之自治，前者是後者的基礎。要達到「國有憲法，國民之自
治也。州郡鄉市有議會，地方之自治也。凡善良之政體，未有不從自治來也」
的一群之自治必須先實現一身之自治。西人因為上自君相官吏，下至販夫屠卒
人人都能夠自治，而可以達到「作則舉國皆作，息則舉國皆息」之境地。「其
能整然秩然舉立憲之美政者，皆自此來也」。而中國則相反，四萬萬人皆無法律

〔註34〕梁啟超，〈近世文明初祖二大家之學說〉，《飲冰室合集》（文集之十三）（北京：
　　　　中華書局影印版，1989），頁4。
〔註35〕梁啟超，〈近世第一大哲康德之學說〉，《飲冰室合集》（文集之十三）（北京：
　　　　中華書局影印版，1989），頁66。

之人也。沒有人之自治而能立國者，是沒有的事。由此可見一身自治之重要，「勿徒以之責望諸團體，而先以之責望諸個人。吾先舉吾身而自治焉」。〔註36〕只有一身之自治實現以後，才能進而合身與身之自治為一小群而自治。進而合群與群為一大群而自治焉，進而再合大群與大群為一更大之群而自治。如此則一完全高尚之自由國、平等國、獨立國、自主國出現。

直到民國時期，梁啟超在談自治時依然認為「真正之自治，必不須假官力，純由人民之自動」，〔註37〕還說歐洲人懂得自治，而我中華民國招牌掛了八年了，國民依然不知道自治觀念。〔註38〕國民能自治是地方自治、建設民國的基礎。可以說自治是將思想之自由由虛落實，由思想層面落實到現實層面，讓個人自由與團體自由相互含融，以確立制度，進而創造一個現代化的國家。這是他不同於以往的儒者，也是身體力行了不為古人、西人之奴隸的箴言。雖然梁啟超在清末時期並沒有讀過西方新自由主義者〔註39〕如格林（Thomas Hill Green，1836～1882）、霍布豪斯（Hobhouse Leonard Trelawney，1864～1929）、羅素（Bertrand Arthur William Russell，1872～1970）、杜威（John Dewey，1859～1952）等人的著作，卻能以將傳統思想轉化來與之契合，引人深思。「五四」時期，梁啟超主張羅素的基爾特社會主義似乎於此有了先聲。

五、結　論

以上對梁啟超三種自由的分析可見，三個層次的自由觀是由淺入深、環環相扣的整體。處於新舊交替時代的梁啟超要改變國民的「劣性」，開「民德、民智、民力」，使其從由「野蠻」到「文明」，使新的國民形象而立於世。而自由思想是塑造新民重要的方面，自由是每個國民具有活力、進取精神必不可少的。梁氏出於建立新制度、新政府、新國家（憲政國家）的需要，力破以往的

〔註36〕梁啟超，〈論自治〉，《飲冰室合集》（專集之十三）（北京：中華書局影印版，1989），頁 50～54。

〔註37〕梁啟超，〈國民淺訓說〉，《飲冰室合集》（專集之三十二）（北京：中華書局影印版，1989），頁 7。

〔註38〕梁啟超，〈歐遊心影錄〉，《飲冰室合集》（專集之二十三）（北京：中華書局影印版，1989），頁 32。

〔註39〕西方的新自由主義是 19 世紀 70 年以來興起的，以格林、霍布豪斯、羅素、杜威等人為代表。它是為了糾正以往消極自由之弊端而強調積極自由（團體之自由）的重要性，但是他們並不排斥最基本的消極自由如言論自由、出版自由等。

野蠻之自由,而強調團體自由的重要性,以克服以往的一盤散沙、各謀私利的弊病。但強調團體自由,並非要犧牲個人在私人領域自由,這恰恰是建設現代國家需要的。思想自由是將個人自由更加推進一個層次,將中國傳統的思想與西方近代的自由思想融為一體,把個人的自由進一步深化,以此來更好地建立現代化國家。

《新青年》前後期自由主義思想的比較

一、前　言

（一）研究緣起

　　《新青年》所宣揚的自由主義思想是五四新文化思潮的重要組成部分，對中國近代啟蒙運動的發展起了顯著的推動作用。但近 30 年在反思「激進主義」的過程中，出現了一種批判新文化思潮的偏向，《新青年》自由主義思想受到的質疑更多，例如把《新青年》的自由主義思想和「五四」以後的革命相串聯，甚至和文化大革命相提並論，〔註1〕這不能不引起人們的關注。

　　事實上，《新青年》當年對自由主義的闡釋雖然存在種種不足，其正當性和必要性始終佔據主流。無論是在五四前期，還是在五四後期，如果密切關注其歷史背景，仔細琢磨其代表性著述，這種正面作用都能看得相當清楚。

〔註1〕林毓生著、穆善培譯，《中國意識的危機》（貴陽：貴州人民出版社，1986），頁 44～46；余英時，〈中國近代思想史上的激進與保守〉，《現代儒學的回顧與展望》（北京：三聯書店，2005），頁 39。除了海外學者的質疑，中國國內也出現一股批判五四或《新青年》之風，新儒家、新左派、國家主義甚至自由派都對五四新文化運動展開各種批判。尤其是近年來一些自由主義的知識分子順著余英時的〈中國近代思想史上的激進與保守〉、林毓生的《中國意識的危機》對「五四」展開的批判，讓人有點匪夷所思。縱觀這些批判大多違背基本史實，對新文化運動的標誌性刊物《新青年》認識不足。參見：商昌寶，〈直面批判，正本清源：再為五四新文化運動辯護〉，《名作欣賞》2015 年第 34 期（太原，2015），頁 61。

本文選擇「《新青年》前後期自由主義思想的比較」為議題，就是試圖針對學界的質疑，從整體和演變的角度，對《新青年》的自由主義思想重新加以研究，著重討論有分歧的話題，釐清某些模糊甚至混亂的認識，以求恰當評價五四這一特定時期的自由主義。

這一研究具有以下意義：1. 全面反映《新青年》自由主義思想的面貌。2. 深入認識五四時期自由主義思想的歷史地位和作用。3. 準確考量自由主義思想在當今文化建設中的價值。

（二）學術史回顧

學界研究中國近代自由主義思想成果頗豐，與本議題相關較為密切者有如下三方面。

1. 對《新青年》之前的自由主義思想研究

在《新青年》雜誌創刊以前，先人們就已經探討了自由主義。自由主義思想在中國得到較為系統闡釋的是嚴復（1854～1921）和梁啟超（1873～1929）。

（1）對嚴復自由主義思想的研究

嚴復是近代中國系統性譯介西方自由主義思想的第一人，梁啟超的自由思想受其影響很大。嚴復於 1899 年翻譯約翰‧密爾（John Stuart Mill，1806～1873）的《論自由》，初名為《自繇釋義》，書成之後原稿不幸佚失，後來失而復得，於 1903 年出版，是名《群己權界》。學界對嚴復自由思想的研究可以說比較成熟了。大致可以說分為兩種觀點：一派學者認為嚴復在對約翰‧密爾有著嚴重的誤讀和曲解，這是一種較為普遍的看法。這一派學者中具有代表性的是史華慈（Benjamin I. Schwartz，1916～1999），他在《尋求富強：嚴復與西方》一書中認為：密爾所講的自由，與個人本身密切相關，是把個人自由當作目的本身，與社會整體或與國家利益關係不大。而嚴復則相反是將個人自由作為促進民智、民德以及達到國家富強目的的手段。〔註2〕之後的徐高阮、林載爵、林安梧、李澤厚、李新宇、黃克武、干春松等人，〔註3〕雖然對史華慈的

〔註2〕 史華慈著、葉鳳美譯，《尋求富強：嚴復與西方》（南京：江蘇人民出版社，2010），頁 96。

〔註3〕 林載爵，〈嚴復對自由的理解〉，《嚴復思想新論》（北京：清華大學出版社，1999），頁 172～261；李澤厚，〈論嚴復〉，《中國近代思想史論》（北京：人民出版社，1979），頁 249～285；李新宇，《盜火者嚴復》（天津：天津人民出版社，2010），頁 158；黃克武，〈嚴復對約翰‧密爾自由思想的認識〉，《嚴復思想新論》，頁 86～171；干春松，〈自由主義還是威權主義：嚴復與近代中國的自由

觀點有所糾正和補充，但並沒有根本上突破他的觀點。

　　另一派學者則認為嚴復對密爾的思想是有誤讀的地方，但是對密爾自由思想基本精神還是把握得相當準確。張福建通過對密爾晚年的思想研究表明密爾的自由思想是強調積極自由的而不是消極自由的，因而嚴覆沒有誤讀《論自由》中最精髓的部分。〔註4〕周昌龍也有類似的看法，他認為嚴復的自由思想可以分為三個層次：明定群己權界，以法權保障自由，為第一個層次；融入「潔矩之道」以自由人格提升自由境界，為第二個層次；提倡地方自治，落實公民自由，由虛返實，為第三個層次。其自由主義思想中並沒有人們常認為的威權主義。〔註5〕李強則區分了西方自由思想史權利學說和功利主義的區別，說明嚴覆沒有歪曲密爾的觀點，嚴復將密爾關於個性的一大段概括為「民少特操，其國必衰」時沒有像史華慈說的那樣「歪曲」了密爾的觀點，只是對其觀點進行概括而已。〔註6〕袁偉時則認為嚴復的自利不是向楊朱（BC395〜BC335）的回歸，而是市場經濟個人行為的出發點，自治是政治民主的基礎，自由是西方富強的基礎，自由是嚴氏早期思想的核心。嚴復不是蕭功秦說的權威主義者，其對富強的追求與自由主義並不矛盾。〔註7〕

　　（2）對梁啟超自由主義思想研究

　　梁啟超的自由思想很大程度上是對嚴復自由思想的再現，只不過學理性較弱而已。梁啟超自由思想啟蒙思想旨在改變國民的「劣性」，開「民德、民智、民力」，使其從由「野蠻」到「文明」，使新的國民形象而立於世。他的自由思想分為：「野蠻的自由」、「團體的自由」、「思想的自由」。對梁啟超自由思想研究最具有代性的觀點是張灝的研究，張灝認為梁氏的權利和自由觀是具有集體主義性質的，即保障公民參與的自由，古代意義上的自由，而非現代意義上的自由。〔註8〕

　　之後的學者等人雖然提出一些不同看法，但基本上都認為梁氏自由思想

　　　之路〉，《五四運動與現代中國》（上海：上海人民出版社，2009），頁50〜70。
〔註4〕張福建，〈文明的提升與沉淪：密爾、嚴復與史華慈〉，《開放時代》2003年第2期（廣州，2003），頁79。
〔註5〕周昌龍，〈嚴復自由觀的三層意義〉，《嚴復思想新論》，頁63〜85。
〔註6〕李強，〈嚴復與中國近代思想的轉型〉，《嚴復思想新論》，頁361〜406。
〔註7〕袁偉時，〈嚴復思想遺產三問〉，《中國現代思想散論》（上海：三聯書店，2008），頁192。
〔註8〕張灝著、崔志海等譯，《梁啟超與中國思想的過渡》（南京：江蘇人民出版社，1995），頁121。

與西方的自由主義有很大差異。即便是試圖縮小差異的研究者也認為梁啟超的自由思想雖不是絕對意義上的「集體主義」、「國家主義」，但也不是西方的「個人主義」，而是「個人的獨立主義」，與國家、集體相結合的自由是更為緊迫、必要的。〔註9〕

不過，也有論者的研究提出了不同於張灝、黃宗智、黃克武、張朋園等人的觀點，他通過對「野蠻的自由」、「團體的自由」、「思想的自由」的論析認為，「野蠻之自由」是文明自由的蟊賊，這種個人自由並不是西方意義上的「消極自由」，就是說連那種由「形式上的平等」掩蓋實質的「不平等」也算不上。「團體之自由」是對「野蠻之自由」的突破，這種自由不僅僅是古代意義上的，也是現代意義上的，是積極自由和消極自由的動態平衡。「思想之自由」是對「團體之自由」的深化，將中國傳統的自由思想以現代性的眼光進行轉化過來以塑造理想的人格來適應文明時代的自由，這種理想人格的塑造最終是要建立一個現代化的國家。雖然梁啟超這一時期並沒有讀過西方新自由主義者如格林（Thomas Hill Green，1836〜1882）、霍布豪斯（Hobhouse Leonard Trelawney，1864〜1929）、杜威（John Dewey，1859〜1952）、羅素（Bertrand Arthur William Russell，1872〜1970）等人的著作，卻能以將傳統思想以現代性轉化來與之契合，引人深思。他認為梁啟超的自由思想最終是指向個人的，而不是國家，〔註10〕與現在流行的說法恰恰相反。

（3）對章太炎等人自由主義思想研究

除了嚴復和梁啟超的自由思想外，學界對康有為（1858〜1927）、譚嗣同（1865〜1898）、章太炎（1869〜1936）等人的「個性自由」、「個性解放」也有所研究，揭示他們思想的激烈之處。尤其是章太炎表現激烈的個人主義傾向，所謂「大獨必群，不群非獨也」、「大獨必群，群必以獨成」、「小群，大群之賊也；大獨，大群之母也」。〔註11〕有論者甚至認為章太炎的個人主義是「日本式自由主義」，在「群（共同體）獨（個人）」關係中一面極力宏揚「大獨」，另一面卻又力挺「大群」（國家至上、軍國主義），只用個性解放來擯斥

〔註9〕 土屋英雄，〈梁啟超的「西洋」攝取與權利──自由論〉，狹間直樹編、孫路易等譯，《梁啟超‧明治日本‧西方》（北京：社會科學文獻出版社，2001），頁155。

〔註10〕 王琛，〈梁啟超自由思想論析〉，《新北大史學》2018年總第23期（新北，2018），頁33〜50。

〔註11〕 章太炎著、向世陵選注，《訄書》，（瀋陽：遼寧人民出版社，1994），頁159〜161。

「小群」。〔註12〕並且這種「反儒不反法」的「日本式自由主義」對五四一代的周作人（1885～1967）、魯迅（1881～1936）等人產生深刻影響。

綜上可以看出《新青年》以前對自由主義思想的認識主要集中體現在嚴復、梁啟超、章太炎等人身上，他們不否認一些最基本的權利和自由如思想、言論、出版、結社自由等等。這也是後世研究者們共同的認識，只是研究者們對嚴復、梁啟超在自由與國家、政府、個人與社會的關係上認知不同。大多數學者的研究認為嚴復、梁啟超等人的自由主義思想中，以國家、社會（群）為重點，個人是達到國家目的的手段，只有部分學者認為是保障個人自由權利為中心的。那麼《新青年》的自由主義思想又是如何的呢？它是否只是簡單地重複之前的論述呢？它的自由是否都是指向國家呢？個人與社會的關係又是如何呢？似乎有待進一步分析。

2. 對五四時期的自由主義思想研究

《新青年》是五四新文化運動的標誌性刊物，其自由主義思想離不開五四這一個時期，因而有必要簡單勾勒對五四時期自由主義研究現狀。關於五四時期自由主義思想研究，目前對其批判較多。這種批判最初是由海外學者帶動的，後來被不少大陸學者接受。

（1）海外學者對五四時期自由主義思想研究

海外學者對五四的批判中引領風潮的是林毓生先生。林毓生在《中國意識的危機》中認為五四是「整體性反傳統主義」（即「全盤反傳統主義」），借思想文化以解決問題，而「借思想文化作為解決問題的途徑，是一種強調必先進行思想和文化改革然後才能實現社會和政治改革的研究問題的基本設定」，〔註13〕從而進一步加重了中國意識的危機。並認為五四時代的激烈反傳統在文化大革命中再次出現，即毛澤東（1893～1976）晚年的文化大革命與激烈反傳統，與五四的激進反傳統有著密切關係。毛澤東的深層意識認為五四的全盤反傳統沒有失去力量，所以他發動文化大革命和全盤否定過去。由此出發，林氏認為五四一代注重個人自由主要是用以反傳統，想從傳統社會和文化壓抑下解放出來，這與西方的個人自由觀念不同的。並且認為五四

〔註12〕秦暉，《走出帝制：從晚清到民國的歷史回望》（北京：群言出版社，2015），頁 326～327。

〔註13〕林毓生著、穆善培譯，《中國意識的危機》（貴陽：貴州人民出版社，1986），頁 44～46。

時期將個人主義之諸價值當作「價值」，與民族主義並行不悖。個人主義之所以夭折，是因為其與民族主義和反傳統思想糾纏在一起。〔註14〕

張灝也將五四與後來的革命、文革放在一起，他認為毛澤東、陳獨秀（1879～1942）、高一涵（1885～1868）、胡適（1891～1962）、李大釗（1889～1927）等人，一方面肯定個人自我價值，另一方面隱藏於後的是「程度不一的精神個人主義」，為全體而犧牲個體。共產主義、文化大革命「有關人的神話的觀念，基本來自五四啟蒙運動」。〔註15〕

林、張二人的觀點又可以追溯到其師史華慈。如前文所言，史華慈在《尋求富強：嚴復與西方》中認為嚴復嚴重扭曲了約翰·密爾的自由主義思想，「假如說穆勒常以個人自由作為目的本身，嚴復則把個人自由變成促進民智、民德以及到達國家目的的手段」。〔註16〕總之，他們認為中國近代的自由主義是指向國家的，缺乏英美自由主義中對個人權利的關懷。

對五四進行猛烈批判的還有餘英時，認為中國近代思想史不斷激進，一直激進到「文化大革命」。發源於五四的「大我」在以後民族危機中吞沒了「小我」。〔註17〕「小我」總是隨時隨地準備為「大我」犧牲，五四時期從舊「名教」中脫離，馬上又心甘情願地陷入新「名教」。〔註18〕

金觀濤、劉青峰以建立數據庫的方式分析，認為「新文化運動前期和中期，個人獨立和個人自由是破除舊道德的利器，具有正面價值」；但到新文化運動後期，個人自由具有負面價值。中國文化中常識個人觀與西方個人觀最

〔註14〕 林毓生，〈五四時代的激烈反傳統與中國自由主義的前途〉，《中國傳統的創造性轉化》（北京：三聯書店，2011），頁160～206。

〔註15〕 張灝，〈扮演上帝：20世紀中國激進思想中人的神話〉，《幽暗意識與民主傳統》（北京：新星出版社，2006），頁252～267。

〔註16〕 史華慈著、葉鳳美譯，《尋求富強：嚴復與西方》（南京：江蘇人民出版社，2010），頁96。

〔註17〕 余英時，〈中國近代思想史上的激進與保守〉，《現代儒學的回顧與展望》（北京：三聯書店，2005），頁39。

〔註18〕 余英時，〈中國近代個人觀改變〉，《現代儒學的回顧與展望》，頁59～88。還可以參見余英時，〈文藝復興乎？啟蒙運動乎？：一個史學家對五四運動的反思〉，《現代危機與思想人物》（北京：三聯書店，2005），頁75～103；余英時，〈試釋「五四」新文化運動的歷史作用〉，《思想》2019年總第37期（臺北，2019），頁139～151。林毓生、余英時等人對五四的研究不乏肯定的成分，但是縱觀其言論還是以批判為主，這種批判對後繼學者的影響力遠遠大於肯定。筆者在下文以《新青年》為切入點為五四時期自由主義辯護也是針對他們對五四的批判而展開的。

大的不同是「權利不再是個人觀念不可缺少的核心」，因此它可以擁抱集體主義。〔註19〕

王汎森認為與梁啟超一代的「新民」相比，五四時期的「新人」更偏重個體，「單個的，不受各種規範約束的『人』，而不是一切以『國家』為歸宿的『民』，成為『自我』的理想狀態」。但是「新人」在1920年代大革命時期又轉變為以「組織」、「團體紀律」為依歸。這種對「主義」、嚴格紀律的依歸又是「新人」內在邏輯發展的結果。〔註20〕

黃克武在分析二十世紀中國自由主義時也認為，五四中的啟蒙理想是要救亡，個人自由和尊嚴是次要的，個人不是目的而是實現國家富強的手段。〔註21〕

（2）大陸學者的響應

受海外學者的影響，一些大陸學者也對五四新文化運動進行批判。胡偉希接受了林毓生先生所謂五四是「整體性反傳統主義」觀點，認為中國的自由主義更多是積極自由而不是免於強制的消極自由。胡適等人提倡的個人主義是以宣揚「個人解放」為特點的，「嚴格意義上說來它是一種積極自由觀念，而與西方自由主義以政治自由為內容的個人自由有相當大的分野」。〔註22〕

顧昕也接受了林毓生、張灝等海外學者的觀點，認為五四時期的個人主義與西方是不同的，它不是一種政治權利而是一種特立獨行的人格，主要是激烈反傳統主義的結果，並且與民族主義相關聯，個人之所以重要乃是形成一種人格能力，這種人格能力是促使西方迅速富強的核心，個人自由是圖強禦侮的手段而不是目的，五四時期的自由是積極的自由觀而非消極自由。〔註23〕

秦暉則由五四時期「反儒不反法」為出發點，提出了「日本式自由主義」這個概念，即認為西方的自由主義經過日本轉手以後發生了微妙而又重大的變化，即衝破了家庭和小共同體本位後走向了大共同體本位社會，而非西方的

〔註19〕金觀濤、劉青峰，〈中國個人觀念的起源、演變及其形態初探〉，《觀念史研究：中國現代重要政治術語的形成》（北京：法律出版社，2009），頁151～179。

〔註20〕王汎森，〈從新民到新人：近代思想中的「自我」與「政治」〉，許紀霖等編，《現代中國思想的核心觀念》（上海：上海人民出版社，2011），頁257。

〔註21〕黃克武，〈近代中國的自由主義的發展：從嚴復到殷海光〉，《近代中國的思潮與人物》（北京：九州出版社，2013），頁109。

〔註22〕胡偉希，〈理性與烏托邦：二十世紀中國的自由主義思潮〉，許紀霖編，《二十世紀中國思想史論》（下卷）（上海：東方出版中心，2000），頁3～26。

〔註23〕顧昕，〈民主思想的貧瘠土壤：評述一九三〇年代中國知識分子關於「民主與獨裁」論戰〉，許紀霖編，《二十世紀中國思想史論（上卷）》，頁394～395。

個人本位。〔註24〕出現了所謂「啟蒙呼喚個性，個性背叛家庭，背家投入救國，國家吞噬個性」的現象。〔註25〕經過日本轉手的自由主義和後來經過俄國轉手的社會主義一拍即合，代表此後中國的歷史走向。他還認為五四時期的「反儒不反法」在文化大革命中被推向了極端。

許紀霖認為五四前期的注重個人解放的，五四後期注重的是社會改造，「小我」和「大我」都有，要置於更廣闊的世界之中，「個人作為小我，不僅生命有限，而且在價值意義上也是有限的，小我只有融合到人類歷史、世界和社會的大我之中，最後才能實現不朽和永恆」。不過，許先生沒有將之與後來的革命、「文革」牽扯在一起，而是認為這種世界主義只是曇花一現，被1925年以後的國家主義吞沒。〔註26〕

以上這些文章大多數都認為五四時期的自由主義與西方的自由主義有很大差異，〔註27〕並且有不少學者還將之與後來的民族、革命甚至「文革」關聯在一起。似乎五四以前自由主義研究中認為嚴復、梁啟超等人的自由主義思想中，以國家、社會（群）為重點，個人是達到國家目的的手段這一個論斷，在五四時期再現甚至有著強化、推到極端之勢。五四時期的自由主義理念是否真的都是如此，似乎需要對《新青年》自由主義思想詳盡研究後才能下結論。

3. 對《新青年》自由主義思想的研究

《新青年》作為中國現代性轉向的重要文本，向來是學術界、思想界研究的重點。

（1）《新青年》研究理路述略

學術界對《新青年》研究中主要分為兩種思路：一是思想啟蒙的理路，包括梳理《新青年》中個人、國家、社會的關聯，《新青年》刊物的生產與傳播的傳媒研究以及探討文學革命。二是循著政治、社會、思潮之間互動而展開，

〔註24〕秦暉，〈兩次啟蒙的切換與「日本式自由主義」的影響：新文化運動百年祭（二）〉，《二十一世紀》2015年10月號（香港，2015），頁33～51。

〔註25〕秦暉，〈新文化運動的主調及所謂被「壓倒」問題：新文化運動百年反思（上）〉，《探索與爭鳴》2015年第9期（上海，2015），頁74～82。

〔註26〕許紀霖，〈大我的消解：現代中國個人主義思潮的變遷〉，許紀霖等編，《現代中國思想的核心觀念》，頁209～236。

〔註27〕本文限於論題和篇幅，主要列舉的是對五四時期自由主義的批判性研究成果，關於五四時期自由主義的全面評述，參見王琛，〈五四時期自由主義研究的回顧、反思與展望：以1980年代後大陸學界研究趨勢為主〉，《新北大史學》2019年總第25期（新北，2018），頁53～78。

將《新青年》作為一個動態文本，置於清末民初的政治轉型：從帝制時代走向現代民族國家的大背景下進行思考。〔註28〕目前對《新青年》知識群體自由主義思想的研究主要是集中在思想啟蒙這個理路上，本文也是循著這個思路繼續探討。〔註29〕

（2）《新青年》的自由主義思想研究

在上文有關「五四」時期自由主義思想研究，多少都有涉及和徵引《新青年》的自由主義觀念。但是專門以《新青年》雜誌為中心進行分析的還較少。據筆者所知有高力克的〈《新青年》與兩種自由主義傳統〉、張寶明的〈《新青年》與中國現代性的轉向〉、耿雲志的〈《新青年》與「個人」的發現：紀念《新青年》創刊一百週年〉。

高力克提綱挈領地考察了《新青年》的自由思想，認為有一個從洛克（John Locke，1632～1704）傳統到盧梭（Jean-Jacques Rousseau，1712～1778）傳統的轉變。具體來說認為《新青年》雜誌前期注重英美式自由主義，陳獨秀、高一涵等人對英美自由主義和歐陸自由主義兩種自由觀進行了辨析。但是一戰之後《新青年》知識群體激進化，由洛克傳統轉向盧梭傳統，羅素、杜威來華也加強了當時《新青年》同人的左傾立場。

張寶明認為《新青年》知識群體初期肯定個人自由優先，後來又試圖在個

〔註28〕周麗卿，《探索現代中國的政治轉型：〈新青年〉與民初的政治、社會思潮》（臺北：學生書局，2016），頁4～9。

〔註29〕本文主要探究《新青年》自由主義本身的內涵，當然五四是個多元思潮湧動時期，《新青年》中的自由主義並不是孤立的，與其他思潮如民族主義、國家主義、社會主義存在互動關係，當時的重大歷史事件如帝制復辟、孔教運動、第一次世界大戰、巴黎和會、俄國對華宣言等都對《新青年》自由主義的變化產生過不同程度的影響（文中也有部分提及）。但是這並非一篇論文就能將之論述完畢，需要另外撰文進行探討，故《新青年》自由主義與其他思潮關係、《新青年》同人的自由主義敘述與其他群體對自由主義闡釋之比較、《新青年》自由主義前後期變化的影響以及當時重大的歷史事件對《新青年》自由主義的變化之影響的詳細探討等問題不在本文論述範圍內。另外需要說明的是，受王汎森先生的《中國近代思想與學術的系譜（增訂版）》（上海：上海三聯書店，2018）、《思想是一種生活方式》（臺北：聯經聯經出版公司，2017）等著作的影響，筆者還計劃將五四時期自由主義研究的眼光「向下」，注重探討自由主義在傳播演化過程中的斷裂、歧出，注重社會政治格局與思想之間錯綜複雜的糾纏，以及下層民眾、一般知識青年、地方人物對其的感知和反應，但是這並非短時間內就能完成的。本文主要還是探討精英人物的自由主義思想，以闡釋經典文本為主。對精英人物思想的充分認知，可以為研究「下行」提供參照和對比。

人與社會、國家之間尋求平穩的「平衡過渡帶」，但是這個平衡只是曇花一現的「閃斷」。《新青年》知識群體的個人本位本身隱藏著巨大的危險性，容易走向軍國主義、民族主義、社會主義、共產主義。最後張寶明先生認為自由憲政在二十世紀的中國只能是個幻影，既沒有期待已久的「人格之獨立，個性之自由」，也沒有空間獨立、道德寬容的市民社會。

耿雲志則認為「個人的發現，個性主義、個人獨立自主的人格，個人的權力，是《新青年》最重要的核心觀念之一，這個觀念得以確立，引發了對專制主義舊思想、舊倫理的猛烈批判，推動一系列新思想、新觀念的傳播」。這個在思想史上的意義，是無論怎麼強調都不過分。他們的研究相比較那種蜻蜓點水的一筆帶過，更有利於我們加強對《新青年》自由主義思想的理解。〔註30〕

上述成果，對本文的撰寫都有啟發和幫助作用，構成了進一步探討的基礎。具體就《新青年》自由主義思想的研究而言，以往的成果還存在這樣幾個不足：一是直接的研究不多，其全貌還展示得不夠清楚；二是歷史定位還不夠準確，對其一以貫之的內涵和前後演變的實質缺乏清楚的揭示；三是在評價上還存在較大的分歧，有些看法有著明顯的偏頗。

基於這種狀況，本文擬從前後期對比的角度入手，對《新青年》的自由主義思想做一個較為全面的動態性論述，著重抓住自由主義的基本內涵、個人自由與國家的關係、個人自由與社會的關係這三個重要問題進行比較，以期對相關領域的研究有所推進。

（三）相關概念的界定

1. 關於自由主義

什麼是自由主義？略翻一下中西方有關自由主義的通史性著作就會發現，有多少種著作就有多少種定義。這種現象表明自由主義這個概念內在的歧義性和複雜性，企圖給其下一個準確的定義是極其困難的，似乎也沒有必要，也不是本文的主旨所在。但是自由主義一些最基本的內涵還是清晰的，當然有人可能會說這些所謂的確定的內涵也有著歧義的。儘管如此，我們還是可以確定一些最基本的原則。

〔註30〕 高力克，〈《新青年》與兩種自由主義傳統〉，許紀霖編，《二十世紀中國思想史論（上卷）》（上海：東方出版中心，2000），頁126～139；張寶明，〈《新青年》與中國現代性的轉向〉，《二十一世紀》2004年4月號（香港，2004），頁37～45；耿雲志，〈《新青年》與「個人」的發現：紀念《新青年》創刊一百週年〉，《廣東社會科學》2015年第6期（廣州，2015），頁87～93。

　　學界已經出版不少有關自由主義的通史著作，〔註31〕筆者不打算再做贅述，也不打算像一些研究中國自由主義的論著一樣如數家珍式點名，〔註32〕而是側重關注自由主義普遍認同的價值。這主要是由於本文研究對象來決定的，對於具有數千年專制主義傳統的中國來說不是哪種自由過多或者哪種自由過少，而是哪種自由（不論是古典自由主義還是新自由主義）都沒有，是消極的自由消極不起來，積極的自由也不積極不起來。因此，西方自由主義中的一些基本原則就顯得尤為重要，儘管現代的西方國家對此可能沒有感覺。以此作為考量《新青年》自由主義思想的標準，應該是比較恰當的。

　　一般而言，西方思想史上主要有兩種自由主義即古典自由義和新自由主義。〔註33〕對於這兩種自由主義西方思想界一直爭論不休，本文並不著力於其分歧點，主要關注一些雙方都認同的，即便下文中談到分歧也是建立在共同點之上的，基本上不突破自由主義的共同底線。〔註34〕突破底線的也只是作為一種缺失來探討。在筆者看來，古典自由主義和新自由主義至少有三個共同點：一是都承認人個人的一些基本權利，二是有限政府原則，三是都認同群已權界。這三者之間又不是完全孤立的，而是彼此相關聯的。

2. 關於《新青年》前期後期

　　《新青年》從 1915 年 9 月 15 日創刊，到 1926 年 7 月 15 日停刊，前後有十年十個月之久。本文的討論範圍限定在 1915 年 9 月第一卷第一號到 1920

〔註31〕據筆者所知關於自由主義的通史有：阿克頓著、胡傳勝譯，《自由史論》（南京：譯林出版社，2001）；啟良，《西方自由主義傳統》（廣州：廣東人民出版社，2003）；安東尼·阿巴拉斯特著、曹海軍譯，《西方自由主義的興衰》（長春：吉林人民出版社，2004）；約翰·格雷著，曹海軍、劉訓練譯，《自由主義》（長春：吉林人民出版社，2005）；錢滿素，《美國自由主義的歷史變遷》（北京：三聯書店，2006）；圭多·德·拉吉羅著、楊軍譯，《歐洲自由主義史》（長春：吉林人民出版社，2011）；李強，《自由主義》（北京：東方出版社，2015）。以上是常見的，實際遠遠不止這些。

〔註32〕章清，《胡適派學人群與現代中國自由主義》（上海：上海古籍出版社，2004），頁 1～28；張勝利，《中國「五四」時期自由主義流變》（北京：社會科學文獻出版社，2016），頁 1～5。

〔註33〕此處說的新自由主義是指 New_liberalism 即 19 世紀 70 年來依來出現的對古典自由義進行修正的一種思潮，主張國家干預和實現社會正義。與 New_liberalism 相應的是 Neo_liberalism（新古典自由主義），它是在第二次世界大戰後得到復興，並在 1970 年以來得到大力提倡，主張回歸以往的古典自由主義。這兩者在中文學界往往不分，造成一些無必要的混亂，謹此說明。

〔註34〕秦暉，《共同的底線》（南京：江蘇人民出版社，2013），頁 79～80。

年 12 月第八卷第四號這一個時段，筆者稱這一時段為《新青年》自由主義時期。〔註 35〕因為這一時期自由主義觀念一直都存在，並在在相當時段內在《新青年》各種思潮中佔據主導，只是到 1920 年以後是自由主義觀念才逐漸讓位於蘇俄社會主義（布爾什維克主義）。在 1920 年 12 月第八卷第四號以後已經不再刊登有關自由主義的文章了，布爾什維克主義基本上已經佔據了主導，自由主義觀念幾乎完全被布爾什維克主義吞噬，故而 1921 年到 1926 年這一段時間基本不再本文的關注範圍。

在所限定的這個時段內（1915 年 9 月到 1920 年 12 月），筆者以 1915～1917 年為前期，以 1918 年及以後為後期。劃分標準是 1915～1917 年主要關心帝制復辟，當時一戰雖然爆發但是對《新青年》知識群體影響還較小。1918 年以後受一戰影響較大，《新青年》自由主義走向也發生變化，更偏重新自由主義。當然，這種劃分只是大致的，不是絕對的。例如陳獨秀、高一涵等人在 1918 年及以後依然堅持「國民性」改造，延續 1915～1917 年之間的志業。胡適在 1918 年依然強調對個性的解放，在個人與社會之間偏重個人。在論述前期《新青年》的自由主義思想時依然可以包括進去，反之，論述《新青年》後期的自由主義思想時依然可以包括 1918 年之前的相關的零星認識。雖然如此，還是可以看出前後期側重點是不同的，前期更偏重古典自由主義，後期已轉向新自由主義。

3. 關於《新青年》同人

《新青年》的作者群是一個積聚分化的動態性過程，當然在變動的同時亦有相對穩定性。根據歐陽哲生的考察，《新青年》編輯群體的演變如下：從第一卷至第三卷，1915 年 9 月 15 日至 1917 年 8 月 1 日，由基本上由陳獨秀「主撰」，作者主要是皖籍學人。第四至六卷，1918 年 1 月 15 日至 1919 年 11 月 1 日，由同人輪流編輯，作者主要為北大教員和學生。第七至九卷，1919 年 12 月 1 日至 1920 年 9 月 1 日，是過渡階段，從第七卷重新由陳獨秀主編，到第八卷開始為中共上海發起組所主控，逐步從同人刊物向黨刊過渡，作者則是原北京同人和上海編輯部同人並存。1923 年 6 月復刊後的《新青年》（季刊）是中共中央的純理論機關刊物，作者主要為中共黨內年輕的理論家。〔註 36〕

〔註 35〕本文的前後期劃分就是針對自由主義時期，並不是整個《新青年》的前後期。
〔註 36〕歐陽哲生，〈《新青年》編輯演變之歷史考辨：以 1920～1921 年同人書信為中心的探討〉，《歷史研究》2009 年第 3 期（北京，2009），頁 28。

在本文所限定的討論範圍內，為了研究方便起見，在參考上述劃分的同時，也有所不同。本文將《新青年》同人分為前後期，前期《新青年》同人主要人物是陳獨秀、高一涵、胡適以及外來的自由投稿者如易白沙（1886～1921）、高語罕（1888～1948）、李亦民（生卒不詳）等人有關自由主義思想的論述。後期《新青年》同人主要人物除了陳獨秀、高一涵、胡適外還有其他北大教員學生如李大釗、朱希祖（1879～1944）等人。此外，杜威、羅素來華，他們是西方新自由主義的代表性人物，《新青年》上刊登了不少關於他們對自由主義的論析和認識，有的直接受其影響，因而後期《新青年》同人也包括他們在內。〔註37〕可以看出在前後期《新青年》同人中陳獨秀、高一涵、胡適始終包括在內，並且佔據主導地位。

二、《新青年》中自由主義基本內涵比較

自由主義的核心思想是自由，即承認個人在法律之下享有一系列基本的權利如生命權、言論自由、出版自由、結社自由、戀愛自由、新聞自由等等。這些最基本的自由是現代性的重要標識，《新青年》作為中國現代性重要刊物，其自由主義思想對此都有涉及，也就是說對自由主義內涵把握比較準確。在前期《新青年》知識群體對一些最基本的自由如生命權、言論自由、出版自由、思想自由、女子解放等就有強調。後期《新青年》對言論自由、出版自由、思想自由、戀愛自由等依然始終不渝的堅持。在前後期這些自由的獲得主要在反對政府將思想定於一尊，限制人民的最基本自由權利上。但前後期也有所不同，如對言論自由、婦女解放的認知。

（一）前期《新青年》對一些基本自由的認知

前期《新青年》對自由主義基本內涵的認識是在奠定在對以往奴役個人，國家不給予個人而使個人處於奴役之下的批判基礎上的，使得個人先成為人

〔註37〕杜威、羅素等人的思想是經過胡適、高一涵等人的翻譯刊登在《新青年》上，有論者認為他們的翻譯跟演講者的原文有出入，如胡適是選擇性理解杜威的思想，存在結構性差異（參見彭珊珊，〈五四時期杜威「政治哲學」講演論析〉，《近代史研究》2020年第4期（北京，2009），頁138～152）。論者所說有一定的道理，但是對比《新青年》上譯介的杜威的自由主義思想和杜威思想中有關自由主義的那部分，並沒有根本上的差異，羅素亦如是。故而《新青年》中譯介的杜威、羅素可納入本文的討論中。至於杜威和羅素思想中其他成分在被口譯後產生的差異則不在本文的討論範圍內。

格自由自主之人，個人自由本是目的，不是手段。自由獨立之人享有一系列不可侵犯的自由權利如思想言論自由、信教自由、戀愛自由等等。

1. 自由是反抗一切奴役的個人自主之權

自由反對一切形式的奴役，這些奴役包括國家、法律、家族、他人對個人自由的束縛，因而必定破除這些限制，由法律（憲法）賦予人們基本自由。

陳獨秀在〈敬告青年〉中開宗明義的指出：人「各有自主之權，絕無奴隸他人之權利，亦絕無以奴自處之義務。奴隸云者，古之昏弱對於強暴之橫奪而使失去自由權利者之稱謂也。自人權平等之說興，奴隸之名非血氣所忍受」。近代歐洲的歷史就是一部「解放之歷史」，是擺脫奴隸之羈絆，以實現完全之自由自主之人格。〔註38〕此處陳獨秀認為自由便是反抗一切奴役人格的因素，以保持自身獨立自主之權。自己作為一個個體而存在，有自己的意識，不依附於他人。

不僅如此，陳獨秀還將自由置於國家法律之下去理解，他認為現代國家的一切倫理、道德、政治、法律社會都是為擁護個人之自由權利與幸福。「思想言論自由，謀個性之發展也。法律之前個人平等也，個人之自由權利，在諸憲章，國法不得而剝奪之，所謂人權是也……國家利益、社會利益名與個人利益向衝突，實以鞏固個人利益為本」。〔註39〕這種西方式的個人主義與中國家族宗法制度不能兼容，家族制度損壞個人自尊獨立之人格、窒息個人意志之自由、剝奪個人法律上之平等權利、養成依賴性戕害個人之生產力。〔註40〕

陳獨秀還認為憲法應當保護個人宗教信仰之自由，反對思想專制。「所謂宗教信仰自由者，任人信仰何教，自由選擇，皆得享受國家同等之待遇，而無所歧視」。憲法不能將孔教定於一尊，蔑視它教，這樣既破壞個人信仰自由亦破壞其他各教同等之自由，「憲法者，全國人民權利之保證書也，絕不可以雜以優待一族一教一黨一派」，「堂堂國憲，強全國之從同，以阻思想信仰之

〔註38〕陳獨秀，〈敬告青年〉，《青年雜誌》第一卷第一號，1915 年 9 月 15 日。在《一九一六年》中也有類似的話語即：「以一物附屬一物或以一人附屬一人，而為其所有物，為無意識者也……以一人而附屬於一人，即喪其自由自尊之人格……此白皙人種所以就就於獨立自主之人格，平等自由之人權也」。（參見陳獨秀，〈一九一六年〉，《青年雜誌》第一卷第五號，1916 年 1 月 15 日。）

〔註39〕陳獨秀，〈東西民族根本思想差異〉，《青年雜誌》第一卷第四號，1912 年 12 月 15 日。

〔註40〕陳獨秀，〈東西民族根本思想差異〉，《青年雜誌》第一卷第四號，1912 年 12 月 15 日。

自由，其無理取鬧，寧非奇談」。〔註41〕

不僅僅是陳獨秀，高一涵也是如此。他從功利主義的角度論證了「自由」的正當性。他認為人與物的相異之點，即在物不能自用而僅被人用；人有獨立之心力，有自用之能力；物可利用，人可尊敬。人之所以為人，即在於有自主自用之資格，有此資格，所以能發表獨立的意見。這是人品之第一要義。〔註42〕又認為青年之志不可被他人所奪，也非他人所能奪。人志被奪以及用他人之志來代替自身之志，都為橫暴之行徑，必須破除之以「還我本然之自由」。〔註43〕

高一涵還大力提倡樂利主義，以此來抨擊絕聖棄智、返璞歸真的禁慾主義。「禁慾主義，返真歸樸，絕聖棄智，是阻人群進化之基也」。〔註44〕此外，他還譯介了英國人戴雪（WilliamDicey，1835～1922）的《憲法論》第六章，從法律角度肯定了出版自由、言論自由、思想自由的合法性。〔註45〕

2. 自由的分類

破除對個人自由束縛以後，個人獲得自由平等的權利。走向極端的自由不顧他人，如中國古代的老莊。將個人自由全部獻給國家，如德國日本的國家主義、軍國主義。由憲法賦予個人自由，同時界定個人自由的範圍，為法定自由。最後這種自由是《新青年》前期認同的。

高一涵就將自由分為三種：絕對有自由、絕對無自由、限制自由。他主要認同限制自由，即自由要出自國家，國家不賜予自由權利，則小己無自由，「定自由之範圍，建立自由之境界，而又為之保護其享自由之樂，皆國家職責」。接著他又根據黎高克的理論，將自由分為「天然自由」和「法定自由」，「天然自由」是盧梭所主張的「人生而自由者也，及相約而為國，則犧牲其自由之一部」自由之性是天生所有，非國家賜予，「即精神上之自由，而不為法律所拘束者」〔註46〕高一涵所認同的自由是法定自由。在這篇文章中他還認為要尊重

〔註41〕陳獨秀，〈憲法與孔教〉，《新青年》第二卷第三號，1916 年 11 月 1 日。

〔註42〕高一涵，〈共和國家與青年之自覺〉，《青年雜誌》第一卷第一號，1915 年 9 月 15 日。

〔註43〕高一涵，〈共和國家與青年之自覺〉，《青年雜誌》第一卷第三號，1915 年 11 月 15 日

〔註44〕高一涵，〈樂利主義於人生〉，《新青年》第二卷第一號，1916 年 9 月 1 日。

〔註45〕高一涵，〈戴雪英國言論自由之權利論〉，《青年雜誌》第一卷第六號，1916 年 2 月 15 日。

〔註46〕高一涵，〈共和國家與青年之自覺〉，《青年雜誌》第一卷第一號，1915 年 9 月 15 日。

自我之自由，必要尊重他人之自由，否則自身自權利自由也不可得。政府不能抹殺人民的言論自由，人民之間也不能相互抹殺自由言論權。

3. 自由對女子的解放

除了對思想、言論、出版自由的強調，前期《新青年》還提到對女子的解放。中國自古以來就注重三綱五常，使得婦女依附於男子，在家從父、出嫁從夫、夫死從子，她們被牢牢捆綁在儒家的倫理道德之中，沒有任何獨立之權利。所謂「賢妻良母」「女子無才便是德」。近代以後有識之士抨擊舊家族制度不適合現代生活，但女子地位還是很低。到了民初之際，其處境依然沒有根本性改觀。因而前期《新青年》提倡對女子的解放，強調女子的基本權利自由如戀愛自由等。

陳獨秀認為孔教主張「『婦人者，伏於人者也』；『內言不出於閫』；『女不言外』之義」，使得婦人參政運動不能實行。孔教不允許女子重嫁，「以家庭名譽之故，強制其子媳孀居。不自由之名節，至淒慘之生涯，年年歲歲，使許多年富有為之婦女，身體精神俱呈異態者」。〔註47〕

孔教的男女不雜，男女授受不親，使得男女不能自由交往、自由戀愛，女子無法獨立。道德不是一成不變的，「其必以社會組織生活狀態為變遷，非所謂一成而萬世不易者也。吾願世之尊孔者勿盲目耳食，隨聲附和，試揩爾目，用爾腦，細察孔子之道果為何物，現代生活果作何態」。〔註48〕

（二）後期《新青年》對基本自由的堅守和拓展

後期《新青年》對自由主義基本內涵的強調繼承了前期反抗對自由的束縛，繼續強調國家、憲法對於個人基本權利自由的保障，並且在一戰以後的時代浪潮中有著擴大之勢。

1. 強調人民應充分享有最基本的自由

一個現代國家應是保障人民享有充分的基本自由權利如思想言論自由、出版自由、集會自由、信仰自由、居住自由等等。在到了1918年兩次復辟醜劇已經落幕，共和政體似乎較為穩定，但是北洋政府對人民最基本自由還是有所限制，可謂餘波未平，加上一戰以後工人運動、婦女運動在世界各地風生水起。後期《新青年》同人繼續強調一些最基本的自由。

〔註47〕陳獨秀，〈孔子之道與現代生活〉，《新青年》第二卷第四號，1916年12月1日。
〔註48〕陳獨秀，〈孔子之道與現代生活〉，《新青年》第二卷第四號，1916年12月1日。

陳獨秀說杜威的民治主義可以分為四類：政治的民治主義，民權的民治主義，社會的民治主義，生計的民治主義。而民權的民治主義便是「注重人民的權利：如言論自由，出版自由，信仰自由，居住自有之類」。「我們既然是個『自由民』不是奴隸，言論、出版、信仰、居住、集會，這幾種自由權，不用說都是生活必須品」。〔註49〕

在此後的〈隨感錄〉中又進一步強調言論、出版、集會等自由。在〈法律與言論自由〉中陳獨秀認為政府不但要尊重人民在法律允許內的言論自由，並且不能壓迫人民「法律以外的言論自由」，「法律只應拘束人民的行為，不應拘束人民的言論；因為言論要有逾越現行法律以外的絕對自由，才能夠發現現在文明的弊端現在法律的缺點；言論自由若要受法律的限制，那便不自由了」。〔註50〕

並且進一步指明壓制言論自由的危害：「言論若是不自由，言論若是沒有『違背法律的自由』，那便只能保守現在的文明現在的法律，決不能創造比現在更好的法律」。〔註51〕也就是說言論自由是一個國家、社會、文明進步的催化劑，言論自由是萬萬不能被禁止的。在〈約法底罪惡〉中也認為人民出版集會自由被束縛的很緊以及政府制定出許多限制的法律，「把人民底出版集會自由，束縛得和鋼鐵鎖鏈一般」，〔註52〕是約法的罪惡之所在。

2. 強烈反對專制壓迫自由

專制者對思想自由進行壓制，嚴重妨礙個人自由個性的伸張，因而反對對自由的壓迫依然迫在眉睫。不僅要反對專制者剝奪公民權利，還要反對多數人對少數人或個人自由的壓制。在反壓迫中獲得一些基本權利，以促進性之發展。

高一涵在《新青年》後期對一些公認的自由之提倡繼續加大力度，對專制的批判也毫不遜色。在〈非「君師主義」〉中不遺餘力地提倡信仰自由、言論自由、思想自由，對專制政治、賢人政治、政教混合政治，對一切與共和憲政相悖的政治進行批判，「擴張國家的權力，使干涉人民精神上的自由；凡信仰、感情、思想等事，莫不受國權之拘束；則道德的範圍，道德的解釋，皆由統治者自定」。〔註53〕

〔註49〕陳獨秀，〈實行民治的基礎〉，《新青年》第七卷第一號，1919年12月1日。
〔註50〕陳獨秀，〈隨感錄・六九〉，《新青年》第七卷第一號，1919年12月1日。
〔註51〕陳獨秀，〈隨感錄・六九〉，《新青年》第七卷第一號，1919年12月1日。
〔註52〕陳獨秀，〈隨感錄・八十一〉，《新青年》第七卷第二號，1920年1月1日。
〔註53〕高一涵，〈非「君師主義」〉，《新青年》第五卷第六號，1918年12月15日。

在〈讀彌爾的自由論〉進一步反對思想專制，認為密爾之前是反對少數貴族特權，到了密爾時代平民政治已鞏固，反專制的著力點應該是排斥多數人之專制，為少數人爭得「心思言議之自由」。當然，他沒有忘記「特殊國情」，繼續反對思想定於一尊的中國式專制，「中國今日思想，不要統一，只要分歧。所有的學說，不必去信他，只要先去疑他。這就是彌爾的自由論中尚異惡同的宗旨了」。〔註54〕可以說他既反對現代的思想專制，更反對前現代的思想統一。

在〈對於『治安警察條例』的批評〉中又反對對人民政治集會，結社，公眾運動，遊戲，傳佈文書圖書，和勞動工人的聚集進行禁止和干涉，認為法律要借「擾亂安寧秩序」「妨害善良風俗」之名來干涉、禁止集會結社，示威運動，散佈傳單，工人集聚等事是讓其永遠生活在「默認的時期」。〔註55〕

3. 深化對女子解放的認識

後期《新青年》繼續提倡的女子解放，反對傳統的禮教對女子自由的束縛，是婦女從附屬性質的人變為獨立自主的人，將之進一步擴大，強調男女自由戀愛、自由交往。並且受一戰的影響，有些人還將之進一步深化，如將中外婦女對比，婦女的階級性。

陳獨秀在前期對婦女解放的基礎上，補充說：「古代的擄妻自然不能和本族的自由平等，彷彿和後世的妾相似，後來妾底制度，也是從擄妻變化出來的……又有一種和平的方法，乃是用農產物或家畜交換，這就叫做『買賣婚姻』」，如此「一是女子不能和男子平等，一是女子變為個人私有物」。〔註56〕顯然，陳獨秀是再次主張男女自由平等，反對女子變為男子的附屬品的在家從父、出嫁從夫，夫死從子的「三從」大義。

胡適在〈美國的婦人〉中批評中國古代的婦女觀：「婦人主中饋」，「男子治外，女子主內」，「中國的習慣，男女隔絕太甚了，所以偶然男女相見，沒有鑒別的眼光，沒有自治的能力，容易陷入煩惱的境地，最容易發生不道德的行為」。他崇尚的是美國婦女所擁有的「自立」心，他們以為男女都是人類，都應該做一個自由獨立的「人」，沒什麼內外區別。美國男女都擁有自由結婚的權利，「美國的結婚，總算是自由結婚；而自由結婚的根本觀念就是要夫婦相

〔註54〕高一涵，〈讀彌的自由論〉，《新青年》第四卷第三號，1918 年 3 月 15 日。
〔註55〕高一涵，〈對於『治安警察條例』的批評〉，《新青年》第七卷第二號，1920 年 1 月 1 日。
〔註56〕陳獨秀，〈隨感錄・八十一〉，《新青年》第七卷第二號，1920 年 1 月 1 日。

敬相愛，現有精神上的契合，然後可以有形體上的結婚」。〔註57〕所以有離婚
現象也是情理之中，這種離婚比中國那種新晉官僚將沒有任何過錯的前妻休
掉要強，美國的離婚也有該罵的，不過大多數還是好的。

李大釗在〈戰後婦女問題〉認為現代民主主義的精神就在於不論什麼人
都享有均等的機會，來發展自身的個性，享有自身應有的權利，婦女參政運
動也是本著這樣的精神的。婦女與男子屬性不同，但是在社會上應該擁有相
同之地位，法律上享有相同之權利，不應該受到男子的踐踏。對中國固有的
禮教觀念，「男女授受不親」「女子是男子的內助」〔註58〕進行批判，婦女要
有獨立自由的權利。並且還將婦女的權利擴充到無產階級，認為女權運動中
所爭取的是中產階級婦女的權利，跟無產的勞動階級不相關。因而不但要和
全體婦人的力量來打倒男子專權的制度，還要合著全世界無產階級的婦女來
打破中產階級婦女的專斷社會制度。〔註59〕

署名為楊潮聲（1900～1946）的作者《讀者論壇》欄目中也猛烈批判「禮
教」，他認為所謂的「禮教」「禮防」不過是一種假面具，不能防止不道德的事
情發生，「禮防」本要限制男女自由，但是卻養成了男女不規則的自由，反而
摧殘幸福自由，男女交往、男女談情應是非常自然之事；女子也是「人」不是
物品，是人就應該有人格，有人格的男女交際就是人與人之間的交際，無所謂
什麼「禮防」不「禮防」的；「道德」是真善美的，「禮教」是假惡醜的，破除
「禮防」不但不是不道德的，反而可以致道德，「所以要守舊道德，也不妨使
男女之界域破除，交際公開，至於口說維持禮教而多妻多妾者，勸他不必再說
了」。〔註60〕

朱希祖在〈敬告新的青年〉中也認為我國男女不平等，男女應該享有同等
的教育權利，男女都能成為有用的人才，能夠自立，將來結婚之後可以自食其
力，教養子女。婦女依賴男子的劣性必須要破除，「所以非教育女子與男子成
平等的學業，不可以就此弊」「如此積累下去，男女真可以平等，女子不必靠
父母及丈夫的財產了。合全世界的男女都成了生產的人，然後可以達到真正和
平康樂的境界」。〔註61〕遺產的弊端在於使得女子成為廢物而不生產，若男女

〔註57〕胡適，〈美國的婦人〉，《新青年》第五卷第三號，1918 年 9 月 15 日。
〔註58〕李大釗，〈戰後婦人問題〉，《新青年》第六卷第二號，1919 年 2 月 15 日。
〔註59〕李大釗，〈戰後婦人問題〉，《新青年》第六卷第二號，1919 年 2 月 15 日。
〔註60〕楊潮聲，〈男女社交公開〉，《新青年》第六卷第四號，1919 年 4 月 15 日。
〔註61〕朱希祖，〈敬告新的青年〉，《新青年》第七卷第三號，1920 年 2 月 1 日。

預先沒有恆產，非得靠著自己的能力而不能生活。那麼就可以將自身的才力，盡量展開，朝著進化之路走下去。

4. 介紹杜威和羅素的新自由主義內涵

這種對基本自由的堅守也體現在後期杜威在華的演講錄和對羅素著作以及思想的譯介中。眾所周知，羅素和杜威是西方新自由主義思想的代表人物，雖然其各自的思想不完全相同，但是一些基本的原則和傾向卻是一致的。其與古典自由主義的爭論也很多，但是他們都不會否認自由主義的一些基本價值如憲政國家，權責對應，人民享有一系列基本的自由權利等等。

杜威在其演講錄中認為要調劑風俗習慣，不能讓其妨礙人性發展，要注重個人自由選擇，自由批評。子女自由選擇職業，自由信仰宗教，自由選擇婚姻以自由發展自身都是應該得到承認的。〔註62〕「我以為各種權利的重要目的，即在保障知識思想權利：有了各種權利，然後思想，信仰，言論，出版等權利，有自由發展的機會」，對於獨裁政治禁止思想言論自由進行抨擊：「凡獨裁政治，對於思想自由和發表思想的自由，都是很怕的。他們越怕，我們越可證明這些自由的重要。沒有這些自由，則獨裁政治可以安然過去，不會變動」。「英國人是得到自由言論最早得國家，他的政府，知道與其禁止，不如讓他自由，反而沒有危險」。〔註63〕

並且杜威是一面肯定自由價值，一面也對其進行限制（即不能妨礙他人之自由）。他說沒有思想自由，則社會不會進步，思想本身也顯得沒有價值。但是「所謂言論自由，並不是胡說，正如行動自由不可以亂打人一樣。行動自由不是可以亂打人，那麼言論自由也不是指大庭廣眾中勸人防火殺人了。豈但在大庭廣眾之中，就是在家中，言論也應該負責，不能妨礙旁人的自由的」。〔註64〕

再看看羅素的言論也是如此，高一涵在〈羅素的社會哲學〉中就指出羅素持有歐美最普遍的自由立場：羅素的政治哲學有很多地方都是個人主義的，個人主義政治哲學的第一要義便是自由，「都要把國家社會權力範圍縮

〔註62〕高一涵記，〈杜威博士講演錄：社會哲學與政治哲學〉，《新青年》第七卷第二號，1920 年 1 月 1 日。

〔註63〕孫伏園記，〈杜威博士講演錄：社會哲學與政治哲學〉，《新青年》第八卷第一號，1920 年 9 月 1 日。

〔註64〕孫伏園記，〈杜威博士講演錄：社會哲學與政治哲學〉，《新青年》第八卷第一號，1920 年 9 月 1 日。

到最小限度，單靠自由一個方法來做造成個人創造的自主的進步的能力的工具，羅素也是這樣」。〔註65〕即便是英國這樣典型的自由主義國家，也有對輿論的限制，羅素因為發表了與當時英國官方不協調的言論而被捕入獄，但他為捍衛自己的思想而堅決不肯屈服。〔註66〕

羅素原來是對蘇聯抱有同情心態的，但是當遊歷俄國之後非常失望，其中之一就是對蘇俄限制言論自由甚為不滿。他說：「我們一定要記好，因為言論自由和出版自由是絕對地完全受禁，所以有效的反抗是不可能的」。〔註67〕受禁不算，還要「絕對」、「完全」受禁。如此就導致一黨獨大，一切權力都在蘇共手內。在與列寧的接觸中，認為列寧（Lenin，1870～1924）是不大喜歡自由的，他希望有包治百病的良藥，而與愛自由格格不入。

與杜威一樣，羅素也堅決捍衛婚姻自由。他說：「婚姻制度要取一夫一妻主義，結婚要以自由原則為基礎」。〔註68〕「婚姻應當是男女彼此本能的自由的自發的結合，充滿以幸福，而又不雜以一種近於敬畏的感情：婚姻應當具有那種彼此相互尊重的意思，足令稍微干涉自由之事，也是絕對不可能的，足令一方面違反他方面意志的強迫共通生活成為一種不可設想之極可迫的事件」。〔註69〕

（三）前後期認知的變與不變

以上可以看出前後期的《新青年》同人始終都沒有拋棄思想言論自由、出版自由、男女自由等一些最基本的自由，而且在後期將其擴大（增加集會、罷工、居住等自由權利）。生命權、言論自由、出版自由、結社自由、戀愛自由、婚姻自由、信仰自由等基本自由是在反對以往專制和奴役（不論是來自國家還是家族、個人）的基礎上獲得的，這些最基本的自由又與法律密切相關。現代法律下的這些自由使得人們可以自由行動，同時也對這些自由進行了某種限制。限制自由正是為了保障自由，使得個人在行使自由是不可以妨礙他人之自由，法律保護了人們普遍享有自由。

可以說前後期《新青年》在反前現代的專制上並沒有根本衝突，只有先成

〔註65〕高一涵，〈羅素的社會哲學〉，《新青年》第七卷第五號，1920年8月1日。

〔註66〕張崧年，〈羅素〉，《新青年》第八卷第二號，1920年10月1日。

〔註67〕羅素著、雁冰譯，〈遊俄之感想〉，第八卷第二號，1920年10月1日。

〔註68〕高一涵，〈羅素的社會哲學〉，《新青年》第七卷第五號，1920年8月1日。

〔註69〕羅素著、李季譯，〈能夠造成的世界〉，《新青年》第八卷第三號，1920年11月1日。

為「自由人」，獲得公民應享有得基本自由權利，才能去談避免過度「理性化」而使得自由喪失、〔註70〕「通往奴役之路」、英美經驗主義和歐陸理性主義之爭等問題。這也是以往研究較為忽略的問題，只顧著說兩者的差異，〔註71〕沒有注意到這種差異是建立在同一性基礎上的。

當然在不變的同時，對這些基本自由的強調也有所變化。如對言論自由的強調，不僅僅要反對政府對言論自由的限制，還要排斥多數人實行思想專制（包括習慣、習俗的暴力），為少數人爭得「心思言議之自由」。這是對言論自由認知的深化，因為多數人對言論自由鉗制的危害不亞於國家對個人自由言論的打壓。中國是一個具有數千年專制主義傳統的國家，自古以來國民的言論中好以多數人的言論抹殺個人的言論，認為不合乎眾人的言論是「邪說淫辭」，進行百般打壓和迫害。其害處與君主一人對言論自由的扼殺一樣甚至更甚一籌。

即便是在西方也有「平庸之惡」對個性的抹殺，「假定全體人類減一執有一種意見，而僅僅一人執有相反的意見，這時人類要使那一人沉默並不比那一人（假如他有權力的話）要使人類沉默較可算為正當」「迫使一個意見不能發表的特殊罪惡乃在於它對整個人類的掠奪，對後代和現存的一代都一樣，對不同於那個意見的人對比抱持那個意見的人甚至更甚」，〔註72〕也就是上文中所提到的在平民政治時代對尚同惡異的批判。

以社會之公論壓制個人之言說不利於真理的發展，不利於社會的進步，如果此說為真理則「真理以是而隱，不得與天下後世共見，其害滋甚。即令為邪說矣、淫辭矣，其背理之實亦不能以昭示於天下後世，其害仍隱中而無

〔註70〕貝頓著、徐鴻賓等譯，《馬克斯·韋伯與現代政治理論》（臺北：久大文化股份有限公司出版，1990），頁38。

〔註71〕高力克，〈《新青年》與兩種自由主義傳統〉，許紀霖編，《二十世紀中國思想史論》（上卷）（上海：東方出版中心，2000），頁126～139；高力克，〈杜威與五四新自由主義〉，《二十一世紀》2002年2月號（香港，2002），頁46～49。

〔註72〕密爾著、許寶騤譯，《論自由》（北京：商務印書館，2005），頁19。「權之所集，在於一人，或在少數，恃強凌弱，固所弗宜；即在民主治制之下，以多數之勢力屈少數之意志，強人以必從，亦不迭於自由政治之原理」亦是此義。參見李大釗，〈暴力與政治〉，《李大釗全集》（第二卷）（北京：人民出版社，2006），頁176。李大釗是在筆者所界定的《新青年》前期就認識到多數人對少數人的壓制，也導致個人不自由的。他關於這方面的認識不是發表在《新青年》上，而是在《甲寅》、《太平洋雜誌》等刊物上，但是可以作為一個旁證。

由逃。法制禁之，固非所宜，輿論禁之，亦豈有當」。歷史上有許多被視為異端邪說的，從今天看來不一定如此，「真理正義，且或在邪說淫辭之中也」。〔註73〕真理本身也如一泓清泉，是不斷流動的，否則「就會乾涸成為一個傳統與形式的泥淖」。一個人如果因為外在的某種解說或某種決定，不由自主地相信一個事物，「那麼縱使他相信的是真理，這個真理也會變成他自己的異端」。〔註74〕

沒有任何一個學說是永久正確的，要知識進步，謬誤得到糾正，必須允許言論自由。思想自由，知識才能生長。「要得社會習慣制度和方法能適應新需要和新環境，自然必得有辯駁，批評社會習慣、制度和方法以及發表最違俗的思想的完全自由，故不必顧慮是否觸犯著流行的思想」。〔註75〕各種學說之間相互辯論，不輕易下論斷，健全的輿論才能形成，以利於社會發展，也是社會進步根本條件。

又如對婦女解放的提倡也有變化，首先範圍上有所擴大，後期《新青年》提倡的女子解放不僅僅在男女平等，自由戀愛，婦女參政，還涉及到婦女的財產權利，教育權利，精神自由，婚姻自主等等。即便是原有的參政權也不侷限於中上層，而是擴大到下層。其次，屬性上有所不同，如李大釗強調無產階級的婦女解放的重要性，要全世界無產階級的婦女來打破中產階級婦女的專斷社會制度。

如此，李大釗進一步從經濟地位和階級關係去研究婦女問題。婦女解放與經濟問題相關聯，認為經濟問題的解決是根本解決，精神、倫理只是表面構造，其下面有經濟結構作為基礎。只有經濟問題解決，婦女問題才能真正解決。婦女地位的變動是隨著經濟變動而變化的，一切社會道德和風俗習慣的變化是社會生產的必然結果。資本主義經濟制度發生改變後，生產從公變私後，男女自由平等才能實現。〔註76〕這也預示著《新青年》同人以後的分化，李大釗的婦女觀不同於胡適等人，也是他走向馬克思主義的表徵之一。並且還可以窺探

〔註73〕 李大釗，〈民彝與政治〉，《李大釗全集》（第一卷）（北京：人民出版社，2006），頁160。
〔註74〕 密爾頓著、吳之椿譯，《論出版自由》（北京：商務印書館，1989），頁84～85。
〔註75〕 伯襄著、宋桂煌譯、余星校，《思想自由史》（長春：吉林人民出版社，1999），頁126～127。
〔註76〕 吳淑珍，〈五四時期婦女解放運動初探〉，《歷史檔案》1987年第2期（北京，1987），頁102。

出五四新文化運動中婦女解放運動的走向，左翼力量在逐步增強，階級意識和革命熱情在增加。

不過，在 1920 年代之前主流的婦女解放還是沒有清醒而又明確的階級意識，相反，這一時期的婦女運動還是很大程度上忽略了工人階級或農民階級的利益，不是同時期歐美婦女運動「那種能夠鍛鍊參政活動家思維的運動所產生的階級權利和其他受壓迫群體權利之間的爭執」。〔註77〕各階層婦女還是有著共同利益的集合體，爭取集體的權利，不是讓階級分割。

三、《新青年》中個人與國家關係比較

個人自由不是孤立的，它與國家、政府、社會密切相關，自由的價值和意義也是在其中凸顯的。因此，要論析《新青年》的自由主義觀念，除了要關注其基本內涵外，還需要將「自由」置於自由主義的國家政治理論下去理解和闡釋。前期《新青年》繼承了古典自由主義的理念，盡量縮小國家權力，保障個人自由權利。後期《新青年》有所轉變，強調國家的積極作用，擴大國家的權力，但是沒有淪為極權主義國家觀。

（一）前期《新青年》「縮小」的國家觀

前期《新青年》同人對現代國家、政府、個人關係的認知、建構是在其對古代專制制度、賢人政治的批判下產生的。他們強調國家不是一個人的私有產物，而是建築在全體國民的基礎上，國家政府不應限制個人權利，並且為創造現代國家，顛覆專制國家必須改造國民劣性，積極爭取人們擁有的基本權利自由。

1. 關於現代國家的起源

自由主義者的國家觀念中，國家是建立在國民契約基礎上的，國家不是君主的私人產物。國家若為君主的私人產物，那麼必定是專制主義的國家，這樣的國家和政府必然剝奪人們的基本權利和自由。這在前期《新青年》中關於國家的起源都有涉及。

關於國家的起源，陳獨秀認為：「國家者，乃人民集合之團體，輯內禦外，以擁護全體人民之福利，非執政之私產也」。近世國家是民主的國家，非民奴的國家。民主的國家，執政乃人民之公僕，民奴的國家則反之，為執政之私

〔註77〕李木蘭著、方小平譯，《性別、政治與民主：近代中國的婦女參政》（南京：江蘇人民出版社，2014），頁 29、36。

產。〔註78〕

在〈吾人最後之覺悟〉中又認為:「國家為人民公產,人類為政治動物。斯言也,歐美國民多知之,此其所以莫敢侮之也,是為吾人政治覺悟的第一步」。我國人在專制制度下不知國家為何物,政治為何事。並且多數國民養成了「惟日仰望善良政府、賢人政治」的奴性心理。仰仗一二人或一黨派不是立憲共和政治,這樣的政治沒有多數國民之思想人格,無多數國民之利害,立憲共和政治應出自多數國民之自覺。〔註79〕

高一涵也集中闡釋了國家的起源,而且更為詳盡、深刻。他曾認為國家的起源是:「夫總人類集合之全體而名之曰國家……國家為人類所合成……國家者乃自由人民,為公益而結為一體,以享其自有,而布公道於他人者也……國家者,宜有公道者也,國家而無公道,則其組織即為不適宜於人群」。〔註80〕「國家為人類所創造,以求人生之歸宿者」。〔註81〕「國家為人類所創造之一物,其實有體質,即為人類所部勒之一制度,用為憑藉以求人生之歸宿者也」。〔註82〕

在隨後的〈一九一七年預想之革命〉中則更為明確地指出:「國家者何?乃自由人民以協意結為政治團體,藉分功通力,鼓舞群倫,使充其本然之能,收所欲蘄之果,乃以自智自力,謀充各得其所之境,非藉他人智力代為為自謀者也。古者國家政治,其原動力在官;近世國家政治,其原動力在民;往者政治為人力車,近世政治為摩托車」。〔註83〕

高一涵這種建立在「進化論」和「契約論」基礎上的國家觀,有力地批判了以往那種興衰榮辱寄託於主權者一人身上、主權者可以獨裁的專制國家

〔註78〕陳獨秀,〈今日之教育方針〉,《青年雜誌》第一卷第二號,1915年10月15日。在一次通信中也認為:「近世國家,無不建築在多數國民總意之上。各黨策略,非其比也。蓋國家組織,著其文於憲法乃國民總意之表徵。」(參見:〈通信〉,《新青年》第二卷第一號,1916年9月1日)
〔註79〕陳獨秀,〈吾人最後之覺悟〉,《青年雜誌》第一卷第六號,1916年2月15日。
〔註80〕高一涵,〈共和國家與青年之自覺〉,《青年雜誌》第一卷第一號,1915年9月15日。
〔註81〕高一涵,〈近世國家觀念與古相異之概略〉,《青年雜誌》第一卷第二號,1915年11月15日。
〔註82〕高一涵,〈國家非人生之歸宿論〉,《青年雜誌》第一卷第四號,1915年12月15日。
〔註83〕高一涵,〈一九一七年預想之革命〉,《新青年》第二卷第五號,1917年1月1日。

觀。專制國家以人民為國家而設，國家為人生之歸宿，人民若離開國家則無任何價值。

　　除了陳獨秀、高一涵之外，《新青年》其他作者也表達了類似的國家理念。高語罕在〈青年與國家之前途〉中認為國家的起源是：「人生而有欲，欲而不足則爭，爭則強弱以分，弱者肉而強者食，知識漸起，盡於危亡，用相結合以為保助，於是由游牧而酋長，由酋長而國家。國家也，又有由專制而立憲，由君主而民主矣」、「國家為一國人民共同目的之組織體，主權也，土地也，人民也，非一人一家可得而私亦非一人可負之而趨，即所以謀一國最大幸福，謀公共安寧之團體也，此國家起原之說也」。〔註84〕

　　在署名為王涅的作者在《讀者論壇》中認為近世國家與古代國家有很大不同，前者以神權、權力為起源，近世國家之起源則是契約說或實利說或有機體說，「國家之由人造，為人生必不得已之要求，其盛衰存亡視多數組織體程度之何若」、「國家立於國民總意之上，以其國之共同福祉為的，合於此的者，則認其主權至高無上絕對無限」。〔註85〕

　　在署名為光升的作者也表達了類似的國家觀念，他認為國家是全國人民的公共集合體，國家亦為形式的強制組織。同時對中國以往的專制制度進行了批判，「吾國建國最古，國家主義早立，而與個人人格之認識獨瞢，書曰：生民有欲，無主乃亂，其於國家之緣起，及夫主權統一之義務，發揮已無餘蘊，又曰：民為邦，本固邦寧……此說明個人與國家之關係，不可謂不至矣。然獨未嘗離國家而認個人之存在」。〔註86〕

　　接著又更進一步說：「古代國家利在消極之維持，故僅藉一人或少數人之力可以有濟，近代國家利在積極之發達，非合全國大多數人之力，不足以圖存。於是立憲政治乃待專制制度而興，全國政事不專恃一人或少數人壟斷，而必公之全國國民，而其作用乃為代議制度，使全國人民之精神能力，有所託以國家之用，即所謂『國民政治』是也」。〔註87〕

2. 關於現代國家和政府的職能

　　自由主義認為國家和政府職能、功用在於保障人民自由權利。為了保障

〔註84〕　高語罕，〈青年與國家之前途〉，《青年雜誌》第一卷第六號，1916 年 2 月 15 日。
〔註85〕　王涅，〈時局對於青年之教訓〉，《新青年》第二卷第一號，1916 年 9 月 1 日。
〔註86〕　光升，〈中國國民性及其弱點〉，《新青年》第二卷第六號，1917 年 2 月 1 日。
〔註87〕　光升，〈中國國民性及其弱點〉，《新青年》第二卷第六號，1917 年 2 月 1 日。

個人基本權利，自由主義的國家觀中普遍都要求限制國家的權力，從而免於國家的控制、強制、干涉。如何限制呢？就是限制國家權力的活動空間以保障個人的權利，並且讓國家權力機構之間相互制衡，典型的如立法權、行政權、司法權三權分立。要實現對國家、政府權力進行制約必須制定一部憲法，也就是法治原則。用法律限制政府的權力，保障個人在法律下的自由。

關於國家和政府的職能，陳獨秀接受了洛克等人的「契約說」，認為：「政府者，建設於組織國民之公民等相立一種契約也」。人生而有天然之權利，即人權。「人權者，個人之自由也」。〔註88〕政府要捍衛人民之權利，使其不失。反之，政府若侵犯人民之權利，則失去存在之理。人民為保護個人權利，有權反抗政府。

並且明確表明要限制、制約國家和政府的權力，以伸張公民的權利。「國家權力，絕非絕對之物，如神權說之所云。乃受公民天然權利之限制者也」，「所有唯一之權力，易流於絕對。禁制利用公權壓迫國民之唯一良法乃在保持權力間之均勢，使之相制而各得其平」，「國家之目的在保持自由，而最確實之方法在於分配權力」，治國之良方在於立法、行政、司法三權分立，「政府不越一定之限制，不犯私人自由」，「財產權，為絕對之物」〔註89〕不能被剝奪，君主無權公民財產之一部分。出於公益需要，經人民同意，才可以徵收租稅。用現在的話來說即「無代表，不納稅」。

在國家性質上，高一涵反對柏拉圖（Plato，BC427～BC347）、黑格爾（G. W. F. Hegel，1770～1831）、亞里士多德（Aristotle，BC384～BC322）的道德幸福說，因為道德幸福說會侵害小己之自由，「凡國權過大而無一定之境界者，未有不侵及民權」，認同洛克、康德（Immanuel Kant，1724～1804）的保護人民權利說（即保護人民之生命財產、發揚光大人類自由權利）。由此他認為：國家可以頒布獎勵人民的制度，但不能替代人民自行自為；可以鼓舞學術文化之發展，但不能自行進展學術文化事業；國家可以頒布有助於經濟產業發展的政策，但不能生產企業投資服役之事。〔註90〕

關於國家的職能（前面已有部分表述），他也有很清晰地表述，「夫國家為人而設者也。國家權利即以人民權利為根基……今者國本在民之理，大闡明於

〔註88〕陳獨秀，〈現代文明史〉，《青年雜誌》第一卷第一號，1915年10月15日。
〔註89〕陳獨秀，〈現代文明史〉，《青年雜誌》第一卷第一號，1915年10月15日。
〔註90〕高一涵，〈國家非人生之歸宿論〉，《青年雜誌》第一卷第四號，1915年12月15日。

西方，具國家全力，以保護人民之權利……保障人權，其今日立國之神髓也歟」。〔註91〕

為確保國家不侵害人民之權利，需要對其權力進行限制，並且要受民主監督。他認為憲政國家的第一要義就在於限制其政權，將之限定在法律範圍之中，國家違法與人民違法同罪論處。國家權力僅能監督人民之舉動，防止人民相互侵害。〔註92〕「國家職務與小己自由之畛域，必區處條理，各適其宜」。〔註93〕

「人生歸宿，既在於樂。國家者，以人生之歸宿為歸宿者也。故國家職務，即在調和群類，擁護機宜，俾人各於法律範圍之中，謀得其相當幸福而已。幸福之求，專恃人民之自覺自動，國家之責，惟在鼓舞其發越之機振興」。〔註94〕國家唯一之職務，「在於立於萬民之後，破除自由之阻力，在於鼓舞自動之機能，以條理其牴牾，防止其侵越於國法上，公認人民之政治人格，明許人民自由自由之權利，此為國家唯一之職務」。「國家建築於人民權利之上」、為「最大多數之最大幸福」。〔註95〕

對於政府，高一涵在〈共和國家與青年之自覺〉中認為國家和政府不是混沌不清的，而是劃然判分的。人民創造了國家，國家創造政府。「政府者立於國家之下，同與全體人民受制於國家憲法規條者也。執行國家意思為政府之責，而發表於國家意思為人民之任」。〔註96〕

在〈民約與邦本〉中則更進一步說：「憲法由國家主權而生，非以限制國家自身之權力，乃是限定國家機關之權力，即規劃政府對於人民布政運權之範圍也。政府之設在國家憲法之下，國家之起見於人民總意之中。政府施設，認為違反國家意思時，得由人民總意改之毀之，別設一適合於國家意思之政府，以執行國家職務」。〔註97〕政府權力不是天生就有的，而是人民託

〔註91〕高一涵，〈近世國家觀念與古相異之概略〉，《青年雜誌》第一卷第二號，1915年10月15日。

〔註92〕高一涵，〈近世國家觀念與古相異之概略〉，《青年雜誌》第一卷第二號，1915年10月15日。

〔註93〕高一涵，〈國家非人生之歸宿論〉，《青年雜誌》第一卷第四號，1915年12月15日。

〔註94〕高一涵，〈樂利主義於人生〉，《新青年》第二卷第一號，1916年9月1日。

〔註95〕高一涵，〈一九一七年預想之革命〉，《新青年》第二卷第五號，1917年1月1日。

〔註96〕高一涵，〈共和國家與青年之自覺〉，《青年雜誌》第一卷第一號，1915年9月15日。

〔註97〕高一涵，〈民約與邦本〉，《青年雜誌》第一卷第三號，1915年11月15日。

付於它的。並與陳獨秀一樣認為政府權力要受限制,其權力如果超過劃定的範圍,損害人民之權利,人民有權革之。

署名為王涅的作者也認為國家的職能在於維護法律秩序,保障人民之自由權利,不可剝奪或干涉之。如此「人生必樂有其國家,國家必有實利於個人,然後愛國心油然而生,此實利說之未可厚非者也」。〔註98〕他不僅反對人民一切當為國家而犧牲的國家萬能論,也反對國家一切供個人之犧牲的國家機械說,認為兩者都偏於一端都不可取。

署名為光升的作者也明確規定國家的權限和職能,反對國家萬能主義。「國家強制作用只能為形式上之干涉,而不能為精神上之干涉,人之精神藏於內部,必非政治之力所能侵入」。「國家對人民有統治權,人民則需服從之,是為人民之義務、人民對於國家有國民權,即廣義之自由權(包括憲法之保障自由權及參政權公利請求權)」,國家不侵犯人民之權利是國家之義務。「國家而不認個人之自由,是蔑個人人格,而為國家之不法矣」。〔註99〕

3.「國民性改造」的正當性

前期《新青年》同人對國家與個人關係的認知已經具備現代意義。這樣的現代國家的建立是在對以往專制制度的批判上,那麼為了衝破專制的束縛建立現代國家就需要借助「大我」(「大己」)以破除由來已久的國民劣性,為共和政治奠定思想基礎,確立獨立人格。這種對「大我」(積極自由)的提倡遭到後來不少論者的批評,因為它本身屬「改造國民性」的一部分,而五四新文化運動「改造國民性」近年來受到各種批判。

有論者認為五四新文化運動的主要發動者是「文化決定論」者,他們致力於文化改革,而忽視了制度建設,有點本末倒置。朱學勤認為胡適等人把「有治法方有治人」換成了「先有治人再有治法」,實際上是先有治「文」再有治法,「去搞文化改造去了」。〔註100〕馬勇則更直截了當地說:「從這個意義上說,所謂國民性改造,就是新文化運動的一個歧路,將制度性批判轉換為批判民眾,從而為二十世紀持續不斷的愚民政策提供了一個理論上的依據」。〔註101〕在上文提到的批判五四的海外學者中也有所謂的「借思想文化

〔註98〕王涅,〈時局對於青年之教訓〉,《新青年》第二卷第一號,1916年9月1日。

〔註99〕光升,〈中國國民性及其弱點〉,《新青年》第二卷第六號,1917年2月1日。

〔註100〕朱學勤,〈在文化的脂肪上搔癢〉,《思想史上的失蹤者》(廣州:花城出版社,1999),頁220~228。

〔註101〕馬勇,〈新文化運動的一個歧路:國民性的改造〉,《歷史與社會文摘》2017年

以解決問題」，〔註102〕從而造成了所謂的「中國意識的危機」之說。也有批判五四自由主義的論者將陳獨秀、高一涵、胡適等人注重精神之我與後來毛澤東的「精神個人主義」相串聯，認為共產主義、文化大革命「有關人的神話的觀念，基本來自五四啟蒙運動」。〔註103〕

在此涉及到制度與文化、「五四」與「文革」的關係，都是很大很複雜的問題。筆者在此主要想探討的是制度與文化的關係，至於把「五四」和「文革」相提並論這種上綱上線的批判如今已經不值得寫專文去反駁了。制度與文化的關係向來備受爭議，筆者傾向於認為這兩者應當是相輔相成的，既要反對「文化決定論」，也不能贊成「制度決定論」。前者是以所謂的「民族特色文化」來否定「自由、民主、法治、憲政」等普世價值及其相關的制度，後者則完全否定文化的作用，如上文所說的批判新文化運動「批判國民性」搞錯了對象，忽視了制度建設。並且後一種看法還把「批判國民性」與後來毛澤東的「思想改造」混為一談，但是正如資中筠先生所言，這兩者絕對不能相提並論。〔註104〕

揆諸史實，五四新文化運動的主要成員（也就是前期《新青年》同人）都不是「文化決定論者」，他們的確重視思想文化改革，但卻並不忽視制度建設，恰恰相反他們所做「國民性改造」正是為了維護來之不易的民主共和政體。〔註105〕在陳獨秀、高一涵等人的邏輯中制度與文化互為因果：如果沒有民主共和制度，公民的自由權利就無法保障，難以形成獨立人格，所以他們激烈批判以往的專制制度以及與其盤根錯節的宗法家族，確立現代國家理念，重新闡釋國家、人民、政府的關係；反之，如果僅僅只有政治制度架構，沒有獨立人格最為支撐，則所謂的民主，所謂的憲政就是會往往流於形式，因為制度要靠人來運行。而人如果永遠是奴性思想和心理，不注重也不知道衝破傳統觀念束縛以維護自身的權利，那麼何談民主共和制度的運行？而當

第 2 期（開封，2017），頁 65。

〔註102〕 林毓生著，穆善培譯，《中國意識的危機》（貴陽：貴州人民出版社，1986），頁 12。

〔註103〕 張灝，〈扮演上帝：20 世紀中國激進思想中人的神話〉，《幽暗意識與民主傳統》（北京：新星出版社，2006），頁 252～267。

〔註104〕 資中筠，《啟蒙與中國社會轉型》（北京：社會科學文獻出版社，2011），頁 24～32。

〔註105〕 李新宇，〈「五四」：「借思想文化以解決問題」的是與非〉，《南開學報》2004年第 5 期（天津，2004），頁 55。

時的情景是西方的民主共和政體已經引進，但是國民奴性根深蒂固，不適應民主共和這種現代政治體制，用高一涵的話來說「這就是制度革命思想不革命的鐵證」。〔註106〕所以「改造國民性」對當時而言就迫在眉睫，也正是新文化運動人要著手解決的問題。當然，「改造國民性」是一個很大的問題，涉及到社會、倫理、經濟、思想等各個方面。由於本文論題所限，所以著重探討自由思想中「小我」與「大我」這一領域。

4.「大我」與「小我」的一致性

「大我」與「小我」（「小己」與「大己」）之關係，也就是「積極自由」和「消極自由」的關係，這已經是思想界的共識了。根據西方思想家伯林（Isaiah Berlin，1909～1997）的定義，所謂的「積極自由」指的是「什麼東西或什麼人，是決定某人做這個、成為這樣而不是做那個、成為那樣的那種控制或干涉的根源」，所謂的「消極自由」指的是「主體（一個人或人的群體）

〔註106〕 高一涵，〈非「君師主義」〉，《新青年》第五卷第六號，1918 年 12 月 15 日。具體說來便是：「共和政治，不是推翻皇帝，便算了事。國體改革，一切學術思想亦必同時改革；單換一塊共和國招牌，而店中所賣的，還是那些皇帝『御用』的舊貨，絕不得謂為革命成功。法國當未革命之前，就有盧梭、福祿特爾、孟德斯鳩諸人，各以天賦人權平等自由之說，灌入人民腦中；所以打破帝制，共和思想，即深入於一般人心。美國當屬英的時候，平等自由民約諸說，已深印於人心，所以甫脫英國的範圍，即能建設平民政治。中國革命是以種族思想爭來的，不是以共和思想爭來的；所以皇帝雖退位，而人人腦中的皇帝尚未退位。所以入民國以來，總統之行為，幾無一處不摹仿皇帝。皇帝祀天，總統亦祀天；皇帝尊孔，總統亦尊孔；皇帝出來地下敷黃土，總統出來地下也敷黃土；皇帝正心，總統亦要正心；皇帝身兼『天地君親師之眾責』，總統也想身兼『天地君親師之眾責』。這就是制度革命思想不革命的鐵證」。
在高一涵之前陳獨秀對制度與文化的關係也有類似的說明，即：「人民程度與政治之進化，乃互為因果，未可徒責一方者也。多數人民程度去共和過遠，則共和政體固萬無成立之理由。（愚於本志：『吾人最後之覺悟』文中已略明此義）然吾人論政若不以促進共和為鵠的，則上之所教，下之所學日日背道而馳，將何由而使其民盡成共和之民哉？今日無論何國政治，去完全真正共和尚遠。吾聞有已行共和政體，而其民尚未盡成共和之民者，未聞其民皆共和之民，而始行共和政體者。蓋共和無止境，非一行共和政體，即共和政治完全告成者。惟其民適於共和者之數加多，則政治上所行共和之量亦自加廣耳。以此為的，則日進有功。若慮其民尚未盡成共和之民，遂憚言共和政體，則共和將永無希望。良以非共和政體之下，欲其民盡成共和之民，是南轅北轍，萬無達到之理也」。（參見陳獨秀，〈通信·答常乃真〉，《新青年》第三卷第三號，1917 年 4 月 1 日。）

被允許或必須被允許不受別人干涉地做他有能力做的事、成為他願意成為的人的那個領域是什麼」。〔註107〕伯林對「積極自由」（「去做……的自由」）和「消極自由」（「免於……自由」）的這種劃分成為以往很多論者們評判「大我」與「小我」（「小己」與「大己」）之關係的標準。

伯林對兩種自由劃分的意義固然不容否認，但他只是針對特定情形而言的，後繼的學者若不顧時空限制，濫用這種劃分則不可取。對於一個亟需擺脫專制束縛或共同體依附而建立現代自由主義秩序的國家而言，這兩種自由表面互悖而實質互補，『積極自由』功在破舊，它賦予人們衝破專制樊籬的理念動力，而『消極自由』則功在維新，它教會人們認識事情的限度，防止以暴易暴」。〔註108〕從這個意義來理解前期《新青年》同人的「大我」「大己」（積極自由），就可以發現其正面價值之所在。這一點在高一涵身上尤為凸出。

前文已說過高一涵非常注重「小己自由」（消極自由），但他同時也很重視「大己」（積極自由），並且用積極自由來爭取消極自由，不讓小己之自由成為可言而不可得的空話。他在〈自由與自治〉中針對當時「舉國上下，昏昏終日，疲癃恇怯，麻木僵殘，嗒然魂喪，頹然心灰」之弱國民性，提出自治之道在於用「勤力」來戰勝「惰性」，用「大己」來戰勝「小己」（按：戰勝的「小己」中的奴性，而不是高一涵前文提倡的「小己」應享有的一切自由權利，不能混淆）即「吾人若排去惰性，而伸張勤力，則身心見應時而清明、而壯健，振興之象應之」。〔註109〕

在這篇文章中又說：「欲以明自由之福，匪可幸致，設不盡自治之功，即無享自治之報耳」，「自由乃自治之歸宿，自治實自由之途徑，兩者常相得相用，而不可相離，捨自治以求自由，自奴而已矣」，〔註110〕此處高一涵明確地提出自治是手段，自由才是真正目的，有自由限制，自治不會誤入歧途、劍走偏鋒。

並且他還明確提出「大己」專在危急存亡之際用之，過了此時將無用武

〔註107〕以賽亞·伯林著、胡傳勝譯，〈兩種自由概念〉，《自由論》（南京：譯林出版社，2003），頁 186～246。

〔註108〕卞悟，〈烏托邦與強制〉，《二十一世紀》1998 年 10 月號（香港，1998），頁 18。

〔註109〕高一涵，〈自治與自由〉，《青年雜誌》第一卷第五號，1916 年 1 月 1 日。

〔註110〕高一涵，〈自治與自由〉，《青年雜誌》第一卷第五號，1916 年 1 月 1 日。

之地。「今者吾國險象，迭見環生，為有史以來所未見」，正是用「膽」破除之時，「時之所以鍛練玉成吾人之膽者。委曲周至，吾人須知魔力橫生，強鄰虎視，在皆為吾人試膽之時。語曰英雄造時勢，時勢何以造以膽造之青年第一秘訣要以時勢危急，為吾人練膽之資不得因時局垂危。遂生喪膽之象，故自今以往。吾國時勢，誠為吾人練膽之第一好機也」。〔註111〕顯然，高一涵提倡「自治」、「大己」（積極自由）的目的在於破除專制及其相關的奴性心理，並不是以「大己」為最終歸宿。倘若沒有積極自由，那麼他在前面一再強調的個人權利（消極自由），便無法實現。

為了創立人人都可以有「自私」權利的低調社會，有時還要個人高調地付出、無私地犧牲。高一涵對這一點有著較為清晰的認識，他認為：「志在共和，共和未得，故身可捐而志不可違也，彼不知犧牲今日之身家，即無由致國家於安寧鞏固之域，而有以保護其神聖自由也……夫志者，理義既明，定其正鵠，以為赴之的者也。膽者，鼓其豪興，以赴前途，無所於懼，無所於恐者也」，〔註112〕「國家得要求人民者可犧牲人民之生命，不可犧牲人民之人格，人民之盡忠於國家者，得犧牲其一身之生命，亦不得犧牲一身之人格」，〔註113〕「人民對於國家，可犧牲其生命，捐棄其財產，而不得自毀其自由，斫喪其權利」。〔註114〕信仰自由、言論自由、思想自由等自由權利，在歐洲是由很多人付出身家性命才獲得的。〔註115〕就為了捍衛「消極自由」而言，「積極自由」之價值不可忽視。

對於李亦民、易白沙等人在《新青年》前期上的言論也應從這個角度理解。易白沙曾說：「個體之小我亡，而世界之大我存」、「去軀殼之我，留精魂之我」。並且他隨後還了以孟德斯鳩（Montesquieu，1689～1755）、盧梭、邊沁（Jeremy Bentham，1748～1832）、斯賓塞（Herbert Spencer，1820～1903）、斯密（Adam Smith，1723～1790）、密爾等人為例來說明他們以積極之我奉獻

〔註111〕 高一涵，〈共和國家與青年之自覺〉，《青年雜誌》第一卷第三號，1915 年 10
　　　　月 15 日。
〔註112〕 高一涵，〈共和國家與青年之自覺〉，《青年雜誌》第一卷第三號，1915 年 10
　　　　月 15 日。
〔註113〕 高一涵，〈國家非人生之歸宿論〉，《青年雜誌》第一卷第四號，1915 年 12 月
　　　　15 日。
〔註114〕 高一涵，〈民約與邦本〉，《青年雜誌》第一卷第三號，1915 年 11 月 15 日。
〔註115〕 高一涵，〈非「君師主義」〉，《新青年》第五卷第六號，1918 年 12 月 15 日。

於人類，認為「西方哲人，所以能造化世界，造化國家者無它，各自尊重其我而已」。〔註116〕

對於李亦民的「為快樂而犧牲，肉體方面，雖不為苦楚，精神上盡有無限愉快，以其犧牲也，固出於自動的自由意志也」。〔註117〕高語罕的：「吾國民首須具有政治常識，次須合群之能力……吾青年當進德修業之時，正為世儲才之際，知其障礙而去之，識其究竟而皈之，明其責任而負之」。〔註118〕也是要做同樣之理解。

他們的個人觀都是有不同程度上的精神傾向，屬「積極自由」。但是這種對「積極自由」（「大我」）的提倡，並非要「通往奴役之路」，相反它倒是要打開一條「通往自由之路」。通往他們在前面所提倡的「消極自由」（「小我」）。即便是在西方，其低調的自由主義秩序的形成，也是恰恰是具有強烈宗教熱情的清教徒創立的。〔註119〕如此，《新青年》前期同人思想中的「大我」與「小我」、「大己」與「小己」與其說是對立的，毋寧說是互補的。新文化運動的主要人物注重「改造國民性」，塑造理想的人格，但是卻不失去對制度的關懷。他們自由主義思想中的「大我」、「大己」的指向都是為創造一個低調的制度，使得他們提倡的「小己」、「小我」的抽象的自由權利得以一一落實。

（二）後期《新青年》「擴張」的國家觀

後期《新青年》同人對個人與國家的與前期有所不同。受一戰和杜威、羅素影響，後期《新青年》普遍改變以往那種對國家政府權力的限制，主張擴大國家權力，國家要為社會謀利益和福利。提倡擴大公民參政的權利，實行直接民主。並且主張限制大資本家和壟斷制度，注重保障勞工的利益。

〔註116〕 易白沙，〈我〉，《青年雜誌》第一卷第五號，1916 年 1 月 1 日。提到「大我」與「小我」可能大多數人想到的還是胡適〈不朽〉中的論述，但是對比一下兩者還是有細微差別，易白沙之「我」要更強烈點。胡適的〈不朽〉發表於 1919 年，和前期《新青年》中的「大我」與「小我」似乎不完全是一回事，可能是與 1918 年後共和政體大致趨於穩定（當然是相對穩定）以及新文化運動知識分子更關注社會改造有關。這需要下文探討了，在此暫時忽略。
〔註117〕 李亦民，〈人生唯一之目的〉，《青年雜誌》第一卷第二號，1915 年 10 月 15 日。
〔註118〕 高語罕，〈青年與國家之前途〉，《青年雜誌》第一卷第六號，1916 年 2 月 15 日。
〔註119〕 秦暉，《傳統十論》（上海：復旦大學出版社，2004），頁 234。

1. 積極的國家觀

「積極自由」和「消極自由」在擺脫共同體依附時具有互補性（如前文所言兩者相互配合擺脫專制國家建立現代意義上的憲政國家），但是這並不能替代兩者的差異性。受德國唯心論的影響和現實中資本主義社會矛盾的刺激，十九世紀下半葉一種新型自由主義興起。在國家理論上認為國家應該扮演積極的角色，而非所謂的「守夜人」。這些在後期《新青年》中的自由主義思想中都有所體現。

在政治上，新自由主義主張國家干預，擴大公民的權利。高一涵在《近世三大政治思想之變遷》中受費希特、黑格爾、格林等人的影響就認為如今的國家觀念已經不同於以往，「國家之功能，以為人類一切障礙，惟賴國家之力，可以剷除；一切利益，惟國家之力，可以發達」是一種新的國家主義。它摒棄以往對國家的警惕性，認為國家與人民之權利不是相互妨害的，而是認為國家權力與人民權利相輔相成。〔註120〕

這一點在〈羅素的社會哲學〉中也有體現，他認為羅素的政治哲學中國家是扮演積極的角色，但其原則在於「（一）為人類社會幸福著想，國家在最小限度以內對於普及的事項有主張維持的權利。（二）國家可以防止犧牲他人的不正當行為」。〔註121〕前者可以讓國家執行衛生法，預防傳染病，獎勵科學研究，推進義務教育等等，後者讓國家排除經濟上的不公正。

杜威在其演講錄中闡明當前許多西方國在家運用國家職能，將社會之公道逐漸減少，如規定作工情形和小孩、婦女的作工限制以及最低工資；用抽稅的方式來幫助鰥寡孤獨者，是人人享有權利的機會；改良納稅制度使得財產歸於平均；把權利的範圍推廣是人人都有充分發展的機會。〔註122〕這說明新自由主義的國家觀中國家應該是積極實行改革的，履行一種道德的職能，國家是共同善的載體。

2. 直接民主觀

後期《新青年》認為代議制不能充分表現民意，必須擴大人民的參政的權利。個人意志要廣闊的社會中得到發揮，要積極參與政治社會生活，實現公民

〔註120〕 高一涵，〈近世三大政治思想之變遷〉，《新青年》第四卷第一號，1918年1月15日。

〔註121〕 高一涵，〈羅素的社會哲學〉，《新青年》第七卷第五號，1920年8月1日。

〔註122〕 孫伏園記，〈杜威博士講演錄：社會哲學與政治哲學〉，《新青年》第八卷第一號，1920年9月1日。

普遍的參與權利，擴大公民選舉權到所有的公民身上。

陳獨秀在〈實行民治的基礎〉就認為僅僅靠「憲法保障權限」，「用代議製表現民意」還是不夠的，「我們的民治主義的解釋：是人民直接議定憲法，用憲法規定權限，用代議制照憲法的規定執行民意」，「就是消極的不要被動的官治，積極的實行人民自治；必須到了這個地步，才算得真正民治」，「從前美國的選舉也有財產教育男女的限制，現在才把這些限制去了」當去除限制之後，沒有聽說那個人不會選舉，因而政治才能是學來的，說女子不能參政是沒有理由的。〔註123〕這裡陳獨秀主張擴大公民參政的權利，使個人的權利能得到充分運用，並且極力主張直接民主。

3. 反對資本壟斷制

在經濟上，新自由主義主張社會改革，減少社會的不公正。反對無限制的自由放任政策，對私有財產進行限制，讓大部分的勞動者擺脫資本的控制，不過不是完全泯滅自由競爭。將一切的大工業變成民主的，反對資本家獨攬大權，主張資本家掌握所有權，而管理權由工人組織管理。

羅素就反對托拉斯壟斷制，他認為這種制度下管理者將被管理者當作機器看待，勞動者的本能和創造性被扼殺殆盡並且造成寡頭政治，所以要對私有財產進行限制；反對政治權力和經濟權力結合，這容易導致專制，反對資本家獨攬大權，主張基爾特（行會）社會主義。「大資本主義便是犧牲他人所得」、「只有同業組合社會主義（Guild Socialism）把分配劃給國家統治，把生產劃歸同業組合自治，是一種完全的組織」。〔註124〕行會社會主義的「工廠的管理，將不和現在一樣，操在資本家的手中，但將操於被選舉的代表之手中，恰和政治界一樣。凡生產者相異的團體間各種關係，將有行會議會決定，而關於社會中某一處居民的事件，仍將由國會決定，同時國會和行會議會間各種爭端，將有這兩種機關選派人數相等的代表，組織一個團體，共同解決」。〔註125〕

杜威也反對無限制的自由放任政策，主張普遍的、共享的「個人自由」。並將自由和平等協調起來，「將平等與自由統一起來的民主理想承認，機會與

〔註123〕陳獨秀，〈實行民治的基礎〉，《新青年》第七卷第一號，1919 年 12 月 1 日。
〔註124〕高一涵，〈羅素的社會哲學〉，《新青年》第七卷第五號，1920 年 8 月 1 日。
〔註125〕羅素著、李季譯，〈能夠造成的世界〉，《新青年》第八卷第三號，1920 年 11 月 1 日。

行動事實上的、具體的自由，取決於政治與經濟條件的平等，在此條件下，個人獨享有事實上的而不是某種抽象的形而上學意義上的自由」。〔註126〕他認為古典自由主義之弊就在於：使其走向極端化後「被資本家利用，只看見有錢有勢的人競爭，把那些無錢無勢的勞動家都壓到第四層社會去了」。〔註127〕還在於：一是忘記平等是契約最重要的條件，結果是盤剝勞工，「這種契約名為自由，實則都是勢力逼迫的」；二是這種契約是他們以為契約的利害只是關係當人兩方面，其實不是幾個人的關係，而是關係到整個社會，勞動時間、工人待遇、婦女問題等等不衛生的狀況，要提前防禦，不能等其出事了讓整個社會受害。〔註128〕

（三）「契約論」下國家觀的同與不同

以上可以看出前後期《新青年》同人關於國家的認識具有一致性，即國家由人民結合而成，以「契約論」為基礎。〔註129〕國家由人民共同管理，其目的在於謀「最大多數之最大幸福」，謀人類之共同福祉。國家和政府應當明確區分，政府為人民之公僕，是執行國家意志的職能組織。政府若不能捍衛人民之權利，人民有權更換乃至於推翻它。國家和政府的權力都要被劃定在一定範圍內，以限制之來保障人民之自由權利。這是與中國古代完全不同的國家觀念，古代的國家是為君主一人之私產，以君主之意志為轉移，人民無任何權利可言。可見現代國家的基本理念在《新青年》中已經具備，強調其是對個人自由權利的保障。

在看到不變的同時，也要看到後期《新青年》同人對國家與個人關係的認知上，也稍微發生了一些變化。後期《新青年》的國家觀偏重擴大國家權力，而不是像前期那樣儘量限制國家權力。其國家觀中國家的角色是積極的，干涉是必須的，以此可以為個人自由和公共利益的發展掃清相關障礙。當然，

〔註126〕徐大同主編，《西方政治思想史》（第四卷）（天津：人民出版社，2006），頁523。

〔註127〕高一涵記，〈杜威博士講演錄：社會哲學與政治哲學〉，《新青年》第七卷第一號，1919年12月1日。

〔註128〕高一涵記，〈杜威博士講演錄：社會哲學與政治哲學〉，《新青年》第七卷第三號，1920年2月1日。

〔註129〕有論者如張千帆認為新文化運動對契約思想的奠定毫無建樹顯然是不正確的，《新青年》中就有很多涉及契約論的思想。參見張千帆，〈契約構造的失敗：從辛亥到五四〉，《二十一世紀》2019年4月號（香港，2019），頁84。

這種國家權力的擴大還是有限的，後期《新青年》同人對此都有警惕。

高一涵在主張擴大國家權力後，最終還是說：「國家無自身之目的，惟以人類之目的為目的……國家亦非人生之歸宿，不過為人類憑藉，以求歸宿之所在」。〔註130〕並且為限制國家權力無限擴張還提出一個主張：組織若干個團體讓其擁有自治權，國家除了維持治安以外不用對其進行干涉；地方自治，對於各地的商業等由各自治機關進行處理；對於行政部的權力可以分化給各個團體，讓其解決，並讓立法部對其收回。〔註131〕可見高一涵主張擴大國家權力，並不等於他認同國家萬能論，為國家而無限制的犧牲個人是他前後期都反對的。

陳獨秀主張直接民主時也沒有放棄「代議制」，所謂代議制也不能盡廢，而代議制本身也是在執行民意。從現代政治理論來看直接民主和間接民主也不是很多人所說的那樣是截然對立的，所謂的間接民主就是通過「代議士」進行公共選擇，所謂的直接民主是指公民以多數決定的方式形成公共決議。但是直接參與也是要講規則，要走程序的，〔註132〕不是「廣場狂歡」、「集體暴政」、「大鳴大放」，後者與專制沒有區別。所以大眾民主可以為間接的，而且這也是現代大國普遍存在的。所謂的「代議士」不過是執行決策而已，陳獨秀說：「用代議制照憲法的規定執行民意」，說明此時他認為兩種不是對立的，而是互補的。〔註133〕這時期他還明確表明不渴望階級鬥爭，更非普羅大眾主義、民粹主義了。

羅素和杜威對國家權力的擴張也保持警惕，羅素的基爾特社會主義具有一種改良主義傾向，在他的邏輯中他主張的行會和國會是互補的關係，不是將現代議會完全推翻，建立向蘇俄那樣的「迪克推多」制。他曾明確表示過要「相信地域的議院（巴力門）扔有有用的職分要做，所以我不贊成對於我

〔註130〕高一涵，〈近世三大政治思想之變遷〉，《新青年》第四卷第一號，1918 年 1 月 15 日。

〔註131〕高一涵，〈羅素的社會哲學〉，《新青年》第七卷第五號，1920 年 8 月 1 日。

〔註132〕秦暉，《共同的底線》，頁 90。

〔註133〕陳獨秀對直接民主和間接民主認識在 1918 年的〈駁康有為共和平議〉也有體現，當時他認為直接參政是比較適合小國的，「代議制」固然不是十全十美，但總比權力集中在少數人身上的精英民主要好。說明在陳的邏輯裏直接民主和間接民主在反對以往的專制上是一致的，它們孰是孰非，要是具體情況而定。（參見陳獨秀，〈駁康有為共和平議〉，《新青年》第四卷第三號，1918 年 3 月 15 日。）

們（英人），完全壓制議院以為他和『議團』的形式相反，我且堅信社會主義上凡此邦（英）能行的，不用武裝的革命就能成就」。〔註134〕

杜威也不是全盤拋棄以往的個人主義，他與羅素一樣是對其修正。他認為古典自由主義的優點在於：讓個人自由發展，鼓勵人們冒險、競爭、奮鬥；養成社會上彼此信任的態度。他特別指出古典自由主義應用於中國這樣的前現代國家非常合適，「拿他們攻擊國家的干涉，來攻擊家庭的干涉，把家長的權力一切停止了，讓家人各自去獨立自由做事，那麼就可以看出這派學說的好處了」。〔註135〕說明杜威有著非常清晰的問題意識，也再次證明了筆者在前面一再強調的新自由主義和古典自由主義在反前現代共同體依附的一致性。

四、《新青年》中「個人」與「社會」關係比較

自由主義另一個重要的話題是「個人」與「社會」的關係。國家和政府保障個人基本權利後，個人與社會之間的關係需要界定。社會是由不同的個人組成的，古典自由主義和新自由主義都承認兩者之間要有界限，不會讓「個人」吞沒「社會」或讓「社會」吞噬「個人」。但是在「個人」與「社會」之間的側重點不一樣，古典自由主義者認為「個人」優先「社會」，新自由主義者認為「社會」優先與「個人」。《新青年》的自由主義思想中「個人」與「社會」也佔有重要的成分，與西方社會強調點的順序是一致的。前期《新青年》同人在個人與社會的關係，更偏重個人。後期同人在個人與社會的關係，更偏重社會。

（一）前期《新青年》「個人」優先於「社會」

前期《新青年》同人在個人與社會兩者之間更注重「個人」，強調個人利益的正當性，社會應該以個人為歸宿，不能摧毀人之個性。同時也可以看到不放棄「社會」，個人對社會要有所擔當。

1. 在反「唯我獨尊」中伸張個性

個人處於社會之中，個人在行使權利，為自身謀利益時，不能為贏得一己

〔註134〕羅素著、張崧年譯，〈民主與革命〉，《新青年》第八卷第二號，1920年10月1日

〔註135〕高一涵記，〈杜威博士講演錄：社會哲學與政治哲學〉，《新青年》第七卷第三號，1920年2月1日。

之私利破壞社會之公益，讓個人主義淪為「唯我獨尊」、「損人利己」、「自私自利」，以至於違反社會公益。

陳獨秀就說青年對於人生幸福問題要有五種觀念，其中之一就是「不以個人幸福損害國家社會」。若是沉迷於以往的社會家庭惡習，會將幸福與發財混為一談。若以「做官發財」為人生唯一目的，那麼世間凡有利於此種種罪惡都會奉行而肆無忌憚，顯然這種個人觀念便是「唯我主義」、「損人利己」，這是陳獨秀反對的。但陳獨秀並不是反對個人發財，反而認為這是生存之必需的。〔註136〕

在一次演講中陳獨秀明確提出反對極端自利主義，認為「持極端自利主義者，不達群己相維之理，只知有己不知有人，及其至將破壞社會之組織」。〔註137〕但是不否定根本上自利主義，所以在這篇演講中又認為「自利主義者，至堅確不易動搖之主義」「最服膺個人自利主義，以為人生之目的無他，唯有自利而已。合乎此者謂之道德，悖乎此者謂之不道德」。〔註138〕

高一涵則有更精闢地論證，他提出的「自利利他主義」是針對那種為自利而奪他人之利，損社會公益以利自身的「自私自利」、「唯我獨尊」，並不是要泯滅個人。因為往下面看就可以現高一涵在「個人」、「國家」、「社會」這三者中認為第一位的是「個人」，「國家」與「社會」為第二位，「國家」與「社會」要以個人為基礎和歸宿。「社會國家之價值，即合此小己之價值為要素，所積而成」，「社會利益，乃根基於小己利益之上，積合而成者。欲謀社會之公益，必先使一己私益著著落實，乃克有當」。〔註139〕如此，我們才能更深刻地領悟他說的：「應以謀社會之公益者，謀一己之私益，亦即謀一己之私益者，謀社會之公益，兩者循環」。〔註140〕

李亦民在〈人生唯一之目的〉中大力提倡利己主義為人類生活之唯一基礎、自愛自利為人類行為之唯一原因後，為了防止別人誤會他有一元論的獨斷傾向，特意指出楊朱「拔一毛而利天下不為，其目光至短，見地至狹，非吾人

〔註136〕陳獨秀，〈新青年〉，《新青年》第二卷第一號，1916 年 9 月 1 日。

〔註137〕常乃真，〈記陳獨秀君演講辭〉，《新青年》第三卷第三號，1917 年 5 月 1 日。

〔註138〕常乃真，〈記陳獨秀君演講辭〉，《新青年》第三卷第三號，1917 年 5 月 1 日。

〔註139〕高一涵，〈共和國家與青年之自覺〉，《青年雜誌》第一卷第二號，1915 年 10 月 15 日。

〔註140〕高一涵，〈共和國家與青年之自覺〉，《青年雜誌》第一卷第二號，1915 年 10 月 15 日。

所謂為我也。諺所謂『今朝有酒今朝醉』只顧目前娛樂，不計來日痛苦，非吾人所謂快樂也」。〔註141〕

他在前文中肯定「楊朱為我」是為了批判以往那種以仁義之名完全詆毀功利之說，即「故克己制欲，為聖門唯一之訓誡，而利用厚生之道反置諸腦後也」，但並不代表他主張的「為我」就是楊朱式的「為我」。〔註142〕

署名為高碉若的作者在〈生存競爭與道德〉中也批判了生存競爭在中國的異化，認為「舉凡足以勝人者，詐虞相尚，殘酷不顧。舉凡足以利己者，蠅營狗苟，廉恥不顧。昔日之目為罪惡者，今殆視為當然。無形之制裁亡，密法嚴刑不足以濟其窮」、「所謂生存競爭者，僅直接攫奪之謂，而吾人一己之外，同為敵體。欲保生存，直接攫奪，損人利己外，他不可得。此則所以失以毫釐差之千里者也」、「勿以己自恣，於群內為節制之競爭，而移其欲力目的物於吾群之外」。〔註143〕

他反對「損人利己」式的極端自我，但是他不反對生存競爭本身，針對當時否定生存競爭復歸孔孟的復古思潮，他進行了批判，「尊孔尊孟，舊道德復活之說，風行一時，欲以古人揖讓高風道德美談，普及於今日，社會泯其相爭相奪，非道不德之行」。「生存競爭者，自然之趨勢，非人力足以挽回」，進而認為生存競爭應為「生存努力」。〔註144〕

2. 伸張個性中承擔社會責任

個人主義不能是尼采式的強權主義，妨礙他人之生存，社會固然不能阻礙個人行使自由權利，摧殘個性，但個人也要承擔一定責任。

胡適認為英國人達爾文（Charles Robert Darwin，1809～1882）、斯賓塞（Edmund Spenser，1552～1599）雖極力提倡優勝劣敗之說的個人主義，但是不敢提倡極端的強權主義。人人可以放縱其欲，但「必不可侵犯他人同等之自由，即我之自由以他人自由為界」。他對於尼采（Friedrich Wilhelm Nietzsche，1844～1900）所提倡的極端個人主義而造成一種「超人」社會進行批判，認為這是人道之大賊，「尼采之說出，而世界有無道德之倫理學說」。〔註145〕

〔註141〕 李亦民，〈人生唯一之目的〉，《青年雜誌》第一卷第二號，1915 年 10 月 15 日。
〔註142〕 李亦民，〈人生唯一之目的〉，《青年雜誌》第一卷第二號，1915 年 10 月 15 日。
〔註143〕 高碉若，〈生存競爭與道德〉，《新青年》第三卷第三號，1917 年 5 月 1 日。
〔註144〕 高碉若，〈生存競爭與道德〉，《新青年》第三卷第三號，1917 年 5 月 1 日。
〔註145〕 胡適，〈藏暉室箚記〉，《新青年》第三卷第五號，1917 年 7 月 1 日。

胡適還對社會損害個人之個性進行批判：「社會與個人相互損害，社會最愛專制，往往用強力摧折個人的個性（Indiuidnality）壓制個人自由獨立精神；等到個人的個性都消滅了，等到自由獨立的精神都完了，社會自身也沒有了生氣了，也不會進步」，「社會最大的罪惡莫過於摧折個性，不失他自由發展」。那麼不受社會束縛，自由發展個性，是否就不要「社會」？當然不是，「個人擔干係、負責任」是發展個性所必須的。〔註146〕但這與前面胡適對尼采的分析是一致，針對的是不讓個人主義淪為強權主義而言的，這正是為了保障個人權利自由。若因為主張「個人」，而完全置「社會」於不顧是真正誤入歧途。

（二）後期《新青年》「社會」優先於「個人」

個人與社會關係在《新青年》後期發生變化，在不放棄「個人」與「社會」的界限的同時，主張「社會有機論」，更偏重社會這一面。在自由觀上主張積極自由，而不是以前的消極自由。

1. 社會有機論

「社會有機論」認為社會是一個有機體，人與人之間要相互依存，相互團結合作（互助）。個人精神和道德的發展離不開社會，個人要承擔社會責任、道德和義務，要為社會服務，個人只有融入到社會中才能獲得自由，不能與公共利益相悖。同樣地社會也離不開個人，作為有機體的社會依賴各個個人的自我發展。

早在杜威和羅素來華以前，陳獨秀、高一涵等人在個人與社會關係的認知上就發生轉變。高一涵在〈近世三大政治思想之變遷〉中唾棄了他在前期鼓吹的「小己主義」「放任主義」，他說：「近數年來，多唾棄小己主義，主張合群主義；唾棄私益問題，主張公益問題；以為真正平民政治，乃建設於擔負社會職任之小己之上。小己私益，即自社會公益中來。人民入群而後，皆以謀社會公共幸福之目的，謀小己之幸福」。〔註147〕顯然，高氏認為個人是受社會公益所驅使的，個人的利益只有在社會中才能落實，這與他在前期說的：「社會利益，乃根基於小己利益之上，積合而成者。欲謀社會之公益，必

〔註146〕胡適，〈易卜生主義〉，《新青年》第四卷第六號，1918 年 6 月 15 日。
〔註147〕高一涵，〈近世三大政治思想之變遷〉，《新青年》第四卷第一號，1918 年 1 月 15 日。

先使一己私益著著落實,乃克有當」,〔註148〕已經有所不同了。他在個人與社會保持以往的平衡態度的同時,天平已經傾向於社會這一邊。

其他人也是如此,陳獨秀就認為「人生在世,個人是生滅無常的,社會是真實存在的……個人在社會,好像細胞之在人生……現在個人的痛苦,有時可以造成未來個人的幸福……個人生存的時候,當努力造成幸福,享受幸福;並且留在社會上,後來的個人也能享受,遞相授受,以致無窮」。〔註149〕

陶履恭(1887~1960)在〈新青年之新道德〉中所說的:「居今日之世界,人絕不能僅止於不為惡,必且進至使罪惡滅滅;絕不能止於修養一己,必且更進於修養己以外之人;不特止於己所不欲勿施於人,必更進至施己之所欲於己以外之人……謀公利,進公善,是知善而為之也……吾以為將來之國家,將來之社會,必盡使人民知善而為之,乃能成完善之社會,完善之國家」。〔註150〕

李大釗在〈「今」〉中說:「吾人在世,不可厭『今』而徒回思『過去』,夢想『將來』,以耗誤『現在』的努力;又不可以『今』境自足,毫不拿出『現在』的努力,謀『將來』的發展。宜善用『今』,以努力為『將來』之創造。由『今』所造的功德罪孽,永久不滅。故人生本務,在隨實在之進行,為後人造大功德,供永遠的『我』享受,擴張,傳襲,至無窮極,以達『宇宙即我,我即宇宙』之究竟」。〔註151〕

胡適在〈不朽〉中也說:「我這個現在的『小我』對於那永遠不朽的『大我』的無窮過去,須負重大的責任,對於那永遠不朽的『大我』的無窮的未來,也需負重大的責任。我須要時時想著我應該如何努力利用現在『小我』方才可以不辜負了那『大我』的無窮過去,方才可以不遺害那『大我』的無窮未來」。〔註152〕

此處的言論都一致認為(這也是胡適在〈不朽〉的附注中明確承認的)人生的價值和追求不僅僅在於滿足一己之私益,更重要的是要為「社會」、「人類」福祉而奮鬥。重視「小我」對「社會」的責任感,個人相對淡化,

---

〔註148〕 高一涵,〈共和國家與青年之自覺〉,《青年雜誌》第一卷第二號,1915 年 10
月 15 日。

〔註149〕 陳獨秀,〈人生真義〉,《新青年》第四卷第二號,1918 年 2 月 15 日。

〔註150〕 陶履恭,〈新青年之新道德〉,《新青年》第四卷第二號,1918 年 2 月 15 日。

〔註151〕 李大釗,〈「今」〉,《新青年》第四卷第四號,1918 年 4 月 15 日。

〔註152〕 胡適,〈不朽〉,《新青年》第六卷第二號,1919 年 2 月 15 日。

社會才是其終極追求。他們要求個人與群體兼容，保持群己平衡，平衡中傾向於社會一面。

杜威來華的演講中也認為不存在個人與社會衝突，只是一部分人的權利比較大，壓到了其他部分，才引起了衝突。各個部分利益都屬社會的利益，不過一方是得到社會公認的，一方沒有得到社會公認，〔註153〕所以問題就應該集中在如何平衡各方的利益。

他又認為若是科學家不注重互助，只知道保存個人私利，不公諸於眾，則社會不會有進步。「個人的見解逐漸推廣到社會，全世界，結果教育收功之日，即全世界共同的利害見解成立之日，豈但一國一社會的幸福而已」。評判社會組織只有一個標準，就是凡是能夠促進共同生活的使各個部分思想得到互通的便是好的，反之則是壞的。〔註154〕

2. 積極自由

在自由觀上，新自由主義者提倡「積極自由」。〔註155〕新自由主義代表人物格林就認為自由不僅僅是不受法律限制的自由，還是「從事值得去做或享受值得享受的事物的一種積極的力量或能力」。自由不是一個消極概念，而是去實現某種目標的實際能力；自由存在著道德因素，意味著去做那些值得做的事情；自由含有平等意味，讓所有人都能盡最大的能力去實現自己的最大價值。〔註156〕

早在 1916 年胡適就隱約認識到新的自由是政府能破除自由之阻力，讓國民人人都可以自由生活，這就是所謂的「新的自由」。〔註157〕此處的自由就含有平等的意思。

不過，比較明顯的還是高一涵對羅素政治社會哲學的認識。羅素認為自由便是能夠決定與自己有關的事，要給每個人充分發展的機會。他將衝動分

〔註153〕 高一涵記，〈杜威博士講演錄：社會哲學與政治哲學〉，《新青年》第七卷第二號，1920 年 1 月 1 日。
〔註154〕 孫伏園記，〈杜威博士講演錄：社會哲學與政治哲學〉，《新青年》第八卷第一號，1920 年 9 月 1 日。
〔註155〕 在論述前期《新青年》個人與國家關係是提到過「積極自由」，但是此處的「積極自由」與前面的稍有不同，前面側重點是衝破專制建立現代國家的，此處的「積極自由」側重點是個人要為社會謀利益，不能只顧個人，這在上文中後期《新青年》同人對個人與社會關係的轉變中已經有所涉及，此處進一步論證。
〔註156〕 李強，《自由主義》（北京：東方出版社，2015），頁 107。
〔註157〕 胡適，〈藏暉室箚記〉，《新青年》第二卷第四號，1916 年 12 月 1 日。

為「佔據的衝動」和「創造的衝動」,「佔據的衝動」,維持個人獨佔的財產,
「創造的衝動」是把不能佔據財貨公諸社會,並使其使用有效。要盡量用政
治的社會的力量來減少「佔據的衝動」,利導「創造的衝動」。羅素認為社會
政治的目的在是人類得到最善的生活,創造的生活便是「創造性」衝動盡量
增多的生活。在堅持普遍自由主義立場的同時,羅素認為最理想的制度在於
每個人都能去發展他的「創造的衝動」。最反對消極的自由,消極的自由沒有
建設性。「要盡量促進個人和社會生長力和生活力;一個人或一個社會的生長
不甚犧牲別個人或別個社會」。〔註 158〕自由若是干涉到他人或社會,任其無
限制發展變會形成無政府的廝殺狀態,社會組織必須要對其限制,以保障個
人自由。當然,這種限制是有限的。

杜威的言論自由觀也有著積極自由傾向,他認為言論自由之所以重要,在
於大家發表思想,相互討論研究可以把思想格外改良。「越加研究討論,則事
理越加明白;意見越多,則改良的機會也越多」。〔註 159〕此處的言論自由都有
點積極的傾向。

(三)「個人」與「社會」界限的討論

以上可以看出《新青年》個人與社會關係中,前期更注重個人,後期更注
重社會,但都沒有抹殺兩者的界限。這可以回應以往研究者的批評,在不少學
者看來前期《新青年》知識群體固然注重個人自由,但是並不是「原子式」的
個人,而是在個人優先後,社會馬上跟上,因而是「個人」與「社會」之間的
平衡。〔註 160〕並更注重「社會」而不是「個人」。也有論者認為這種「群己平
衡」論是受中國傳統文化的影響,〔註 161〕更有論者認為這是從舊「名教」中
脫離,馬上又心甘情願地陷入新「名教」。〔註 162〕

但是從上文的分析來看,這都是誤解或不全面的認識,前期《新青年》中

〔註 158〕 高一涵,〈羅素的社會哲學〉,《新青年》第七卷第五號,1920 年 8 月 1 日。
〔註 159〕 孫伏園記,〈杜威博士講演錄:社會哲學與政治哲學〉,《新青年》第八卷第一
號,1920 年 9 月 1 日。
〔註 160〕 張寶明,〈《新青年》與中國現代性的轉向〉,《二十一世紀》2004 年 4 月號(香
港,2004),頁 37〜45。
〔註 161〕 方敏,《中國近代民主思想史(1840〜1949)》(北京:人民出版社,2014),
頁 168。
〔註 162〕 余英時,〈中國近代個人觀改變〉,《現代儒學的回顧與展望》(北京:三聯書
店,2005),頁 59〜88。

「個人」與「社會」之間固然是平衡的，但是它的傾向性還是有的，在前期更注重「個人」，不是論者們所說的「社會」。同時不讓「個人」過度放縱，淪為「唯我主義」。若因為主張「個人」，而完全置「社會」於不顧，以一己之私破壞社會之公才是真正地墜入新的「名教」。這都是自由主義的基本命題之一，並非傳統的惰性使然。前期《新青年》同人在社會與個人的關係上，最終是以「個人」為關懷的，「社會」等只是手段，並非目的。只有到了後期才是偏重「社會」，但是真到了偏重「社會」的時候，論者們對此的論述卻不夠具體。這個中間有個變化的過程，不可籠統地進行概括。

還有更重要的一點在於，雖然前後期《新青年》中個人與社會固然側重點不同，但是兩者沒有否認「個人」與「社會」的界限。即便是後期主張社會優先於個人，但是他們對於一些最基本的自由如思想言論自由、居住自由、婚姻自由，生命財產權等（前文已經論述）都沒有多大異議，這些都不會取決於所謂的「社會」，所謂的「公意」，所謂的「群」，所謂的「大我」。

當然，前期《新青年》主張的個人優先，社會置後，不可能完全達到西方那種「原子式」個人的程度。很多西方自由主義思想家是將社會壓倒最低，個人盡可能無限拔高，直到將社會制度看成是「邏輯上的虛構」，除了以集體形式組合成社會沒有其他存在。對前期《新青年》同人而言，即便他們認識到個人對社會的優先性，也不可能認識到將共同體視為「虛構體」，將共同體僅僅看作是個體的算術之和，「沒有任何理性的人願意提升一個置於真實的個體真實利益之上的假設的虛構利益：『一個人不能受到懲罰，一個人不能獲得自由，一個人除了作為一個抽象的概念外根本不存在；唯一的實體就是現實中構成人民的個人』」的境界。〔註163〕

此外，前後期《新青年》同人對個人與社會之間可能存在的困境沒有認識。前期《新青年》同人主張社會讓位於個人，但是個人置身於社會之中又如何能夠做到真正對立於社會，成為不受社會束縛、自由發展個性、唯有自利的「特別個體」「孤立個體」？即使能夠做到，又如何保證這種「個人」就一定不會滑向有「特殊地位」的人，使得原本所提倡個人主義變成精英主義，變成誇大個體的孤立和獨特？

同樣地，當個人集聚在社會之中而相互之間不分離的時候，這些個人如

〔註163〕阿巴拉斯特著、曹海軍譯，《西方自由主義的興衰》（長春：吉林人民出版社，2004），頁48。

何讓自己在社會中不再是個人？社會不過是若干個人的集合體，個人如何能夠真正融入到社會之中？〔註164〕後期《新青年》同人主張「社會有機論」，讓個人努力融入到社會中，但這只是道德上的宣稱，沒有進行證明，即如何能真正融入其中，真正為「社會」、「人類」福祉而奮鬥，讓「創造性」衝動儘量增多。即便能夠融入其中，又如何能夠在為社會謀利益時而不至於完全損害自身（雖然融入其中不排斥基本自由），其實在社會中多數人往往會專橫讓個人或少數人吃虧。

提倡社會優先最初目的不是置個人於不顧，但它確實為個人受損害提供了一種可能性。即使是個人在有機體中得到了幫助，那個人的主動精神也會被損害。真正合理、富有正義感的社會秩序，不會建築在個人痛苦之上，但是這只是一種應然的理想，實然上社會與個人之間又是微妙多變的。公共利益得到滿足而不踐踏個人自由，也讓個人主動精神和能力乾涸是實際中難以達到的理想。而且讓個人貢獻於社會同時不完全放棄自身利益，還預設了每個個人都具有洞察社會利益總是和個人利益一致的能力，這非人人都有。個人往往受情感和善意的支配，不可能完全被所謂的利益支配，他們可能熱烈支持不基於自身利益的事物。〔註165〕

個人具有模糊性，必須更深入研究個人與社會關係。這是前後期《新青年》同人都沒有注意到的問題，他們的論述以靜止方式進行敘說。似乎個人行使權利時不淪為「唯我獨尊」，個人就可以在社會中一定會是「獨立個體」，而孤立個體就永不會走向其反面，變為精英主義。似乎個人只要宣示融入社會，就是真正融入，並且每個個人就具有洞察力，自身不可能完全不受害，自身可以理所當然的從社會中分享自身的利益。

五、結　語

中國古代的思想中便有「自由」一詞，《史記》中曰：「言貧富自由，無予奪」，此處的自由是自己所致得意思。後世白居易的詩中亦云：「行止輒自由，甚覺身瀟灑」。不過自由在中國古代更多是一種貶義，《東周列國志》中曾云：「怠棄朕命，行止自繇（由），如此不忠之臣，要他何用」，司馬炎（236～290）也曾說：「忽棄明制，專擅自由」。這兩個例子中自由都是破壞秩序或

〔註164〕阿巴拉斯特著、曹海軍譯，《西方自由主義的興衰》，頁60～61。
〔註165〕霍布豪斯著、朱曾汶譯，《自由主義》（北京：商務印書館，1996），頁36、89。

對抗統治者之意，秦漢以後的專制王朝下「自由」日益被貶低。因為沒有一種憲政法治的制度作為保障，使得傳統的自由思想向內向化發展，形成心性自由。〔註166〕

近代意義上的「自由」從西方漂洋過海來到中國。較早譯介自由（liberity）的是西洋人編撰的雙語詞典。馬禮遜（Robert Morisson，1782～1834）在《五車韻府》中將 liberity 譯介為「自主之理」，〔註167〕衛三畏（Samuel Wells Williams，1812～1884）的《英華韻府歷階》譯之為：「自主，不能任意」，〔註168〕麥都思（Walter Henry Medhurst，1796～1857）譯之為：「任意擅事、自由得意、由得自己、自主之事」，〔註169〕羅德存（（Timothy Richard，1884～1913）譯之為「自主、自由、治己之權、自操之權、自主之理」，〔註170〕盧明公（Justin Doolittle，1824～1880）譯之為：「任意擅事、自由得意」，〔註171〕井上哲次郎（1855～1944）譯之為：「自主、自由、治己之權、自操之權」。〔註172〕可以看出這一時期的對 liberity 的闡釋包涵大量民主的因素，「民主」和「自由」可以互換，以「自由」論「民主」。〔註173〕

在 1900 年以後「自由」的內涵與外延在擴大，1908 年的《英華大辭典》中對 liberty 的翻譯除了前面提到的那些意思以外還有，還有「逾平常禮儀之言行自由」、「意志自由」、「社會自由」、「政治自由」、「國家之自由」、「信仰之自由」、「出版之自由」、「宗教之自由」。〔註174〕1913 年的《英華新字典》再次闡述「自由信仰之自由」、「出版自由」、「國自治之權」。〔註175〕

將「自由」推廣的是近代睜眼看世界的中國士大夫。但是早期維新派沒有爭取公民的自由平等權，不但沒有還反對過。他們能接受的只是用來表示「民主」的「自由」，並且將之作為救亡的手段。陳熾（？～1900）曾說：「自

〔註166〕 寇東亮，〈古代中國人如何看自由〉，中國社會科學網，2014 年 3 月 26 日，http://www.cssn.cn/yyx/yyx_tpxw/201403/t20140327_1045504.shtml.

〔註167〕 馬禮遜，《五車韻府》（1822），頁 254。

〔註168〕 衛三畏，《英華韻府歷階》（1844），頁 165。

〔註169〕 麥都思，《英華字典》（1847），頁 788。

〔註170〕 羅德存，《英華字典》（1866），頁 1107。

〔註171〕 盧明公，《英華萃林》（1872），頁 284。

〔註172〕 井上哲次郎，《訂增英華字典》（1884），頁 677。

〔註173〕 方維規，〈「議會」、「民主」與「共和」概念在西方與中國的嬗變〉，《二十一世紀》2000 年 4 月號（香港，2000），頁 56～57。

〔註174〕 嚴惠慶，《英華大辭典》（1908），頁 1335。

〔註175〕 《英華新字典》（商務印書館，1913），頁 300。

由之說，此倡彼和，流弊已生」。鄭觀應（1842～1922）說：「安內攘外……
必自設立議院始」，都表明了這一點。〔註176〕1890年以前不論是西方傳教士
對「自由」的譯介還是中國的士大夫對「自由」的認識都是比較淺顯的、含
混的、零碎的，只是介紹了一些最基本的自由權利。

嚴復和梁啟超系統闡述了西方的自由主義思想，將之放在現代國家的理
念下解釋，但是如上文中所言嚴復、梁啟超等人的自由主義思想中，以國家、
社會（群）為重點，個人是達到國家目的的手段，這是很多人的共識，即便為
之辯護也只在少數。因而他們的自由思想與國家、社會糾纏不清。

但是到了《新青年》時代就已經不同了，《新青年》中主流的自由主義思
想，在基本內涵上已經與西方的自由主義思想已無根本差異。即明確表示國
家存在只為保障個人權利，個人享有一系列神聖不可剝奪的自由權利如思想
自由、言論自由、出版自由、居住自由、經濟自由、財產獨立等等，並且界
定個人自由之範圍，使得個人在行使自由時不能妨礙他人之自由，政府若是
戕害人民之權利，人民有權推翻它。持的是歐美最普遍的自由主義立場，這
種自由主義既是針對家庭整體主義的，更是針對民族、國家的整體主義。不
是前文中論者們強調的五四時期將個人主義之諸價值當作「價值」，與民族主
義並行不悖。也不是說將個人自由作為達到國家的手段，個人之所以重要乃
是形成一種人格能力，這種人格能力是促使西方迅速富強的核心，個人自由
是圖強禦侮的手段而不是目的。《新青年》中主流的自由主義既與無政府主義
式的自由主義不要國家、法律的「絕對自由」基本上不相干，也與將個人全
部拋給「國家」的所謂的「日本式自由主義」〔註177〕大相徑庭。

在普遍自由主義立場下，前期《新青年》更傾向於古典自由主義。後期
《新青年》的自由主義思想由古典自由主義轉向新自由主義，新自由主義主
張擴大國家權力，增進社會公益，但是這個權力必須要是合法的、民主的，
不會主張「極權主義」體制。他們在「私」的領域內依然反對家庭束縛，倫
理上主張個性解放，個人獨立自由。對於走出中國傳統那種在公的領域內偏
偏實行個人獨斷，沒有民主；在「私」的領域內不需要權力，卻非得以「公」
的權力管制的不准個人自由的「群己」錯位的社會而言，新自由主義和古典

〔註176〕許良英、王來棣，《民主的歷史》（北京：法律出版社，2015），頁201。
〔註177〕秦暉，〈兩次啟蒙的切換與「日本式自由主義」的影響：新文化運動百年祭
（二）〉，《二十一世紀》2015年10月號（香港，2015），頁33～50。

自由主義的價值都不可忽視。在此基礎上可以有不同爭論，這種爭論也才是有意義的。

在認識到《新青年》自由主義思想的正面價值時，也應該有所檢討。除了前文中所說沒有認識到個人與社會之間的矛盾和張力以外，《新青年》自由主義思想的一個大的缺陷還在於，對「積極自由」可能存在的危險性幾乎沒有認識。筆者在上文中曾經為《新青年》的「積極自由」傾向做過辯護，反對如今流行的一味貶低積極自由的觀點。但是筆者所贊成的「積極自由」必須有「消極自由」來界限，才可以不至於劍走偏鋒、誤入歧途。而近代中國是處於一個半舊半新、亦舊亦新，交歧互滲的「過渡時代」，〔註178〕各種西方思潮不斷湧來，讓時人消化不良。蔣夢麟（1884～1964）就形象地說：

> 由華東沿海輸入的西方文化，卻如潮湧至，聲勢懾人；而且是在短短五十年之內湧到的。西方文化在法國革命和工業革命之後正是盛極一時，要想吸收這種文化，真像一頓要吃好幾天的食物。如果說中國還不至於脹得胃痛難熬，至少已有點感覺不舒服。因此中國一度非常討厭西方文化，她懼怕它，詛咒它，甚至踢翻飯桌，懊喪萬分地離席而去。結果發現飯桌仍從四面八方向她塞過來。中國對西方文化的反感，正像一個吃得過飽而鬧胃痛以後對食物的反感。〔註179〕

近代西方思潮就是在這種洶湧澎湃情況下走進中國的，中國人對狂潮的動向、趨勢不能進行很好的把握，往往對其進步性還沒有充分認知，對其批判就紛至沓來。〔註180〕

在這種大轉變、多變動的背景下，「消極自由」對「積極自由」界限不具有穩定性和持久性。一旦「消極自由」被抽空，「積極自由」就有可能被專制者利用作惡，只強調「大我」，忽視乃至無視「小我」，消滅自由權利。將「大我」看作看成是「理智」「成熟」的、更高層次的、理想的自我。將「小我」

〔註178〕羅志田，〈過渡時代讀書人的困惑與責任〉，《權勢轉移：近代中國的思想、社會與學術》（北京：北京師範大學出版社，2014），頁155。
〔註179〕蔣夢麟，《西潮‧新潮》（長沙：嶽麓書社，2000），頁241。
〔註180〕羅榮渠，《現代化新論》（北京：商務印書館，2004），頁398。例如陳獨秀在1921年就拋棄個人主義，認為「中國人民簡直是一盤散沙，一堆蠢物，人人懷著狹隘的個人主義，完全沒有公共心，壞的更是貪賄賣國，盜公肥私，這種人早已實行了不愛國主義」。參見陳獨秀，〈隨感錄‧一二二〉，《新青年》第九卷第三號，1921年7月1日。

視為非理性的、不受控制的欲望、低層次的自我。被欲望充滿的「小我」為了上升到更高層次的「大我」，必須被嚴格的紀律控制。這種不同的自我的劃分導致對不合集體（國家、民族）的小我的貶低，只有基於整體的「大我」才能獲得真正的、高層次的自由。以「正義」來對個人實行強制，讓民眾追求這些目標，以為他們的利益為名義強迫他們。如此專制者便宣稱自己比民眾本人更懂得他們的訴求。以自由的名義來為個體做真正自由的選擇。一旦如此，就可以借著人們「真正」的自我為名，代表那個自我去壓迫、折磨他們。「只要是人類真正的目標，諸如幸福、責任之履行、智慧、公正的社會或自我實現等，便一定能和他們的自由相吻合，而這種自由即是：自由地選擇他『真正的』，但卻經埋沒而未得以表明的『自我』」。〔註181〕

造成「自由自由，多少罪惡假汝之名以行」。不僅僅是「自由」，包括「民主」、「平等」、「自由秩序」以及「國民總意」都有類似的可能，這就是「積極自由」與「消極自由」的矛盾。〔註182〕如上文中說到個人與社會關係一樣，前後期《新青年》同人對兩種自由的矛盾沒有應有的認知，他們似乎認為好的出發點必然會有好的結果，正確的自由主義理念就會有預期的結果。

然而正如韋伯（Max Weber，1864～1920）曾經所認為那樣，「善果者，惟善出之；惡果者，惟惡出之」是不對的，是不符合實際的。世界歷史進程、日常經驗都「指出真相正好相反」。「真實的情況不是『善果者惟善出之，惡果者惟惡出之』，而是往往恰好相反。任何不能理解這一點的人，都是政治上的稚童」。〔註183〕這是《新青年》同人在提倡積極自由時始料未及的。

〔註181〕顧肅，《自由主義基本理念》（北京：中央編譯出版社，2003），頁70。

〔註182〕秦暉，〈二十一世紀全球化時代的馬克思遺產〉，《二十一世紀》2018年6月號（香港，2018），頁8。

〔註183〕馬克斯·韋伯著、馮克利譯，《學術與政治》（北京：三聯書店，2016），頁110。

《新青年》自由主義思想的
成功與失敗

一、前　言

　　自由主義是《新青年》雜誌的一個重要思想，既有的關於《新青年》的研究中多注重梳理自由主義的思想內容，高力克提綱挈領地考察了《新青年》的自由思想，認為有一個從洛克（John Locke，1632～1704）傳統到盧梭（Jean-Jacques Rousseau，1712～1778）傳統的轉變。具體來說認為《新青年》雜誌前期注重英美式自由主義，陳獨秀、高一涵等人對英美自由主義和歐陸自由主義兩種自由觀進行了辨析。但是一戰之後《新青年》知識群體激進化，由洛克傳統轉向盧梭傳統，羅素、杜威來華也加強了當時《新青年》同人的左傾立場。〔註1〕

　　張寶明認為《新青年》知識群體初期肯定個人自由優先，後來又試圖在個人與社會、國家之間尋求平穩的「平衡過渡帶」，但是這個平衡只是曇花一現的「閃斷」。《新青年》知識群體的個人本位本身隱藏著巨大的危險性，容易走向軍國主義、民族主義、社會主義、共產主義。最後張寶明先生認為自由憲政在二十世紀的中國只能是個幻影，既沒有期待已久的「人格之獨立，個性之自由」，也沒有空間獨立、道德寬容的市民社會。〔註2〕

〔註1〕高力克，〈《新青年》與兩種自由主義傳統〉，許紀霖編，《二十世紀中國思想史論（上卷）》（上海：東方出版中心，2000），頁126～139。

〔註2〕張寶明，〈《新青年》與中國現代性的轉向〉，《二十一世紀》2004年4月號（香港，2004），頁37～45。

耿雲志則認為「個人的發現，個性主義、個人獨立自主的人格，個人的權力，是《新青年》最重要的核心觀念之一，這個觀念得以確立，引發了對專制主義舊思想、舊倫理的猛烈批判，推動一系列新思想、新觀念的傳播」。這個在思想史上的意義，是無論怎麼強調都不過分。〔註3〕他們的研究相比較那種蜻蜓點水的一筆帶過，〔註4〕更有利於我們加強對《新青年》自由主義思想的理解。

但除了要爬梳其思想內涵以外，還要將其置於民初的政治環境下加以考察來探討其得失。目前關於《新青年》自由主義思想研究中對這部分還涉及不多，筆者就要在這個方面進行探討。本文先是簡要勾勒出辛亥革命以後民初的政治背景，以展示《新青年》誕生的淵源。其次是論述《新青年》同人以引進西方自由主義思想對抗當時的國權至上的政治觀，以及它的啟蒙思想貢獻。最後是檢討其自由主義思想的缺失。

二、《新青年》誕生的政治背景述略

《新青年》的誕生是與清末民初政治亂象密不可分的，它也是當時應對時局眾多方案的一種。關於辛亥革命以後政局的跌宕起伏，近年來學界這方

〔註3〕耿雲志，〈《新青年》與「個人」的發現：紀念《新青年》創刊一百週年〉，《廣東社會科學》2015 年第 6 期（廣州，2015），頁 87～93。

〔註4〕以下的文章中對《新青年》的自由主義思想內容也有涉及，但相比較以上三篇文章顯得較少和粗略。可以參閱林毓生，〈五四時代的激烈反傳統與中國自由主義的前途〉，《中國傳統的創造性轉化》（北京：三聯書店，2011），頁 160～206；張灝，〈扮演上帝：20 世紀中國激進思想中人的神話〉，《幽暗意識與民主傳統》（北京：新星出版社，2006），頁 252～267；余英時，〈中國近代個人觀改變〉，《現代儒學的回顧與展望》，頁 59～88；王汎森，〈從新民到新人：近代思想中的「自我」與「政治」〉，許紀霖等編，《現代中國思想的核心觀念》（上海：上海人民出版社，2011），頁 257；黃克武，〈近代中國的自由主義的發展：從嚴復到殷海光〉，《近代中國的思潮與人物》（北京：九州出版社，2013），頁 102～127；金觀濤、劉青峰，〈中國個人觀念的起源、演變及其形態初探〉，《觀念史研究：中國現代重要政治術語的形成》（北京：法律出版社，2009），頁 151～179；許紀霖，〈大我的消解：現代中國個人主義思潮的變遷〉，許紀霖等編，《現代中國思想的核心觀念》，頁 209～236；秦暉，〈兩次啟蒙的切換與「日本式自由主義」的影響：新文化運動百年祭（二）〉，《二十一世紀》2015 年 10 月號（香港，2015），頁 33～50；胡偉希，〈理性與烏托邦：二十世紀中國的自由主義思潮〉，載許紀霖編，《二十世紀中國思想史論》（下卷）（上海：東方出版中心，2000），頁 3～26；袁偉時，〈對衝擊傳統文化的三大誤解：新文化運動再研究〉，《開放時代》2000 年第 3 期（廣州，2000），頁 47～51。

面的探討已經較多，但是為了給下文的討論提供一個鋪墊，還是簡要勾勒出政治圖景。1911 年的辛亥革命結束了清王朝的皇權專制，中國建立了亞洲第一個共和國。然而這個共和國一開始便是隱藏著危機，以後更是亂象叢生。造成民初政局混亂的原因，過去主要歸咎於以袁世凱（1859～1916）為首的北洋軍閥竊取辛亥革命的果實，是否真的是「竊取」暫且不論。只要略知民國初年的基本史實都知道袁世凱是有著不可推卸的責任。

袁世凱在當上臨時大總統後採取一系列破壞議會、約法、共和的舉措，如 1913 年因宋教仁（1882～1913）案與國民黨鬧翻，鎮壓「二次革命」，消滅南方的反對力量。之後又迫使國會選舉他為正式大總統，再取消國民黨議員的資格，使得國會不足法定人數無法召開，以中央政治會議作為臨時替代機構。

1914 年 1 月，袁世凱根據黎元洪（1864～1928）等人及政治會議的意見，將國會解散。

1914 年 5 月，袁世凱公布《中華民國約法》，改責任內閣制為總統制。1914 年 12 月 29 日，公布《修正大總統選舉法》，規定總統任期十年，可以連選連任。

1915 年與日本人簽訂《二十一條》，袁氏不滿於此，還在 1915 年讓美國人古德諾（Goodnow Frank Johnson，1859～1939）發表〈共和與君主論〉一文，又讓楊度（1875～1931）等人組織「籌安會」，梁士詒（1869～1933）等人組織「全國請願聯合會」，參政院以「尊重民意」為詞，召開「國民代表大會」，為其復辟帝制做好充分的準備。

1915 年 12 月 12 日，袁世凱宣布接受帝位，推翻共和政體，復辟帝制，改中華民國為「中華帝國」，並下令廢除民國紀元，改民國五年為「洪憲元年」，史稱「洪憲帝制」。袁世凱稱帝後引起全國人的反對，爆發了「護國戰爭」，袁世凱在 1916 年 6 月於憂憤中去世。

袁世凱死後黎元洪依法繼任總統，段祺瑞任國務院總理，以段祺瑞為首的北洋勢力依附於日本，與黎元洪分庭抗爭。雙方不斷發生爭執，因要不要參與一戰問題達到白熱化，引發「府院之爭」。為了到達參戰目的，段祺瑞組成督軍團對黎元洪施壓，並動用包圍國會的手段，觸動眾怒。

因為段祺瑞向日借款被披露，黎元洪於 1917 年 5 月撤掉段祺瑞的職務，之後黎元洪請張勳（1854～1923）調解，張勳率領辮子軍上演了第二次帝制

復辟。北洋軍閥使得新生的共和政體陷入兩次復辟的泥淖中，不能不說對民初憲政的失敗負有不可推卸的責任。

但是，近年來學界的看法有所改變，認為當年的國民黨、進步黨也是民初憲政的受挫的「助力」，而且其摧毀力度不亞於袁世凱等人。

袁偉時就考察國民黨如何千方百計的設定各種措施來限制袁氏的權力，從而讓兩者不斷陷入鬥爭中而不能自拔。1911 年武昌起義後革命黨人就向袁世凱保證只要他贊成共和，就推選他為大總統。1911 年 12 月 18 日雙方舉行南北議和，達成協議於 1912 年 1 月 8 日召開國民會議，決定國體問題。但是革命派卻在 1911 年 12 月 29 日推舉孫中山（1866～1925）當大總統，讓袁世凱極為不滿。孫中山在讓位之前就制定了《臨時約法》，而《臨時約法》的制定又是非常草率，不合乎程序。1912 年 1 月 28 日臨時參議院正式成立，但是民意代表性不強，應該等到民意充足之後才可制定。臨時參議院在 1912 年 2 月 6 日開始審議《臨時約法》，3 月 8 日通過，而袁世凱在 2 月 15 日後已經是臨時大總統，卻由孫中山在 3 月 11 日簽署公布，而不是袁世凱。3 月 10 日至 4 月 1 日孫中山繼續簽發各種法令、指示 138 件，這些本來是應由袁世凱簽發的。4 月 1 日孫中山公布《參議院法》，又不是袁世凱。袁氏基本不能過問，這是孫中山公然破壞法治的表現。〔註5〕

在以後的政權運作中佔據國會多數的國民黨，處處阻礙政府，而《臨時約法》中沒有賦予政府解散議會的權力，如 1913 年的「善後大借款」，國民黨有意掣肘。1913 年袁世凱取消議員的資格也是因為國會多次拒絕袁世凱的憲法修改意見所致，袁氏不過是想回歸總統制，固然有不恰當的意見，但是仍然希望能在法治範圍內陳述己見，國會的不理會逼得袁世凱激進化。〔註6〕

在袁世凱死後，關於是否參與一戰問題，國民黨支配下的國會不答應段祺瑞（1865～1936）參戰要求（參戰對中國是有利的，如可以取得戰勝國的權利），因為孫中山不顧國家利益接受德國人的賄賂。〔註7〕

〔註5〕 袁偉時，〈袁世凱與國民黨：兩極合力摧毀民初憲政〉，《江淮文史》2011 年第 3 期（合肥，2011），頁 4～15。

〔註6〕 袁偉時，〈袁世凱與國民黨：兩極合力摧毀民初憲政〉，《江淮文史》2011 年第 3 期（合肥，2011），頁 15～19。

〔註7〕 袁偉時，〈辛亥革命與百年憲政〉，2011 年 9 月 17 日，愛思想 http://www.aisixiang. com/data/44709.html 或參見袁偉時，《昨天的中國》（杭州：浙江大學出版社，2012），頁 331～347。

　　國民黨以護法作為旗號，發動三次戰爭，1913 年不顧當時主流的通過司法問題解決「宋案」的民意，一意孤行發動「二次革命」，讓袁世凱抓住把柄在選出大總統後說議員是叛亂組織，讓國會停頓。1917 年因張勳復辟又發動一次護法戰爭，不顧當時國會兩院還有八百多人，另外成立一個兩百多議員的不合法政府。1922 年、1923 年徐世昌（1855～1939）已經接受恢復原來的約法，請黎元洪當總統，護法已經實現，但是孫中山非得當非常大總統發動國民革命戰爭。〔註8〕

　　除了國民黨，當時另外一大党進步黨也是沒有發揮政黨應有的作用。民國成立以後，梁啟超（1873～1929）將分裂的立憲派合組為進步黨，地位相當鞏固，力圖處於進步與保守之間。但是梁啟超個人沒有提出明顯的旗幟，沒有群眾基礎，梁氏態度多變，與國民黨結怨較重，內部龐雜亦是其缺陷。尤其是與國民黨結怨，兩黨的領袖從清末以來就有很濃的私人恩怨，意氣之爭，甚至大打出手。梁啟超曾經指責國民黨為「亂黨」、「暴徒」，想利用袁世凱來打壓對方（但不是置對方死地），排斥國民黨於國會之外另造國會，雖然中間有合作化解的機會，但都是適可而止，最終走向破裂。〔註9〕

　　梁啟超想利用袁世凱來打壓國民黨，但是反而被袁世凱利用。進步黨成了袁世凱的附庸甚至在袁世凱摧毀國會以後依然追隨之，參加了取代國會的御用機構「參政院」和「政治會議」。

　　清朝被推翻後言論相對自由的，但是梁啟超沒有充分利用，沒有讓進步黨真正發揮現代政黨應有的作用，密切監督袁世凱施政。「直到復辟帝制的醜劇鬧得不可開交，他才挺身而出與袁世凱決裂。就個人而言，他仍然不失為反復辟運動的旗手；而就整個國家來說，未能阻擋這幕醜劇上演的損失是無法彌補的」。〔註10〕

　　袁世凱死後，梁啟超與段祺瑞合作力圖改造國會。梁啟超反對召開舊國會，他將舊國會的一切弊端歸咎於國民黨身上。國民黨議員在議會中佔據主要地位，進步黨不能控制國會。梁啟超期望能夠再造一個國會，雖然遭到很多人的反對，但是為了排斥國民黨勢力和控制國會還是一意孤行。段祺瑞出

〔註8〕　袁偉時，〈中國墮入威權統治的路徑：張朋園《從民權到威權》讀後〉，《二十一世紀》2016 年 12 月號（香港，2016），頁 148。
〔註9〕　張朋園，《梁啟超與民國政治》（上海：上海三聯書店，2013），頁 30～52。
〔註10〕　袁偉時，〈民初憲政挫敗與啟蒙〉，《經濟觀察報》2007 年 10 月 22 日（北京，2007），45～46 版。

於私心與梁氏合作改造國會，但是段氏又不希望進步黨佔據國會的主導地位，加上交通系與段祺瑞合作，進步黨和段祺瑞逐漸對立。國民黨得知以後，在南方組織護法，召開非常國會。段祺瑞推行武力統一的政策，梁啟超不贊成，結果是新國會被安福系佔領，交通系與北洋勢力合作。梁氏此次改造國會不合法，代表性不足，反而因為包辦的國會不足以代表性為後來南方和直系攻擊埋下了伏筆。〔註11〕

以上可以看出民初的三大政治勢力，即以孫中山為首的革命派，以梁啟超為首的進步黨，以袁世凱為首的北洋勢力在博弈之中很難有著共識，不能實現互利共贏，難以達成真正的妥協。三方之間的鬥爭很激烈，是一個零和遊戲。在權力崇拜文化土壤深厚的中國，最後不得不訴諸武力解決。〔註12〕

這種混亂的政局讓一些知識分子如陳獨秀（1879～1942）、李大釗（1889～1927）、胡適（1891～1962）、高一涵（1885～1968）等人對走向現實政治感到失望，他們希冀從思想啟蒙的角度著手（這一點延續清末以來的理念），以為中國政治改革提供社會基礎。

陳獨秀在二次革命失敗以後，曾痛斥國會解散以後「百政俱廢，失業者盈天下」，加上各種苛捐雜稅，使得全國人民除了官吏兵匪之外，都處於水深火熱之中，「無不重足而立。生機斷絕，不獨黨人為然也」。〔註13〕

在鞭撻國會和政府腐敗的同時，他還著手改變人的思想，認為「蓋一國人民之智力，不能建設共和，亦未必宜於君主立憲，以其為代議之制則一也」「民無建國之力，而強欲摹擬共和，或恢復帝制，以為救亡之計，亦猶瞽者無見，與以膏炬，適無益而增擾耳。夫政府不善，取而易之，國無恙也。今吾國之患，非獨在政府。國民之智力，由面面觀之，能否建設國家於二十世紀，夫非浮誇自大，誠不能無所懷疑」。〔註14〕

為改造人心，陳獨秀想辦一種雜誌。汪放原就曾回憶道當時的情景：「他沒有事，到我們店裏來。他想出一本雜誌，說只要十年八年的工夫，一定會發

〔註11〕張朋園，《梁啟超與民國政治》（上海：上海三聯書店，2013），頁77～88。亦可參見張鳴，《北洋分裂：軍閥與五四》（桂林：廣西師範大學出版社，2010），頁56～59。

〔註12〕張千帆，〈契約構造的失敗：從辛亥到五四〉，《二十一世紀》2019年4月號（香港，2019），頁79。

〔註13〕陳獨秀，〈致《甲寅》記者〉，如水編，《陳獨秀書信集》（北京：新華出版社，1987），頁2。

〔註14〕陳獨秀，〈愛國心與自覺心〉，《甲寅雜誌》第一卷第四號，1914年11月10日。

生很大影響，叫我認真想法。我實在沒有力量做，後來才介紹他給群益書社陳子沛、子壽兄弟。他們竟同意接受，議定每月的編輯費和稿費二百元，月出一本，就是《新青年》（先叫做《青年》雜誌，後來才才做《新青年》）」。〔註15〕

高一涵同樣對民初政治甚為不滿，認為民國成立三年以來，政府以加強中央集權為能事，達到政府萬能的程度。國會被解散後，議員被任命，人民的選舉權被剝奪殆盡。國債日增，「不謀於負擔之人；商辦之業，任意盜抵」「則代理人民財產權矣」，「指奸則奸，誣匪則匪；殺人不詢其供，拘人不謀於法，則蔑視人民生命權矣」，「毀黨而任私派，則人民之評政自由權失。猶慮或談政於野也，為密布爪牙鷹犬之間諜以伺之；慮四百兆人民之不能盡臣妾也，為四縱代表國家戰鬥力之軍隊以淫之」。〔註16〕

但國家之亂，不僅是政府之過，也是人民之責。「特國華消喪，民質就亡，存形體而喪精神，是俗儒而非絕學，固有之精蘊胥捐，而輸入文明，復非咄嗟所能融貫。神魂悵悵，其何能國之云？」。〔註17〕

李大釗也痛斥當時的政局，認為各省都督專權，破壞憲法，蔑視民意。這種情況下必從國民教育，進行人心改造才能改變現狀。即「所望仁人君子，奮其奔走革命之精神，出其爭奪政權之魄力，以從事於國民教育，十年而後，其效可觀。民力既厚，權自歸焉，不勞爾輩先覺君子，拔劍擊柱，為吾民爭權於今日。不此之圖，縱百喙以誇功於吾民之前，吾民不爾感也。若夫國民教育，乃培根固本之圖，所關至鉅，余當更端論之」。〔註18〕

又曰：「以邦人今日道德之日墮，節行之不修，根器不厚，恒為外物所誘牽，其感於外緣而蔽靈失本者，亦不少觀也。又況黨私其黨，於別鑒才識，益增障蔽，此端一開，相習成風，因之敗俗害政者，其患豈可勝言哉！」〔註19〕

當時還在美國留學的胡適也緊密關注時政，不過他的重心還是放在思想啟蒙上，這一點與陳獨秀、李大釗、高一涵可謂不謀而合。為此，胡適在海外招致別人的「冷眼」。胡適自己在日記中多次表明自己的心志。胡適認為留學

〔註15〕汪放原，《回憶亞東圖書館》（上海：學林出版社，1983），頁31～32。
〔註16〕高一涵，〈民福〉，《甲寅雜誌》第一卷第四號，1914年11月10日。
〔註17〕高一涵，〈民國之禍衡〉，《甲寅雜誌》第一卷第三號，1914年7月10日。
〔註18〕李大釗，〈論民權之旁落〉，《李大釗全集》（第一卷）（北京：人民出版社，2006），頁43。
〔註19〕李大釗，〈論民權之旁落〉，《李大釗全集》（第一卷）（北京：人民出版社，2006），頁50。

生去國甚遠，對時事（日本脅迫中國簽訂「二十一條」）如此紛擾的態度，並沒有實際利益，只會擾亂學生之心，不如靜觀其變。這種看法遭到許多人的反對，他們說選幹事不能選哲學家，而應該是實幹家。胡適認為國家大事，並不是一朝一夕便可以解決的，現在最大的憂患是學生不能深思遠慮，平日沒有什麼準備而致遇事張慌失措，所做之事於實際無補。我們如今去國甚遠，應該鎮定對之，才不失大國風度。〔註20〕

見到中國國內抵制日貨，或是先是覺得可喜，認為這是道義上的抗爭之一。但隨後就說這是「不得已而求其次，其在斯乎」？為什麼這麼說呢？乃是因為上策在於「積極的進行，人人努力為將來計，為百世計，所謂求三年之艾者是也。必不得已而求目前抗拒之策，是抵制日貨是已。若並此而不能行，猶奢言戰日，可謂犬吠也已」。〔註21〕

讀梁啟超的文章後，胡適非常贊成要改良政治，必定先致力於社會教育。國人都為「無意識無根蒂之政治活動，其能御亂而免於亡乎？」即便是亡國，教育社會也不能停止。〔註22〕現在「合全國聰智勇毅之士，共勠力於社會事業，或能樹若干基礎，他日雖有意外之變化，猶足以支」。如果不是這樣，只會再次上演衰敗之政象，「致國家元氣且屢斷而不可復」。〔註23〕

1917 年從美國留學歸來後，剛到橫濱聽說張勳復辟了，到上海看到出版界的孤寂，教育界的孤寂，才知道張勳復辟是很自然之事，「我方才打定二十年不談政治的決心，要想在思想文藝上替中國政治築一個革新基礎」。〔註24〕

上文可以看出從思想啟蒙的角度著手，以為中國政治改革提供社會基礎是陳獨秀、高一涵、李大釗、胡適等人的共識了。《新青年》（第一卷名為《青年雜誌》）是他們表達思想之舞臺，〔註25〕《新青年》在第一卷第一號的〈社

〔註20〕胡適，《胡適日記全集》（第二冊）（臺北：聯經出版公司，2004），頁 56、61。
〔註21〕胡適，《胡適日記全集》（第二冊）（臺北：聯經出版公司，2004），頁 97。
〔註22〕胡適，《胡適日記全集》（第二冊）（臺北：聯經出版公司，2004），頁 119～120。
〔註23〕胡適，《胡適日記全集》（第二冊）（臺北：聯經出版公司，2004），頁 120～121。
〔註24〕胡適，〈我的歧路〉，歐陽哲生編，《胡適文集3·胡適文存二集》（北京：北京大學出版社，2013），頁 322～329。
〔註25〕當然他們先後加入的順序不同，從《新青年》中政論文章中可以看出陳獨秀、高一涵是最先在《新青年》上闡述自己的思想理念的，後來胡適、李大釗、錢玄同（1887～1939）等人陸續加入《新青年》陣營。這些人之前在《甲寅雜誌》上都或多或少投過稿或發表過文章或參與《甲寅》的編輯。關於《新青年》編輯群體的詳細演變，參見歐陽哲生，〈《新青年》編輯演變之歷史考辨：以 1920

告〉中就開宗明義地說：

> 一國勢陵夷，道衰學弊，後來責任端在青年，本志之作，蓋欲
> 與青年諸君商榷將來，所以修身治國之道。
>
> 二今後時會，一舉一措皆有世界關係。我國青年，雖處蟄伏研
> 求之時，然不可不放眼以觀世界。本志於各國事情、學術、思潮、
> 盡心灌輸，可備攻錯。
>
> 三本志以平易之文，說高尚之理。凡學術事情足以發揚青年志
> 趣者，竭力闡述。冀青年諸君於研習科學之餘，得精神上之援助。
> 〔註26〕

顯然這段話中的「國勢陵夷，道衰學弊」就是暗指中國昏暗的現實，要
改變現實必有賴於青年，這本雜誌的創辦就是要將「各國事情、學術、思潮、
盡心灌輸」促進青年修身。在〈敬告青年〉又說：中國今日社會的興衰榮辱，
「惟屬望於新鮮活潑之青年，有以自覺而奮鬥耳。自覺者何，自覺其新鮮活
潑之價值與責任，而自視不可卑也。奮鬥者何，奮其智慧，力排陳腐朽敗者
已去」。〔註27〕

在這一號的通信中又說重點在於「改造青年之思想，輔導青年之修養」
「國民思想尚未有根本之覺悟，直無非難執政之理由。年來政象所趨，無一
非遵守中國之法先王之教，以保存國粹而受非難」。〔註28〕

但是《新青年》的思想塑造是與現實政治相關聯的，其自由主義思想的闡
述亦是如此。《新青年》的自由主義思想的民主、自由等理念都是緊扣時代的
主題。民初政治的一大主題便是帝制復辟，並且與思想復古一唱一和。《新青
年》對民主、自由的表達就是在反對帝制復辟、孔教運動中凸顯的，借批判古
代專制制度批判現實。

三、以「民主」反對帝制

　　《新青年》創刊之初就非常關注國內的政治局勢（國體問題），在第一卷

～1921 年同人書信為中心的探討〉，《歷史研究》2009 年第 3 期（北京，2009），
　　頁 82，或陳萬雄，《五四新文化運動的源流》（北京：三聯書店，1997），頁 1
　　～20。
〔註26〕陳獨秀，〈社告〉，《青年雜誌》第一卷第一號，1915 年 9 月 15 日。
〔註27〕陳獨秀，〈敬告青年〉，《青年雜誌》第一卷第一號，1915 年 9 月 15 日。
〔註28〕陳獨秀，〈通信〉，《青年雜誌》第一卷第一號，1915 年 9 月 15 日。

第一號至六號的「國內大事記」、「通信」、政論性論文欄目中都有體現（這一點似乎延續了《甲寅》雜誌的遺業）。〔註29〕陳獨秀在第一卷第一、二、三、五、六各個號中以「記者」的身份論述「國體問題」，如前文所言，1915 年 8 月起袁世凱發動籌安會等一系列活動來為復辟帝制「造勢」。陳獨秀在《青年雜誌》第一號「國內大事記」中就說：「不謂前月中旬，忽有籌安會設於北京，大倡共和不適於中國之說，至發生國體問題，擾亂至今日，已近一月。時而冷靜，時而騷動，今且勞總統派員赴參政院宣言」。〔註30〕

在第二、三號中繼續追蹤：「籌安會倡共和不適於中國之說，至國體問題發生，擾亂至今兩月有餘。各省軍民長官，既函電交馳，各團體亦呼號奔走。此外中外人士之文章言論，更記不勝記」。〔註31〕

「國體問題自參政院仰體總統宣言內之徵求公意妥善上法二語，諮請政府，以國民會議初選當選人為基礎，選出代表。開國民大會，決定國體，已於前月八日，由總統以告令宣布全國」。〔註32〕

這些準備充分後，1915 年 12 月 12 日，袁世凱宣布接受帝位，推翻共和政體，復辟帝制，改中華民國為「中華帝國」，並下令廢除民國紀元，改民國五年為「洪憲元年」，史稱「洪憲帝制」。

袁世凱稱帝後引起全國人的反對，爆發了「護國戰爭」。陳獨秀對此亦有記述，在第五號中就說：「分別電告參政院，並委託該院為全國總代表，推戴大總統袁世凱為中華帝國大皇帝……數月來之國體問題，至此可告終結矣……當滇事既起之後，政府一方仍籌備大典，客歲之末，大典籌備處奏請，改民國四年十二月三十一日奉令改明年為洪憲元年。此亦國體表決後，正式

〔註29〕關於《新青年》與《甲寅》之間的具體關聯可參見孟慶澍，〈《甲寅》與《新青年》淵源新論〉，《中國現代文學研究叢刊》2010 年第 5 期（北京，2010），頁 91～93；胡峰，〈《甲寅雜誌》（月刊：孕育《青年雜誌》的母體）〉，《齊魯學刊》2009 年第 6 期（濟南，2009），頁 137～141；楊琥，〈《新青年》與《甲寅》月刊之歷史淵源：《新青年》創刊史研究之一〉，《北京大學學報·哲學社會科學版》2002 年第 6 期（北京，2002），頁 124～129。

〔註30〕陳獨秀，〈國內大事記·國體問題〉，《青年雜誌》第一卷第一號，1915 年 9 月 15 日。

〔註31〕陳獨秀，〈國內大事記·國體問題〉，《青年雜誌》第一卷第二號，1915 年 10 月 15 日。

〔註32〕陳獨秀，〈國內大事記·國體問題〉，《青年雜誌》第一卷第二號，1915 年 10 月 15 日。

登基前之大節也」。〔註33〕

　　因為遭到眾多得反對，袁氏不得不緩稱帝，陳獨秀在第六號中就說：「是因內政問題牽入外交問題矣，於是政府不得不籌緩和之策，即將總統預定二月初旬登基，今決定延期之意……登基一事，迭經該出陳請舉行，均奉論從緩，俟平定滇事，再為舉行」。〔註34〕

　　陳獨秀還在「通信」這個欄目中與讀者討論「國體問題」，當時有讀者來信對楊度等人討論共和不適合中國的謬論表示不贊成，陳獨秀在回信時一一反駁籌安會的言論，如共和不如君主立憲、共和在中國無源頭可尋、中國人民程度不適合共和，共和選舉容易混亂等問題。〔註35〕

　　可見陳獨秀為應對政治混亂非常關注，然後他引進的民主思想也是針對袁氏當國致使「國權壓到民權」現象的批判。他說：

>　　近世國家主義，乃民主的國家，非民奴的國家。民主國家，真國家也，國民之公產也。以人民為主人，以執政為公僕者也。民奴國家，偽國家也。執政之私產也，以執政為主人，以國民為奴隸者也。真國家者，犧牲個人一部分之權利，以保全體國民之權利也。偽國家者，犧牲全體國民之權利，以奉一人也。民主而非國家。吾不欲青年耽此過高之理想，國家而非民主，則將與民為邦本之說背道而馳。若惟民主義之國家，固吾人財產身家之所託。人民應有自覺自重之精神毋徒事責難於政府。若期期唯共和國體是爭，非根本之計也。〔註36〕

　　這裡陳獨秀強調民主國家是真正的國家，不會犧牲全體人民之權利供一個人揮霍，相反偽國家是犧牲全體人民的權利供於一個人。「以奉一人」可以暗指對袁世凱一人專權的不滿。《新青年》初期陳獨秀的重要助手高一涵也在政論文章針對現實批判專制，並且比陳獨秀更加明顯。

　　高一涵在〈共和國家與青年之自覺〉中開篇就針對當時「國體問題」說：「近者討論國體之聲，震驚中外，餼羊僅存之共和名號，尚在動搖未定之秋。斯篇之論，似不可續然。國體之變更與否，乃形式上之事。不佞所論乃共和

〔註33〕陳獨秀，〈國內大事記‧國體問題〉，《青年雜誌》第一卷第二號，1915 年 10月 15 日。
〔註34〕陳獨秀，〈帝制延期通告〉，《青年雜誌》第一卷第六號，1916 年 2 月 15 日。
〔註35〕陳獨秀，〈通信〉，《青年雜誌》第一卷第一號，1915 年 9 月 15 日。
〔註36〕陳獨秀，〈今日之教育方針〉，《青年雜誌》第一卷第二號，1915 年 10 月 15 日。

國民之精神，政府施政之效，其影響不逾乎表面之制度」。〔註37〕但是政治實質之變更在於大多數國民之心理，不在政治的形式。

　　高一涵對當時的祭孔現象進行了批評：「乃今者於古無神權之國中，倏有祭天典禮，比隆於古之帝王。某氏賢者也，竟有『郊天典禮與政治思想之關係』。一篇皇皇大文，載之京報，盛稱神權政……吾國人其狂易邪，何以國家思想，固猶在太古以上也。最近政象之支離，豈盡執政之咎哉，曲學阿世之士，蓋自反乎」。〔註38〕

　　這裡高一涵借古諷今，對以往的神權國家的批判，來鞭撻當時袁世凱祭祀孔子以稱皇帝，文中的「某氏」顯然指的就是袁世凱。這樣的指稱高一涵之前也有表明「專制國家，其興衰隆替之責，專在主權者一身。共和國家，其興衰隆替之責，則在國民之全體。專制國家，建築於主權者獨裁之上，故國家之盛衰，隨君主之一身為轉移。共和國家，本建築於人民輿論之上，故國基安如泰山而不虞退轉」。〔註39〕

　　此處的「專制國家」、「專在主權者一身」、「建築於主權者獨裁之上」都是指陳袁世凱個人專制，不顧全體國民利益。隨後又認為：

> 今吾國之主張國家主義者，多宗數千年前之古義，而以損己利
> 國為主。以為苟利於國，雖盡損其權利以至於零而不惜。推厥旨歸，
> 蓋以國家為人生之蘄向，人生為國家之憑藉。易詞言之，即人為國
> 家而生，人生之歸宿，即在國家是也。人生離外國家，絕無毫黍之
> 價值。國家行為茫然無限制之標準，小己對於國家絕無並立之資格。
> 而國家萬能主義，實為此種思想所釀成。〔註40〕

　　此處「今吾國之主張國家主義者，多宗數千年前之古義，而以損己利國為主」就是暗指當時國權之上的現象，因而這樣的國家不能作為人生的歸宿，因為「小己對於國家絕無並立之資格」，人民沒有任何自由權利可言。

　　當時在美國的胡適因為沒有言論自由的限制，更加肆無忌憚地反對袁世

〔註37〕高一涵，〈共和國家與青年之自覺〉，《青年雜誌》第一卷第二號，1915 年 10 月 15 日。

〔註38〕高一涵，〈近世國家觀念與古相異之概略〉，《青年雜誌》第一卷第二號，1915 年 10 月 15 日。

〔註39〕高一涵，〈共和國家與青年之自覺〉，《青年雜誌》第一卷第一號，1915 年 9 月 15 日。

〔註40〕高一涵，〈國家非人生之歸宿論〉，《青年雜誌》第一卷第四號，1915 年 12 月 15 日。

凱稱帝。從胡適的日記中可以看出胡適在美國是密切關注國內帝制復辟的政
治局勢的。他在 1915 年〈論袁世凱將稱帝〉一文中就對袁氏專權大加抨擊,
主張民主政治:

> 採用皇帝之頭銜將強化袁先生之獨裁統治者乎?或者,袁先生
> 拒絕稱帝將給中國帶來更多的民主乎?余之回答是:否。因為按照
> 現行憲法,可以保險地說,除凱撒和沙皇外,中華共和國總統擁有
> 之權力,要比世界上其他任何一個統治者大得多。余並非虛言,而
> 是卻有把握。據說,古德諾教授對現行憲法之制定不無影響。依照
> 此憲法,總統代表國家,有權召集和解散立法院,有權在立法院提
> 議立法和提呈預算,有權簽署法律,有權頒布相當於國家法律之法
> 令,有權宣戰締和,有權任命文武官員,有權赦免或減刑,總統還
> 兼任陸軍和海軍總司令,總統還有權接見各國大使和大臣,有權與
> 外國簽訂條約。在這張這長長的政府權力單上,一個君主頭銜還能
> 在其上再添加些什麼呢?
>
> ……
>
> 少年中國正在為中國建立真正之民主而努力奮鬥。它相信民主;
> 而且相信:通向民主之唯一道路即是擁有民主。統治是一門藝術,
> 照此,統治需要經過實踐之鍛鍊。倘若余不開口說英語,那余決學
> 不會講英語。倘若盎格魯-撒克遜人從不實行民主,那他們決不會擁
> 有民主……少年中國認為,恰恰因為中國不曾有過民主,所以她現
> 在必須擁有民主。少年中國認為,倘若第一個中華共和國之壽命更
> 長一些,那麼此時中國之民主將會有一個相當紮實的基礎了。〔註41〕

當他知道袁世凱稱帝失敗之後死去,胡適高興地說袁氏的死讓人拍手稱
快,最痛恨袁世凱「坐失機會」。袁世凱推翻戊戌變法,導致庚子之難,讓二
十年來精神財力耗於內鬥。袁氏不善於利用南方人支持、列強之贊助,只知道
圖私人利益,打壓異己。〔註42〕對比本文第二節可知,胡適對袁世凱的觀察可
謂切中時弊。

由上可知《新青年》知識群體中重要成員陳獨秀、胡適、高一涵等人是很
關注當時政治,並且他們為了反對帝制,捍衛共和政體將希望寄予青年人身

〔註41〕胡適,《胡適留學日記》(合肥:安徽教育出版社,1999),頁 180～184。
〔註42〕胡適,《胡適日記全集》(第二冊)(臺北:聯經出版公司,2004),頁 339～340。

上。所以我們在翻閱《新青年》時除了看到他們很注重自由權利外，還很注重青年的精神塑造。

這也是後來研究者經常批評的，有不少論者用「高調民主觀」和「低調民主觀」批判《新青年》的民主觀過於「高調」，〔註43〕或者認為過於激進。〔註44〕在說到「自由」時則批評它是積極自由的，提倡「小我」時仍然不忘「大我」，〔註45〕也有論者將陳獨秀、高一涵、胡適等人注重精神之我與後來毛澤東（1893～1976）的「精神個人主義」相串聯，認為共產主義、文化大革命「有關人的神話的觀念，基本來自五四啟蒙運動」。〔註46〕

但是這些批判都忽略當時的語境，在當時復辟的浪潮下，為捍衛共和憲政這種「高調」是有必要的。而所謂的激進與保守也是相對而言的，從對中國傳統文化的批判上新文化人是「激進」的，但是從保衛共和政體的角度來說是保守的。對於共和國而言，袁世凱、張勳、康有為（1858～1927）等人慾顛之而後快，是真正的激進主義者，因為他們要恢復君主制。「陳獨秀等新文化人，作為共和憲政維穩工程的添磚加瓦者，他們是補臺而不是拆臺，是建設而不是破壞，屬典型的政治上的保守主義者」。〔註47〕

至於論者們另外一個所詬病的「大我」（「大己」）問題，同樣要注意到新文化人論述的語境。陳獨秀在給青年修飾法則的第三條「進取的而非退隱的」就說：「當此惡流弊奔進之時」需要不退隱、能競爭，「排萬難而前行」之人，「人之生也，應戰勝惡社會而不可為惡社會所征服，應超出惡社會進冒險苦鬥之兵，而不可逃逐惡社會，做退避安閒之想」。〔註48〕

此後也表明「吾國衰亡之現象，何只一端，而抵抗力之薄弱為最深最大之

〔註43〕張灝，〈中國近代轉型時期的民主觀念〉，《幽暗意識與民主傳統》（北京：新星出版社，2006），頁228～238；高力克，《求索現代性》（杭州：浙江大學出版社，1999），頁26～28；黃克武，〈近代中國轉型時代的民主觀念〉，《中國近代思想的轉型時代》（臺北：聯經公司出版公司，2007），364～375。

〔註44〕周麗卿，《探索現代中國的政治轉型：〈新青年〉與民初的政治、社會思潮》（臺北：學生書局，2016），頁165～167。本文思路上受此書的啟發較多，但是部分觀點不能苟同。

〔註45〕高力克，《求索現代性》（杭州：浙江大學出版社，1999），頁39。

〔註46〕張灝，〈扮演上帝：20世紀中國激進思想中人的神話〉，《幽暗意識與民主傳統》（北京：新星出版社，2006），頁252～267。

〔註47〕商昌寶，〈直面批判，正本清源：再為五四新文化運動辯護〉，《名作欣賞》2015年第34期（太原，2015），頁67。

〔註48〕陳獨秀，〈敬告青年〉，《青年雜誌》第一卷第一號，1915年9月15日。

病根。退縮苟安鑄為民性,勝笑萬國」「吾人所第一痛心者乃在抵抗力薄弱」
「全國人民以君主之愛憎為善惡,以君主之教訓為良知,生死予奪,惟一人意
是從,人格喪亡,異議杜絕,所謂綱常大義,無所逃於天地之間,而民德民治
民氣掃地盡矣」。〔註49〕

　　想改變當前這種「人格喪亡」「抵抗力薄弱」的衰象,國人必「須知奮鬥
乃人生之職」,以熱血滌蕩之,「訓練青年,當如身心惡如鋼鐵,卡內基有言曰
遇難而退遇苦而悲者,皆無能之人也」「美利堅力戰八年而獨立,法蘭西流血
數十載而成共和,此皆吾民之師資。幸福事功,莫由幸之世界一戰場,人生一
惡鬥。一息尚存,絕無逃遁苟安之餘地。處順境而驕,遭逆境而餒者,皆非豪
傑之士也,外境之降虜已耳」。〔註50〕

　　顯然,對於當時袁世凱一人專制,國民麻木不仁,不知進取,不知共和為
何物的情境下,必然是用精神之我「大我」進行破除。

　　高一涵在〈共和國家與青年之自覺〉中就針對性地說:

　　　　秋風蕭瑟,霖雨經旬,檻前淅瀝之聲,似有意擾吾旅人,故示
　　其變徵音節以相逼。東瀛秋節。風惡潮洶,固時予人以可怖。然大
　　抵多倏起倏落,從未有掀天撼地,相逼而來者,今年何年,胡乃變
　　態若此,誠有令人不寒而慄者矣。乃返瞻故國,蕭牆之內,隱伏干
　　戈,激變挑釁,無所不至,一若鷸蚌不久相持,即無以惠彼漁人者。
　　彼行尸走肉之輩,原無足責。獨怪吾輩活潑青年,本自居於國家主
　　人之列,放主人之職而不盡,是謂暴棄。要知今年今日,絕非吾人
　　所能自暴自棄之時。今日之變,非但國體之良否問題,實為國家之
　　存亡關鍵。他日或可旁觀,此日則斷不容袖手。他人或可貸責,吾
　　輩則斷不能少卸仔肩。此不佞所以再四叮嚀,苦口忠告者也。前此
　　二篇,乃吾青年之對於國家社會也,當思發揮其實以副之。此篇之
　　旨,則吾青年自今以往,當思所以立身處己之道。故此後所陳,皆
　　就原理往例以為言。俟讀者之自覺焉耳。〔註51〕

　　在〈讀梁任公革命相續之原理論〉又說:

　　　　朔風告急,警變時傳,眷懷故都,余心戚戚。寄學異邦,頻遭

〔註49〕陳獨秀,〈抵抗力〉,《青年雜誌》第一卷第三號,1915 年 11 月 15 日。
〔註50〕陳獨秀,〈抵抗力〉,《青年雜誌》第一卷第三號,1915 年 11 月 15 日。
〔註51〕高一涵,〈共和國家與青年之自覺〉,《青年雜誌》第一卷第三號,1915 年 11
　　　月 15 日。

激刺，國有佳音，聞之而情舒色喜者，每視在國時為尤切。予自留東以來，每日課餘，必檢讀此邦新聞三數種。凡記載吾國事者，必盡覽而不遺。〔註52〕

在這樣危急情勢下，各個黨政忙於為自身利益鬥爭下，必寄託青年。「欲改造吾國民之德知，俾之脫胎換骨，滌蕩其染於專制時代之餘毒，他者吾無望矣，惟在染毒較少之青年，其或有以自覺，此不佞之所以專對我菁菁莪莪之青年而一陳其忠告也」。〔註53〕

故膽之為用專在危急存亡之秋，過此以往將無用武之地。今者吾國險象，迭見環生，為有史以來所未見。時之所以鍛練玉成吾人之膽者。委曲周至，吾人須知魔力橫生，強鄰虎視，在皆為吾人試膽之時。語曰英雄造時勢，時勢何以造以膽造之青年第一秘訣要以時勢危急，為吾人練膽之資不得因時局垂危。遂生喪膽之象，故自今以往。吾國時勢，誠為吾人練膽之第一好機也。〔註54〕

同樣地，《新青年》其他作者在肯定「大我」的作用時也是針對特定危急情勢的。

易白沙（1886～1921）就說：

挽近民聽不鈞，大盜崛起，聖智之禍，橫於九隅，廉恥之維，絕於四境。天下士夫，各喪其我。雖有起居，木偶之踊躍耳，有司其機枯者在。雖有語言，留音器之發聲耳。有司其譬欬者存，魂魄離散。蕪薆愁苦，日暮塗窮，倀然無所歸宿。今之所述，類當招魂。詩曰天之方蹶，無為夸毗，夸毗者失魂之謂也。〔註55〕

高語罕（1888～1948）也說：

英人甄克思曰：「國於天地，必求自存」。語曰「民為邦本，本固邦寧」。由前之說，知吾國當此內憂外患紛乘之時，必求所以自存之道。由後之說知吾國欲求自存，必須求之國民自身。雖然，吾國

〔註52〕高一涵，〈讀梁任公革命相續之原理論〉，《青年雜誌》第一卷第四號，1915年12月15日。

〔註53〕高一涵，〈共和國家與青年之自覺〉，《青年雜誌》第一卷第一號，1915年9月15日。

〔註54〕高一涵，〈共和國家與青年之自覺〉，《青年雜誌》第一卷第三號，1915年11月15日。

〔註55〕易白沙，〈我〉，《青年雜誌》第一卷第五號，1916年1月1日。

之民眾矣，老者血氣既衰，殆如秋草斜陽，萎謝之期將至。幼者年
力未壯，方似春芽初發，鬱茂之日尚早。而國勢危亡，迫不及待，
求於此十年之內，能以卓自樹立，奮發為雄，內以刷新政治，鞏固
邦基，外以雪恥禦侮。振威鄰國，則捨我青年誰屬。〔註56〕

李大釗亦曰：

　　吾華自辛亥首義，癸丑之役繼之，喘息未安，風塵兩洞，又復
傾動九服，是亦欲再造其神州也。而在是等國族，凡以沖決歷史之
桎梏，滌蕩歷史之積穢，新造民族之生命，挽回民族之青春者，固
莫不惟其青年是望矣。〔註57〕

　　明白於乎，就不會濫用伯林（Isaiah Berlin，1909～1997）關於「積極自
由」（「去做⋯⋯的自由」）和「消極自由」（「免於⋯⋯的自由」）的劃分作為
評判標準，來過度貶低積極自由。在當時情境下如果只顧私人領域的自由（這
樣的自由開明的君主專制也可能給予，雖然這個制度是野蠻或不公正的），對
政局冷漠，那麼恰恰袁世凱、張勳暗中歡迎的。

　　如此，我們就會對《新青年》同人的積極自由抱有瞭解之同情的心態，高
一涵所言：「志在共和，共和未得，故身可捐而志不可違也，彼不知犧牲今日
之身家，即無由致國家於安寧鞏固之域，而有以保護其神聖自由也⋯⋯夫志
者，理義既明，定其正鵠，以為赴之的者也。膽者，鼓其豪興，以赴前途，無
所於懼，無所於恐者也」。〔註58〕

　　易白沙曾說的：「個體之小我亡，而世界之大我存」、「去軀殼之我，留
精魂之我」。並且他隨後還了以孟德斯鳩（Montesquieu，1689～1755）、盧梭
（Jean-Jacques Rousseau，1712～1778）、邊沁、斯賓塞（Herbert Spencer，
1820～1903）、斯密（Adam Smith，1723～1790）、密爾（John Stuart Mill，
1806～1873）等人為例來說明他們以積極之我奉獻於人類，認為「西方哲人，
所以能造化世界，造化國家者無它，各自尊重其我而已」。〔註59〕

　　高語罕的：「吾國民首須具有政治常識，次須合群之能力⋯⋯吾青年當進
德修業之時，正為世儲才之際，知其障礙而去之，識其究竟而皈之，明其責任

〔註56〕高語罕，〈青年與國家之前途〉，《青年雜誌》第一卷第五號，1916 年 1 月 1 日。
〔註57〕李大釗，〈青春〉，《新青年》第二卷第一號，1916 年 9 月 1 日。
〔註58〕高一涵，〈共和國家與青年之自覺〉，《青年雜誌》第一卷第三號，1915 年 11
　　　　月 15 日。
〔註59〕易白沙，〈我〉，《青年雜誌》第一卷第五號，1916 年 1 月 1 日。

而負之」。〔註60〕

李大釗的：「不僅以今日青春之我，追殺今日白首之我，並宜以今日青春之我，豫殺來日白首之我，此固人生唯一之蘄向，青年唯一之責任也矣」。〔註61〕

都是為了號召青年，用積極自由作為手段捍衛當時的共和政體，使得所提倡的自由權利不流為空言。在國家危機時刻「『積極自由』功在破舊，它賦予人們衝破專制樊籬的理念動力」，同時有消極自由作為制約，「教會人們認識事情的限度，防止以暴易暴」。〔註62〕

如此，《新青年》的「大我」與「小我」、「大己」與「小己」與其說是對立的，毋寧說是互補的。即便是在西方，其低調的自由主義秩序的形成，也恰恰是具有強烈宗教熱情的清教徒創立的。〔註63〕

四、反孔教中爭「自由」

《新青年》以「民主（惟民主義）」、「積極自由」抗衡袁世凱復辟帝制，而現代公民應享有的一些最基本的自由權利如信仰自由、言論自由、思想自由、戀愛自由等則在反對孔教運動中凸顯。與復辟帝制相伴隨的是文化復古，尊崇孔教，大力提倡三綱五常，在袁世凱尊孔運動下形成一種輿論強勢。〔註64〕

1912 年 10 月 7 日孔教會在上海成立，孔教會旨在昌明孔教，救濟社會，創辦了《孔教會雜誌》、《不忍雜誌》。

從 1913 年到 1914 年孔教會的總部、分會、支會達到 140 多個，遍布國內外許多地區。各種孔道會、宗聖會、孔社等尊孔復古組織打著「統一」、「正名」的旗幟，1913 年 6 月袁世凱發布「尊孔」令，提出根據古義，將祭祀孔子「折衷至當，詳細規定，以表尊崇，而垂久遠」。〔註65〕

1913 年 8 月，陳煥章（1880～1933）、梁啟超等人上書國會，要求憲法中明定孔教為國教之後，正式拉開孔教運動的序幕。9 月 23 日，憲法起草委員陳銘鑒提議，經起草委員汪榮寶（1878～1933）、朱兆莘（1879～1932）、王敬

〔註60〕高語罕，〈青年與國家之前途〉，《青年雜誌》第一卷第五號，1916 年 1 月 1 日。
〔註61〕李大釗，〈青春〉，《新青年》第二卷第一號，1916 年 9 月 1 日。
〔註62〕卞悟，〈烏托邦與強制〉，《二十一世紀》1998 年 10 月號（香港，1998），頁 18。
〔註63〕秦暉，《傳統十論》（上海：復旦大學出版社，2004），頁 234。
〔註64〕周麗卿，《探索現代中國的政治轉型：〈新青年〉與民初的政治、社會思潮》（臺北：學生書局，2016），頁 48。
〔註65〕郭世佑等，〈辛亥革命後的社會環境與孔教運動〉，《江蘇社會科學》2004 年第2 期（南京，2014），頁 104。

芳（1876～？）等六人聯署，正式向憲法起草委員會提出於憲法中明定孔教為國教。

1913 年 10 月 31 日，《天壇憲法草案》三讀會通過時規定：「國民教育，以孔子之道為修身大本」。1914 年 2 月 7 日袁世凱曾下令規復祭孔典禮，〔註66〕1914 年 9 月 28 日袁世凱率領文武百官到北京孔廟行三跪九叩大禮，為其復辟帝制做準備。

1916 年袁世凱稱帝失敗之後，國會召開憲法會議，陳煥章等人再次請願要求定孔教為國教，孔教派幾乎極盡其所能：在中央，組成「國教維持會」，大肆鼓吹定孔教為國教；在地方，則依靠地方實力派的支持，向國會頻頻施加壓力。

1917 年 2 月 7 日張勳、倪嗣沖（1868～1934）等又糾集十六省區的督軍省長致電北京政府和國會兩院，支持定孔教為國教，並威脅如果再不讓通過國教議案，就要解散國會。3 月 4 日山東、浙江、江蘇等十餘省的尊孔社團又在上海組成「全國公民尊孔聯合會」進行聲援，並派代表進京請願。5 月 14 日憲法審議會議以微弱多數否決了國教議案，這才標誌著民初以來制憲會議上的一大懸案終於得到了解決。〔註67〕

這種倒行逆施的文化復古嚴重威脅著當時的共和政體，因而陳獨秀等人在《新青年》上發表了許多文章，來反對孔教運動，提倡思想要自由多元，不能定於一尊。

陳獨秀在〈駁康有為致總統總理書〉中痛斥康有為等人不知珍惜來之不易的民主共和政體，「康先生復於別尊卑，重階級，事天尊君，歷代民賊所利用之孔教，銳意提倡。一若惟恐中國人之『帝制根本思想』或至變棄也者」「然中國人腦筋不清，析理不明，或震其名而惑其說，則為害於社會思想之進步也甚鉅，故不能已於言焉」。〔註68〕

定孔教為一尊，使得君權與教權相互勾連，強迫別人信教，嚴重破壞信教自由。「信教自由，已為近代政治之定則。強迫信教，不獨不能行之本國，且

〔註66〕鄧小站，〈儒學的危機與民初孔教運動的起落〉，《中國文化研究》2018 年冬季卷（北京，2018），頁 24～28。

〔註67〕張衛波等，〈民初孔教運動興衰的歷史考察〉，《船山學刊》2006 年第 1 期（長沙，2006），頁 129。

〔註68〕陳獨秀，〈駁康有為致總統總理書〉，《新青年》第二卷第二號，1916 年 10 月 1 日。

不能施諸被征服之屬地人民」「欲以孔教專利於國中，吾故知其所得於近世文明史政治史之知識必甚少也」。〔註69〕

在〈憲法與孔教〉中再次重申：「『孔教』本失靈之偶像，過去之化石，應於民主國憲法，不生問題。只以袁皇帝干涉憲法之惡果，天壇草案，遂於第十九條，附以尊孔之文，敷衍民賊，致遺今日無謂之紛爭。然既有紛爭矣，則必演為吾國極重大之問題。其故何哉？蓋孔教問題不獨關係憲法，且為吾人實際生活及倫理思想之根本問題也」。〔註70〕

憲法應當保護個人宗教信仰之自由，反對思想專制。「所謂宗教信仰自由者，任人信仰何教，自由選擇，皆得享受國家同等之待遇，而無所歧視」。〔註71〕

憲法不能將孔教定於一尊，蔑視它教，這樣既破壞個人信仰自由亦破壞其他各教同等之自由，「憲法者，全國人民權利之保證書也，絕不可以雜以優待一族一教一黨一派」，「堂堂國憲，強全國之從同，以阻思想信仰之自由，其無理取鬧，寧非奇談」。〔註72〕

「西洋所謂法治國者，其最大精神，乃為法律之前，人人平等，絕無尊卑貴賤之殊。雖君主國亦以此為主憲之正軌，民主共和，益無論矣。然則共和國民之教育，其應發揮人權平等之精神，毫無疑義」。〔註73〕

在〈孔子之道與現代生活〉中再言：孔教嚴重妨礙個人自由獨立，認為個人人格獨立與個人財產獨立相輔相成、相互驗證，「西洋個人獨立主義乃兼備倫理經濟二者而言，尤以經濟上個人獨立主義為根本也」。〔註74〕

孔教主張「『婦人者，伏於人者也』；『內言不出於閫』；『女不言外』之義」，使得婦人參政運動不能實行。孔教不允許女子重嫁，「以家庭名譽之故，強制其子媳孀居。不自由之名節，至淒慘之生涯，年年歲歲，使許多年富有為之婦女，身體精神俱呈異態者」。〔註75〕

孔教的男女不雜，男女授受不親，使得男女不能自由交往、自由戀愛，女子無法獨立。道德不是一成不變的，「其必以社會組織生活狀態為變遷，非所

〔註69〕陳獨秀，〈駁康有為致總統總理書〉，《新青年》第二卷第二號，1916 年 10 月 1 日。

〔註70〕陳獨秀，〈憲法與孔教〉，《新青年》第二卷第三號，1916 年 11 月 1 日。

〔註71〕陳獨秀，〈憲法與孔教〉，《新青年》第二卷第三號，1916 年 11 月 1 日。

〔註72〕陳獨秀，〈憲法與孔教〉，《新青年》第二卷第三號，1916 年 11 月 1 日。

〔註73〕陳獨秀，〈憲法與孔教〉，《新青年》第二卷第三號，1916 年 11 月 1 日。

〔註74〕陳獨秀，〈憲法與孔教〉，《新青年》第二卷第三號，1916 年 11 月 1 日。

〔註75〕陳獨秀，〈孔子之道與現代生活〉，《新青年》第二卷第四號，1916 年 12 月 1 日。

謂一成而萬世不易者也。吾願世之尊孔者勿盲目耳食，隨聲附和，試揩爾目，用爾腦，細察孔子之道果為何物，現代生活果作何態」。〔註76〕

在〈再論孔教問題〉中又申明：「吾國人學術思想不進步之重大原因，乃在持論籠統，與辨理之不明。近來孔教問題之紛呶不決，亦職此故」。〔註77〕

孔道入憲法作為修身的根本大法，是為違反信教自由，但是這還不夠充分，進一步認為：「余以為各教信徒，對於政府所應力爭者，非人民信教自由之權利，乃國家待遇各教平等之權利也」「國家待遇各教，方無畸重畸輕之罪戾。各教教徒，對於國家擔負平等，所享權利，亦應平等。必如是而後教禍不醞釀於國中。由斯以談，非獨不能以孔教為國教，定入未來之憲法，且應毀全國已有之孔廟而罷其祀」。〔註78〕

孔教與復辟一唱一和，嚴重妨礙共和政體，「蓋主張尊孔，勢必立君，主張立君，勢必復辟，理之自然，無足怪者。」。〔註79〕

「我們要誠心鞏固共和國體，非將這班反對共和的倫理文學等等舊思想，完全洗刷得乾乾淨淨不可。否則不但共和政治不能進行，就是這塊共和招牌，也是掛不住的」。〔註80〕很顯然，陳獨秀是密切關注時政的，以破除孔教定於一尊來闡述思想、言論、信仰自由的。

在美國的胡適也是密切密切關注「尊孔」問題，他說近日有人提倡孔教為國教，有若干問題不能解決。大總統之命令，大肆宣揚孔教是很可笑的，「所謂非驢非馬也」。〔註81〕

他批判張勳〈請復張真人位號呈〉、〈內務部議覆呈〉，張勳固然無理，但是內務部回覆曰：「『天師』『真人』諸名號本為教中信徒特立之稱。……信教自由，載在約法，人民願沿用舊稱，在所不禁，斷無國家頒給封號印信之理」，真的這樣麼？那麼「尊孔典禮」有作何種解釋？〔註82〕

接著又批判〈袁氏尊孔令〉，認為其有七大錯誤，一是說我國政治風俗都是出自孔教，是不知孔子之前之後之其他學說。二是今天綱常名教盡廢，不是

〔註76〕陳獨秀，〈孔子之道與現代生活〉，《新青年》第二卷第四號，1916年12月1日。
〔註77〕陳獨秀，〈再論孔教問題〉，《新青年》第二卷第五號，1917年1月1日。
〔註78〕陳獨秀，〈再論孔教問題〉，《新青年》第二卷第五號，1917年1月1日。
〔註79〕陳獨秀，〈復辟與尊孔〉，《新青年》第三卷第六號，1917年8月1日。
〔註80〕陳獨秀，〈舊思想與國體問題〉，《新青年》第三卷第三號，1917年5月1日。
〔註81〕胡適，《胡適日記全集》（第一冊）（臺北：聯經出版公司，2004），頁256～257、259。
〔註82〕胡適，《胡適日記全集》（第一冊）（臺北：聯經出版公司，2004），頁528～530。

一朝一夕造成的，「豈可盡以歸咎於國體變更以後二三年中自由平等之流禍乎」。三是政體變更，禮俗隨之要變，不可保守不變。四是一面說立國精神，一面又尊孔，這很不合理。五是明明在提倡宗教，卻對此否認說絕對不是提倡孔教。六是說孔子之道，「與天無極」是大為不通。七是「為往聖繼絕學，為萬世開天平」全是空言，這樣的國家法令令人驚歎。〔註83〕

高一涵在〈一九一七豫想之革命〉中也是反對將孔子之道德由國家定為教育之根本，認為共和的國家中教育方針是任人民自由選擇，不能強迫教育淪為政治之範疇，「其違背教育主義者二：一為空間之限制，即縮小教育範圍，使僅及於現象世界中一族一國之人；一為時間之限制，即減短教育功用，便僅謀現象世界之現在幸福也」。〔註84〕

高一涵與陳獨秀一樣不是有意刁難孔子，認為不僅不能定孔子道德為教育之根本，其他宗教也是不可，「故今日所爭者，為教育大本應否規定之問題，非應否規定何人之問題也。無論何人，均不能以一教之力束縛未來人類之心思。更何有於由專制思想演繹而出之孔道」。〔註85〕

蔡元培（1868～1940）也反駁將孔子定為國教，孔子、宗教、國家各有自身的範疇，不能混為一談。孔子不成為名詞，國教也不成為一名詞，以孔教為國教，實在是行不通之語。〔註86〕並認為信仰應該有絕對自由，不容干涉。〔註87〕

常乃惪（1898～1947）同樣反對孔教定為「修身之大本」，他認為如果以孔教為大本，那麼孔教中不適合現代生活的部分會踐踏思想自由。信教自由是不能侵犯的，憲法應賦予人民信教自由，不得令人信仰一教後不能信仰它教。即「信教自由，為近世文化之根源，與定於一尊之思想，根本不能兼容……尊孔之說，無論由何點觀之，實無一是處。是故欲明孔道之真相，必其先祛尊孔與詆孔之一念，而後始得有公平之觀察」。〔註88〕

如此看來《新青年》作者群反對孔子定於一尊，為修身之大本，主張思想多元、信教自由是一致的。

〔註83〕胡適，《胡適日記全集》（第一冊）（臺北：聯經出版公司，2004），頁549～550。
〔註84〕高一涵，〈一九一七豫想之革命〉，《新青年》第二卷第五號，1917年1月1日。
〔註85〕高一涵，〈一九一七豫想之革命〉，《新青年》第二卷第五號，1917年1月1日。
〔註86〕蔡元培，〈在信教自由會之演說〉，《新青年》第二卷第五號，1917年1月1日。
〔註87〕蔡元培，〈改正自由信教之演說〉，《新青年》第三卷第一號，1917年3月1日。
〔註88〕常乃惪，〈我之孔道觀〉，《新青年》第三卷第一號，1917年3月1日。

要使得思想定於一尊，除了利用孔教之外，還必須以法律嚴密控制人民思想言論自由，《臨時約法》中的漏洞被袁世凱利用，加強對人民言論、集會、出版等自由權利的干涉，與其帝制復辟互為因果。

1912～1916 年袁世凱政府頒布一系列法令限制人民自由如《戒嚴法》、《報紙條例》等等，「二次革命」失敗以後凡是支持國民黨和革命派的報刊都被查封，籌安會興起以後進一步威逼利誘打壓報館，報紙銷售急劇下降，《報紙條例》公布之後，檢查郵電，拘捕記者，之後的督軍團造反，張勳復辟，使得言論自由再被制約。袁世凱無心共和，只想稱帝，打壓異己，有公正言論的報刊（《時事新報》、《愛國報》、《民國日報》、《甲寅》）都被查封，只有鼓吹帝制復辟的御用報紙《亞細亞報》能夠發行。〔註89〕

另外，就是與政治無關的商業報紙如《申報》等還能屹立不倒，《小說月報》等偏重複古取向得以繼續發行。〔註90〕

《新青年》中高一涵對此似乎有針對性的批判，他在〈戴雪英國言論自由之權利論〉一文中盛讚英國言論自由、出版自由的暢通無阻，「故英國言論自由，冠絕寰宇，而報章印行，全無拘束，其所膺受之自由，尤為大陸諸國至今所未嘗夢見者」。「英倫出版自由之特狀，即在將出版之事，納諸普通國法之中，吾人苟一研鑽，殆即有以明其故矣」。〔註91〕

他批評政府對言論自由的限制，認為「無論政府及其他具有勢力之人，皆無掠奪破壞著作家財物之權。惟法廷遭特別時會，為保護人民損害起見。於已經判決，認為讒謗之為者，乃可禁其一再梓行。限制其廣為販鬻，至於政府，則絕無此權焉」。〔註92〕

這類批評聯想到當時袁世凱對言論的高壓，筆者認為可以看做是對袁世凱干涉人民言論出版自由的暗中批判。

胡適更是「明目張膽」地批評袁世凱政府不允許愛國志士以和平手段改造國家，「而奪其言論出版自由，絕其生路」，逐出國門之外，除了激烈手段

〔註89〕張靜廬，《中國近代出版史料二編》（上海：群聯出版社，1954），頁 304～305。
〔註90〕周麗卿，《探索現代中國的政治轉型：〈新青年〉與民初的政治、社會思潮》（臺北：學生書局，2016），頁 52。
〔註91〕高一涵，〈戴雪英國言論自由之權利論〉，《青年雜誌》第一卷第六號，1916 年 2 月 15 日。
〔註92〕高一涵，〈戴雪英國言論自由之權利論〉，《青年雜誌》第一卷第六號，1916 年 2 月 15 日。

別無它途。黨禁不開放，國民自由就不可恢復，政府若是還如此頑固，則革命不可避免。〔註93〕

可見，《新青年》知識群體對言論自由、思想自由、信仰自由、戀愛自由等基本權利的強調是在回應時政，反對專制中建立起來的。二十世紀的中國總是對言論採取高壓制度，《新青年》、《努力週報》等雜誌不斷與之抗爭。批判政府的倒行逆施，為爭取言論思想出版自由而不懈努力。在當時具有巨大的啟蒙意義，讓公民知道自己應有的基本權利自由，即便是放在當下依然不失價值。沒有這種抗爭和現代基本政治常識的普及，「就沒有知識階層及其他國民中公民意識的覺，也不會有強大的輿論壓力」，〔註94〕使得專制也不得不裝模做樣搞憲政、談自由。

五、檢討《新青年》自由主義之缺失

以上論述了《新青年》以「民主」、「自由」來捍衛共和憲政，其本身具有巨大的作用，帝制復辟、孔教運動強化了《新青年》知識群體對自由主義的嚮往，而不是有論者認為的放棄自由主義或者說「他們的理想和模仿對象已超出西方社會」。〔註95〕

當然，這不能掩蓋它的缺失。《新青年》自由主義思想的一大缺失在於沒有充分重視政黨的作用，這與民初政治環境密切相關。當時舊王朝剛剛崩潰，普遍王權的坍塌造成了整體性的危機，人們還沒有從舊王朝破滅的「震驚」中走出來，熱鬧一時的憲政共和便走向終結。中華民國不但沒有重建社會秩序，反而加快了社會整合的危機。一個古老帝國行之有效的統治在王權覆滅後失去效應，要在短時間以內重建秩序是困難的，也是不可能的。〔註96〕如前文所

〔註93〕胡適，《胡適日記全集》（第一冊）（臺北：聯經出版公司，2004），頁537。

〔註94〕袁偉時，〈從《努力》看中國自由主義者的貢獻和失敗〉，劉青峰等編，《自由主義與中國近代傳統》（香港：中文大學出版社，2002），頁363。

〔註95〕金觀濤、劉青峰，〈五四《新青年》知識群體為何放棄「自由主義」：重大事件與觀念變遷互動之研究〉，《觀念史研究：中國現代重要政治術語的形成》（北京：法律出版社，2009），頁414、419。汪暉也認為《新青年》以文化方式激發政治，是要促成全新的政治意趣，是告別十八、十九世紀的國家政治，或對西方現代性的幻滅。參見汪暉，〈文化與政治的雙重變奏：戰爭、革命與1910年代的「思想戰」〉，《短二十世紀：中國革命與政治的邏輯》（香港：牛津大學出版社，2015），頁38～39。

〔註96〕章清，〈民初「思想界」解析〉，《近代史研究》2007年第3期（北京，2007），頁16。

言民初混亂的秩序使得相當一部分讀書人反感直接介入現實政治，反對以
「黨」相標謗，政黨形象很差。

陳獨秀不是沒有認識到了政黨的作用，他說純粹的政黨政治只有英國人
實現了，「政黨殆即國民之化身，故政治運行，鮮有隔閡。且其民性深沉，不
為已甚，合各黨於『巴力門』」，〔註97〕

但是中國政黨歲月尚淺，政黨為自身利益鬥爭，或「專利自恣，相攻無
已」，因而政黨政治不適合今日之中國。我國近年來只有黨派運動沒有國民運
動，一黨一派的運動沒有以多數國民運動為基礎，那麼「其事每不易成就，
即成就矣，而亦無與於國民根本之進步。吾國之維新也，復古也，共和也，帝
政也，皆政府黨與在野黨之所主張抗鬥，而國民若觀對岸之火，熟視而無所
容心；其結果也，不過黨派之勝負，於國民根本之進步，必無與焉」。〔註98〕

在〈吾人最後之覺悟〉中再次重申這一點：「今之所謂共和，所謂立憲
者，乃少數政黨之主張，多數國民不見有若何切身利害之感而有所取捨也。
蓋多數人之覺悟，少數人可為先導，而不可為代庖。共和立憲之大業，少數
人可主張，而未可實現」。〔註99〕

當時有人在〈通信〉欄目中特意指出過陳獨秀這種抹殺政黨政治看法是錯
誤的，認為：

> 國事前途唯一之希望，厥惟政黨，吾民政黨之觀念，極為薄弱，
> 吾人方提倡之不暇……凡勵行憲政之國家，則國之政黨，亦必以發
> 達。苟其政黨完全發達，則所謂政黨政治，必不讓英專美。政黨政
> 治者，立憲政治之極軌也。今至並世界各國，凡猶以政黨政治稱者，
> 皆學焉而未至者也，否則有特別情形者也，否則其國之政治初未上
> 憲政之軌道者也……愚則以為國民運動，與黨派運動，蓋一而二二
> 而一也。國民運動之際不可見，即見之於黨派，凡黨派之運動，即
> 國民之運動也。〔註100〕

他的見解可以補充陳獨秀認識的偏頗，但是陳獨秀依然堅持己見：

> 近世國家，無不建設在國民總意之上。各黨策略，非其比也。蓋
> 國家組織，著其文於憲法乃國民總意之表徵。於此等根本問題，倘有

〔註97〕陳獨秀，〈一九一六〉，《青年雜誌》第一卷第五號，1916 年 1 月 1 日。
〔註98〕陳獨秀，〈一九一六〉，《青年雜誌》第一卷第五號，1916 年 1 月 1 日。
〔註99〕陳獨秀，〈吾人最後之覺悟〉，《青年雜誌》第一卷第六號，1916 年 2 月 15 日。
〔註100〕汪叔潛，〈通信〉，《新青年》第二卷第一號，1916 年 9 月 1 日。

異見，勢難並立。過此以往，始有政見之殊，階級之別，各樹其黨。即政黨成立以後，黨見輿論，亦未可始終視為一物。黨見乃輿論之一部分而非全體，黨見乃輿論之發展而非究竟。從輿論以行庶政，為立憲政治之精神。蔑此精神，則政乃苟政，黨乃私黨也。歐、美立憲國之不若英倫以政黨政治稱者，以其政黨不若英倫兩大政黨均得國民之半數也。謂其政黨不進化則可，謂其政治不進化，且斥以未上憲政軌道，恐非確論。憲政實施有二要素：一曰庶政公諸輿論，一曰人民尊重自由。否則雖由優秀政黨掌握政權，號稱政黨政治則可，號稱立憲政治則猶未可。以其與多數國民無交涉也。〔註101〕

陳獨秀可能不知道「多數國民總意」沒有多黨競爭是不可能有效表達的，雖然他認識到言論自由的重要性。正如袁偉時所言現代政黨政治的規則之一便是尊重少數黨的權利，否則「多數國民總意」無法表達。而且在沒有多黨競爭的格局之下，「多數國民總意」往往會被利用，以所謂的「總意」之名，行專制之實，剝奪少數人的自由權利。民初的政黨正如陳獨秀所言少數人（軍閥和政客）支配，但是正是因為如此才更要普及政黨知識，推動政黨政治走向軌道，逐步取代軍閥和政客。打倒軍閥所要的條件很多，普及現代政黨知識無疑是條件之一。〔註102〕

陳獨秀對現代政治的認識恰恰沒有這些，〔註103〕《新青年》作者群中的

〔註101〕陳獨秀，〈通信〉，《新青年》第二卷第一號，1916年9月1日。

〔註102〕袁偉時，《告別中世紀：五四文獻選粹與解讀》（廣州：廣東人民出版社，2004），頁25。韋伯曾認為通過民眾輿論爭取民心不僅僅是民主政治的特點，也往往是君主和獨裁者的特點。輿論可以被利用作為敵對政府部門相互攻擊的武器，蠱惑人心也是軍事獨裁制常用的手段。大眾的「總意」可以被突發的或者非理性的方式煽動，造成廣場狂歡或獨裁崇拜。而大眾「總意」要通過有規則、有紀律的方式鼓動，則必須「鼓動的利用要透過政黨引進合法行使選舉權力中，或引入大眾的組織中去」。可見政黨於現代政治的重要性。參見貝頓著、徐鴻賓等譯，《馬克斯·韋伯與現代政治理論》（臺北：久大文化股份有限公司出版，1990），頁108。

〔註103〕這一點陳獨秀在晚年才認識到，在〈我的根本意見〉就說：「民主主義是自從人類發生政治組織，以至消滅之間，各時代（希臘、羅馬，近代以至將來）多數階級的人民，反抗少數特權之旗幟」。無產階級民主不是空洞的，也是要求一切公民有集會、結社、言論、出版、罷工之自由。特別是反對黨派之自由，沒有這些，議會或蘇維埃同樣一文不值。參見陳獨秀，〈我的根本意見〉，吳曉明選編，《德賽二先生與社會主義：陳獨秀文選》，（上海：遠東出版社，1994），頁402。這裡陳獨秀特別強調反對黨的作用，似乎是對以往認識偏頗

政論文章都沒有這一點，連學政治哲學、對「自由、民主、憲政、法治」認識相當深刻的高一涵也幾乎沒有提這一點。

沒有認識到政黨政治之重要或沒有組織一個強有力的政黨，這一點似乎是中國近代自由主義者的一個通病，《新青年》知識群體在 1920 年代分裂後，自由主義知識分子所辦的《努力週報》也沒有組黨。不過，比陳獨秀進步一點的是，胡適等人認識到現代政黨的作用了，胡適在《努力》上回答讀者疑難時就說大家都讓我組黨，這是對的。但是我覺得此時最大的需要還是在於宣傳。國會恢復了之後，政黨政治自然回來，此時以及最近的將來我們都應該處於監督、評判的地位。〔註 104〕

在〈政論家與政黨政治〉中又認為服從政黨的政論家是政黨的鼓吹者，表率政黨的政論家，精神超出政黨之上，監督政黨的政論家是「超然」的獨立論，立於各黨派之上，做「調解、評判與監督」，社會不能沒有一個超然的政論。這種超然的政論可以發生效力、影響各黨的政策，包括造輿論（讓當權者、在野黨都要重視它，女子參政，勞工立法在英美都是這樣加入政治黨綱中去的）、造成多數的獨立選民（這些選民依據政黨優劣而變化，英美兩國這樣的獨立選民成為左右政治的關鍵）。中國今日最大的需要是「獨立的政論家」，超然的政論、獨立的政論不是麻木的政論，不是是非不分明的政論。〔註 105〕但是縱觀胡適一生也沒有組織出一個有效的政黨，只是停留在口頭上，是「調解、評判與監督」之地位。

《新青年》自由主義思想的另一個缺陷在於，對「積極自由」可能存在的危險性幾乎沒有認識。筆者在上文中曾經為《新青年》的「積極自由」傾向做過辯護，但是「積極自由」必須有「消極自由」來界限才可以不至於劍走偏鋒、誤入歧途。而近代中國是處於一個半舊半新、亦舊亦新，交歧互滲的「過渡時代」，〔註 106〕各種西方思潮不斷湧來，讓時人消化不良。蔣夢麟就說：

特意糾正。

〔註 104〕 胡適，〈《關於我們的政治主張》之討論〉，《胡適文集 3・胡適文存二集》（北京：北京大學出版社，2013），頁 310～317。

〔註 105〕 胡適，〈政論家與政黨政治〉，《胡適文集 11・時論集》（北京：北京大學出版社，2013），頁 65～67。

〔註 106〕 羅志田，〈過渡時代讀書人的困惑與責任〉，《權勢轉移：近代中國的思想、社會與學術》（北京：北京師範大學出版社，2014），頁 155。

> 由華東沿海輸入的西方文化，卻如潮湧至，聲勢懾人；而且是
> 在短短五十年之內湧到的……要想吸收這種文化，真像一頓要吃好
> 幾天的食物。如果說中國還不至於脹得胃痛難熬，至少已有點感覺
> 不舒服。因此中國一度非常討厭西方文化，她懼怕它，詛咒它，甚
> 至踢翻飯桌，懊喪萬分地離席而去。結果發現飯桌仍從四面八方向
> 她塞過來。〔註107〕

近代西方思潮就是這樣走進中國，中國人對此不能進行很好的把握，往往對其進步性還沒有充分認知，對其批判就紛至沓來。〔註108〕

在這種大轉變、多變動的背景下，「消極自由」對「積極自由」界限不具有穩定性和持久性。一旦「消極自由」被抽空，「積極自由」就有可能被專制者利用作惡，只強調「大我」，忽視乃至無視「小我」，消滅自由權利。造成「自由自由，多少罪惡假汝之名以行」。不僅僅是「自由」，包括「民主」、「平等」、「自由秩序」以及前面提到「國民總意」都有類似的可能，這就是「積極自由」與「消極自由」的矛盾。〔註109〕

即便是在西方「自由主義」秩序也不是一帆風順的，有論者就認為「從1914年到1945年，這個歐洲卻被摧毀成灰。一個更有秩序的歐洲在20世紀下半葉出現了，熠熠發光，目標卻不鬆散。由於戰爭、佔領、邊界調整、驅逐、種族滅絕。使得每一個人現在幾乎都生活在自己的國家、自己的民族中間」「比過去更清楚的是，戰後歐洲的穩定局面有多少是依賴約瑟夫·斯大林和阿道夫·希特勒的成就。在他們之間，由於戰時與佔領者合作的人的協助，獨裁者們炸平了人口中心，在那時就奠定了新的、不那麼複雜的歐洲大陸基礎」。〔註110〕

可以看到自由主義秩序在歐洲也會造成惡果，「自由主義」觀念正確未必

〔註107〕 蔣夢麟，《西潮》（臺北：世界書局，1962），頁256。

〔註108〕 羅榮渠，《現代化新論》（北京：商務印書館，2004），頁398。例如陳獨秀在1921年就拋棄個人主義，認為「中國人民簡直是一盤散沙，一堆蠢物，人人懷著狹隘的個人主義，完全沒有公共心，壞的更是貪賄賣國，盜公肥私，這種人早已實行了不愛國主義」。參見陳獨秀，〈隨感錄·一二二〉，《新青年》第九卷第三號，1921年7月1日。

〔註109〕 秦暉，〈二十一世紀全球化時代的馬克思遺產〉，《二十一世紀》2018年6月號（香港，2018），頁8。

〔註110〕 託尼·朱特著、林驤華等譯，《戰後歐洲史（第一卷）》（北京：新星出版社，2010），頁8～9。

就能有預期的結果。

韋伯（Max Weber，1864～1920）曾認為「善果者，惟善出之；惡果者，惟惡出之」是不對的，是不符合實際的。世界史進程、日常經驗都「指出真相正好相反」。「真實的情況不是『善果者惟善出之，惡果者惟惡出之』，而是往往恰好相反。任何不能理解這一點的人，都是政治上的稚童」。〔註111〕

這麼責難，難免帶有一點「後見之明」，已經超出了《新青年》作者群的認知範圍。而且以後的思潮如前面而言是多變的，一個人的思想往往又具有混雜性，「積極自由」不一定就能造成現實災難。但是它潛在的危險則需要我們後世研究者去警惕。

六、結　語

本文主要探討《新青年》在 1915～1917 年之間的自由主義思想，《新青年》同人目睹了民初混亂的政局後，決定從思想文化啟蒙的角度為中國變革打下一個堅固的社會基礎。其自由主義思想與時代緊密相關聯，以「民主」、「積極自由」反對袁世凱「國權」、「專權」，捍衛了共和憲政。在看到《新青年》自由主義思想成功的同時，也應注意到其失敗之處即沒有充分認識到政黨的作用和「積極自由」可能存在的危險性。十月革命和一戰以後在更加澎湃洶湧的時代浪潮中，《新青年》的自由主義思想與時政的互動如何？其走向如何？影響何處？成功又在何處？又有怎樣的失敗？這都是在下一篇文章中需要進一步探討。

〔註111〕馬克斯・韋伯著、馮克利譯，《學術與政治》（北京：三聯書店，2016），頁110。

自由的商榷

　　新文化運動的知識分子對民主、自由的基本內涵之理解還是比較正確的，尤其是在運動初期。「民主」是用來反對帝制復辟的，「科學」是針對孔教運動的。並且「民主」、「自由」、「科學」在被提倡時沒有出現「超穩定結構」中所說的價值逆反而走向另一種極端。

　　五四時期主流的自由主義思想，並不是「日本式自由主義」，陳獨秀等新文化運動主將是明確反對軍國主義（「日本式自由主義」）的。五四時期主流的自由主義思想是歐美最普遍的自由主義，即國家存在只為保障個人權利，個人享有一系列神聖不可剝奪的自由權利如思想自由、言論自由、出版自由、居住自由、經濟自由、財產獨立等等，並且界定個人自由之範圍，使得個人在行使自由時不能妨礙他人之自由，政府若是戕害人民之權利，人民有權推翻它。這種自由主義既是針對家庭整體主義的，更是針對民族、國家的整體主義。

　　自由主義在五四後期並沒有在政治、社會與思想的「過度」互動中消退，陳獨秀在五四後期依然保有自由主義的幽暗意識。他依然注重個人自由，認為不論何種學說思想，都不能定於一尊，人們可以反對它，也可以贊成它。個人之反對某種學說、思想，不會破壞他人之自由。在陳的邏輯中代議制和直接民主並不是對立的而是互補的。這時期他還明確表明不渴望階級鬥爭，更非普羅大眾主義、民粹主義了。

　　說五四新文化運動對社會契約理論毫無建樹，這是忽略了基本史實，欲以一個理論涵蓋「五四」時期所有的情形。說新文化人對社會契約論一無所知，實在是不讀《新青年》之結果。新文化人對社會契約論的認識不能說有多麼深奧，但是說其「毫無建樹」則是冤枉新文化人。

評《開放中的變遷：再論中國社會的超穩定結構》[註1]

一、前　言

　　金觀濤、劉青峰先生的一系列舊作新著如《興盛與危機》、《開放中的變遷》、《中國現代思想的起源》、《歷史的巨鏡》、《觀念史研究》等，近年來在大陸相繼問世，相比較目前這種萬馬齊喑的學院體制研究風格，這些書籍無疑帶來一股清新之氣。可能是對往昔大敘事的強烈反彈，也可能是出於對歷史規律決定論的恐懼，眼下的史學研究都對「宏大敘事」畏而遠之，沉溺於瑣碎考證而樂此不疲。中國近現代史研究亦未能幸免，雖然新作頻出，但是這些著作大都是對某段歷史進行敘述，缺乏宏觀視野。而對任何細節的考究都離不開對歷史的整體把握，因而大歷史觀依然很重要。當然不能在破除一種神話後，又陷入另一種神話的虛妄。兩者應形成合力，互為補充。本文就以氏著的《開放中的變遷》為中心，以夾敘夾議、以述帶評的方式做個簡要探討。

二、內容概要

　　本書的核心問題是把「超穩定結構」放在開放條件下觀察，探究「超穩定結構」受西方工業文明衝擊後是如何變遷的？[註2]並且將之與魏晉南北朝時

〔註1〕　本文使用版本金觀濤、劉青峰：《開放中的變遷：再論中國社會的超穩定結構》，北京：法律出版社，2016，450頁。

〔註2〕　《開放中的變遷：再論中國社會的超穩定結構》書名中所謂「再論」就是從這個意義上講的，即把「超穩定結構」放西方工業文明衝擊下考察，不同於以往

期中國受佛學衝擊後的社會形態進行對比，從而實現古代史和近現代史的統一，構造一種大歷史觀。所謂的超穩定結構指的是中國古代的社會結構的穩定性，這種穩定性是人類歷史上罕見的。它的上層是官僚機構，中層是縉紳，下層是宗法家族，這三個層次以儒家意識形態進行整合。經濟上以農業經濟為主，並受官僚機構和意識形態調節。這樣三個子系統相互維繫、相互調節，構成中國傳統社會的一體化結構。〔註3〕這種特殊的結構在沒有受外來衝擊下會自我調節，出現了歷史上王朝循環的局面。但是當它不得不面臨西方衝擊時，又會出現怎樣的行為？

作者認為中國傳統的社會結構所處的環境相對來說是孤立的，當它受到西方衝擊時會表現出難以克服的悖論，即想保持三個子系統的耦合下去學習西方必然要失敗。一旦全面邁向現代化，原有的社會結構必然解體（頁 17～18）。

1840～1911 年的歷史就在這一悖論的邏輯中展開，洋務運動試圖用中國傳統的社會組織方式來實現防衛現代化，但若想以傳統小農經濟來支持現代國防必然導致一體化中層動搖，湧向城市，因而不可能成功。其失敗導致對儒家意識形態的第一次衝擊，這種局部的意識形態危機因甲午中日戰爭的失敗而迅速擴大，就有戊戌變法和辛亥革命，使得一體化的上層組織：大一統王權和官僚機構解體（頁 19～20）。一體化的上層解體後，引進的是西方的民主共和機制，但是因為一體化的中下層沒有動搖，使得上層和中下層脫節，民主共和成了幻影。一體化的解構給中國社會帶來嚴重的危機，軍閥混戰，民不聊生。

儒家的意識形態必須被徹底拋棄，才能應對危機。於是，便有了新文化運動，更替意識形態，新的意識形態──馬列主義和三民主義呼之欲出（頁21～22）。新的意識形態又與馬列主義黨政相結合，建立了新的一體化結構，國共合作，掃蕩軍閥。1927 年以後，形成了以新意識形態認同為基礎的政治結構，使得社會再次出現整合的局面，新的意識形態認同之組織填補了社會整合必須的三個層次。相比較馬列主義而言，三民主義組織動員能力不夠強大，國民黨無法深入基層，因而不能有效整合中國（頁 22～23）。相反，儒

受農民起義或游牧民族衝擊。

〔註3〕金觀濤、劉青峰，《興盛與危機：論中國社會的超穩定結構》（北京：法律出版社，2016），頁 12。

化的馬列主義表現出強大的動員能力，中共的官僚機構能夠深入到每個自然村（頁 23）。1949 年中共在大陸取得勝利，意味著新意識形態和政治結構三個層次的一體化之實現，社會整合最終完成。

新的一體化結構和原有的一體化結構在內容上完全不同，但在模式和結構上表現出驚人的相似，因而可以稱為超穩定結構。新的超穩定系統具有巨大的動員能力，最有力的證據便是 1953 年朝鮮戰場上新一體化結構可以抗衡美國（頁 23）。如此，1840～1956 年的歷史便有一條主線，就是傳統的一體化結構不能適應西方文明的衝擊而解體，然後通過意識形態更替建立一種新的一體化結構以對抗衝擊（頁 24）。這種史觀相比較以往那種以反帝反封建、不斷革命為主軸的唯物史觀，無疑給人一種清新之感。

作者的視野還不止於此，在論述完近現代史社會的變遷後，又將觸角轉向魏晉南北朝時期和改革開放時期，從而勾勒出中國社會變遷的一般模式。具體而言，魏晉南北朝時期中國面臨游牧民族入侵和佛教滲透，以儒家意識形態認同為基礎的一體化組織一度失去整合能力，直到儒學消化佛教，才能再度整合社會，建立強盛的隋唐帝國，此後儘管社會動盪，新儒學一直起到整合社會之功能，直到新的文明再度衝擊。比較兩次衝擊，我們可以看出它們的變遷軌跡是一致的：「傳統一體化解體、意識形態更替、新一體化建立」（頁 417～19）。

而這種由十九世紀西方衝擊而建立起來的新一體化結構又是相對的，當意識形態的霸權被多元文化消解以後，這種新一體化結構便不能適應時代的潮流。正如作者所言，馬列主義政黨的核心要素黨國、黨軍、黨天下與民主、自由不能兼容。況且正如傳統一體化結構一樣，新一體化結構也面臨著體制內無組織力量與日俱增的困境。這樣中國又面臨老的困境：再次落後西方（頁 420～21）。

落後的現實反作用於一體化結構，新的一體化結構意識形態認同開始面臨危機，中國不得不實行改革開放，一如 1895 年甲午戰爭後掀起的學習西方的狂潮。甲午後自由經濟的快速成長引起傳統社會整合危機，同樣的現象在改革開放後再度湧現：地方主義興起、農村基層組織混亂。毛時代建立起的社會整合再度面臨危機（頁 421～22）。

歷史彷彿開了一個玩笑，又回到了最初的起點。如此，中國的古代史和近現代史以及當代史就連在一起，並且有一種宏觀的演化模式在支配著它

們，這就是作者構建的大歷史觀。

三、評　論

　　除了敘事宏大以外，本書在研究方法、史料處理也值得考量。就研究方法而言，作者是將自然科學研究中的控制論和系統論應用到史學研究上，建立超穩定結構的理論假說，然後用重大的歷史事件如洋務運動、戊戌變法、新文化運動、抗日戰爭等來進行檢驗，按作者的話來說是「科學假說和思辨哲學的歷史觀的最大差別在於，它不僅僅是去建立與邏輯一致的大廈，還要鋪一條由事實組成的可以讓人們走到那裡的大道」（頁 25）。這種打通自然科學和社會科學的方法使得作者可以別開生面，大大拓展了人們的視野。但是也正是視野過於宏大，使得這個有所謂的可靠史實支撐的論證結構看起來似乎很嚴密，可其實只要任何一個小的環節出現差錯整個體系就可能會坍塌。

　　例如金觀濤認為中國傳統社會中下層是宗族和倫理自治，但是這個也許是經典文本所描繪的理想秩序。而對新出土的文獻研究表明，所謂的家族抑或說是血緣共同體不能夠有效的「鄉治」資源，因而中國傳統社會並不是宗族自治，而是「國權歸大族、大族不下縣、縣下為編戶、戶失則國危」。〔註4〕這種以大共同體本位的帝制時代有著很強的動員能力，儒家的倫理本位恰恰被法家的皇權所抑制，出現了「偽個人主義」。儒家的宗族觀念在中國現代化歷程中的角色該如何定位、造成民初混亂局面的動因是什麼，應該是要重新估量的。這樣金、劉二人的鄉村自治論好像很難站得住腳了，中下層已不復存在了。再如作者認為甲午中日戰爭後儒家意識形態認同進一步遭到破壞，可是譚嗣同等人對皇權的批判，以及他們對西方的稱讚恰恰是從「孔孟之道」中推出來的，繼承了之前徐繼畬、郭嵩燾的思路，這些「崇周反秦」的「反法之儒」們要「援西救儒」〔註5〕，一體化結構上層似乎也要傾塌下來了。

　　就史料運用而言，不得不說是本書的短板之一，全書用的第一手資料並不多，以筆者所見也只有《人民日報》等少數舊報刊和一些文集等常見的資

〔註4〕　秦暉，〈傳統中華帝國的鄉村自治：漢唐間的鄉村〉，《傳統十論：本土的社會制度、文化及其變革》（上海：復旦大學出版社，2003），頁 1～44。
〔註5〕　秦暉，〈重論「大五四」的主調及其何以被「壓倒」：新文化運動百年祭（一）〉，《二十一世紀》2015 年 8 月號（香港，2015），頁 30～32。當然如果金先生這裡所講的是「法儒」的話，似乎還可以自圓其說。

料。廣度上不足，深度上也很難為人稱道。〔註6〕出現這樣的現象原因，以
筆者的看法有兩點：一是受作者寫作的年代限制，八十年代史料的開放度有
限，與國外學術界交流亦不足。不可能像現在的史學家一樣綜合運用各種史
料。這是時代所限，筆者覺得不必苛責。第二個原因是，也是更重要的原因，
與作者寫作的方法有關。即便有資料，也未必會去應用（從書中就可以看出
作者對於一些常見的史料應用並不很充分）。金觀濤是先預設了一個結論，
然後再去論證自己的理論，還要放到古代、近現代、當代這種長程的研究中。
正統的史學強調史由證來，證史一致；論從史出，史論結合。所有的結論必
須建立在大量可靠的史料基礎上。而金觀濤先生若要以「論從史出」來打通
古今、縱貫中西，恐怕是他有生之年都完成不了的事業吧！《開放中的變遷》
一書明顯地存在「以論帶史」的傾向，中間省略很多具體的論證過程，不得
不大量借助二手資料來支撐自己的理論架構。不用或少用史料可能還會帶來
另外一種後果，那就是脫離歷史語境來建構宏大結構。如關於新文化運動的
一節，金先生認為新文化運動並沒有觸動那種意識形態和政治結構一體化的
組織，使得啟蒙異化，當時新式知識分子並沒有認識到民主、科學的真內涵，
因而與西方的民主、科學不可同日而語（頁200）。這種解釋也許符合超穩定
系統的內在結構，但卻剝離了當時的具體語境。其實只要簡單地翻閱《新青
年》、《新潮》等報刊，可以發現新文化運動的知識分子對民主、自由的基本
內涵之理解還是比較正確的，尤其是在運動初期。「民主」是用來反對帝制
復辟的，「科學」是針對孔教運動的。並且「民主」、「自由」、「科學」在被
提倡時沒有出現書中所說的價值逆反而走向另一種極端。筆者認為金先生恐
怕是連《新青年》雜誌都沒有怎麼翻閱過才會出現這樣的認識，〔註7〕很多

〔註6〕雖然作者說自己的研究為「歷史望遠鏡之倒轉」，但是思想史著作畢竟要有歷
　　　史的維度，因而語境依然重要。而語境的重建是離不開一手文獻的，儘管這只
　　　是個必要不充分條件。這裡還必須指出的是《觀念史研究》一書中似乎對此有
　　　所糾正，對於這種用數據庫的方式處理史料的方式筆者不敢妄評。但是需要說
　　　明的是它並沒有顛覆本書的基本結論，本書中一些錯誤的認識在新書中依然
　　　如故，詳見下文分析。
〔註7〕我們在本書中確實能看到金、劉二人引用了《新青年》中的相關內容。但是筆
　　　者認為兩位教授並沒有將引用的段落放到整篇文章或者整個語境中去理解，
　　　因而有斷章取義之嫌。否則我們就無法理解書中將後來蘇俄社會主義傳入才
　　　有的普羅大眾主義、民粹主義與前面的啟蒙扯在一起，認為兩者並不衝突。兩
　　　位教授不是在書中說當時的新文化運動知識分子在追求民主時沒有認識到自
　　　由、權利的重要性麼？這一點只要參見《新青年》、《教育雜誌》上的相關文章

問題如果沒有史實依據就妄下結論，那只能緣木求魚了。另外，眾所周知陳獨秀在其晚年對蘇俄社會主義進行反思後，又重舉「民主」、「科學」的大旗。若是其早年就是在搞破壞，那麼他晚年為什麼要重回「五四」呢？這不自相矛盾麼？至於啟蒙後來為什麼會夭折？恐怕還是要多讀第一手文獻，還原歷史的語境，以當時的思想觀念來理解當事人的行為規範，才能撥開迷霧吧。可見符合「預設邏輯」、「倒放電影」的論證，不一定符合基本的史實。無論多麼高深的理論，一旦脫離語境都會不攻自破。

近年來近現代史的研究在史料挖掘和史實考證方面已經取得豐碩的成果，但如何對這些具體的新見解做出邏輯的分析，如何給一百多年的歷史變遷做出宏觀的解釋，似乎還有很大的施展空間。金觀濤、劉青峰的這部著作做出很好的示範，儘管它有著自身的不足。

但是我們又必須看到，在尋求宏觀解釋模式時又不能脫離語境本身，否則就會緣木求魚，再漂亮的分析、再縝密的邏輯、再嚴格的論證也不過是天馬行空、空中樓閣。因此，在從事專業化、微觀化研究，鉤沉史事時不能失去對宏大架構的把握，因為「沒有關心人類命運的宏大心靈和跨學科研究的綱領，更專業化的訴求都可能引到黑暗中去」﹝註8﹞，「如果沒有宏觀意義的闡釋，揭示其『何以如此』的深層根源及邏輯關係，則只是缺乏意義關聯的歷史碎片」﹝註9﹞，這種碎片因為缺乏普遍意義，游離於整體之外，即便能

就可以迎刃而解了。如陳獨秀，〈東西民族根本思想之差異〉，《新青年》第一卷第四號，1915 年 12 月 15 日；高一涵，〈共和國家與青年自覺〉，《新青年》第一卷第二號，1915 年 10 月 15 日；胡適，〈易卜生主義〉，《新青年》第四卷第六號，1918 年 6 月 15 日；蔣夢麟，〈個性主義與個人主義〉，《教育雜誌》第十一卷第二號，1919 年 1 月 1 日。

類似這樣的文章在新文化運動初期可以說俯首皆是。在此筆者還要說的是兩位教授關於新文化運動的看法太受林毓生先生「借思想文化解決問題」論斷的影響了，對林毓生觀點的質疑、批評可以參見：李新宇，〈五四：「借思想文化解決問題」的是與非〉，《南開學報》，2004 年第 5 期（天津，2004），頁 50～55；鄭大華，〈五四是「全盤性的反傳統運動」嗎？兼與林毓生教授商榷〉，《求索》1992 年第 4 期（長沙，1992），頁 110～115。李良玉，〈五四新文化運動與全盤反傳統問題：兼與林毓生先生商榷〉，《南京大學學報（哲學‧人文科學‧社會科學）》1999 年第 2 期（南京，1999），頁 5～14。希望這些文獻和論文對兩位教授重新認識五四新文化運動能有所幫助。

﹝註8﹞ 金觀濤，《歷史的巨鏡》（北京：法律出版社，2015），頁 3。

﹝註9﹞ 李長莉，〈「碎片化」：新興史學與方法困境〉，《近代史研究》2012 年第 5 期（北京，2012），頁 20～24。

還原歷史原貌，也無價值可尋，甚至其還原的史實是否為真也值得斟酌。而宏大敘事者也不能不以具體語境來支撐自己的史觀，不能淪為空洞的說教。以小見大，也要以大見小，做到微觀實證與宏觀建構相結合，寓微觀於宏觀之中。使得每次的個案研究都能見微知著，彰顯整體意義，同時也讓宏大思維能經得起歷史細節的推排消蝕。當然以上只是泛而論之，如何以一事一物之碎片立通而知遠，同時通而不籠，絕非一朝一夕之事，需要長久之琢磨。

歷史的循環——評《走出帝制：
從晚清到民國的歷史回望》[註1]

一、前 言

　　秦暉在學術界、思想界向來被視為「百科全書式」的學者，其研究領域涉及各個方面，如農民學、經濟史、思想史等，也涉及各個時段和國家，包括中國古代史、近現代史、世界史等，他對古今中外歷史都有不少獨到的見解，尤其對當代中國的政治、經濟有著深邃的洞見。《走出帝制：從晚清到民國的歷史回望》（以下簡稱《走出帝制》，引用只注頁碼）一書是由秦暉近幾年寫的一些近代史文章組編而成，是刊發於《南方周末》、《二十一世紀》雙月刊等報刊上系列文章的集結，似乎較為鬆散。但是作者仍然說：力圖要使其成「體系」、各章的「有機聯繫是顯而易見的」，甚至認為將編成之為專著是可行而且有必要的（〈序〉，頁1）。因而筆者認為可以按照「專著」對其點評。

　　在秦暉以往的著作中，雖有對中國近現代史的敘述，但沒有全面展開。[註2]本書則集中表達了他是其對中國近現代史的思考《走出帝制》囊括了中國近現代史的各個方面，跨越了晚清和民國兩個時代，波及到中國近現代

〔註1〕 本文使用版本秦暉：《走出帝制：從晚清到民國的歷史回望》，北京：群言出版社，2015，367頁。

〔註2〕 在秦暉、金雁，《田園詩與狂想曲：關中模式與前近代社會的再認識》（北京：語文出版社，2010）；秦暉，《問題與主義：秦暉文選》（長春：吉林出版社，1999）；《傳統十論》（上海：復旦大學出版社，2004）；《市場的昨天與今天》（北京：東方出版社，2012）；《共同的底線》（南京：江蘇人民出版社，2013）。

史上的重大歷史事件，如太平天國運動、義和團運動、清末新政、辛亥革命、新文化運動、五四運動、抗日戰爭等。從政治、經濟、思想、文化、外交等各個角度透視中國近現代社會，全方位展示了作者的思考。

不同於一般的中國現代史科班出身的學者，秦暉是以古代史和當代中國研究為學術背景來書寫中國近現代史的。正如作者自己在書中所言，這種「跨界」研究也許不會囿於「餖飣之學」，可以提供為觀察晚清「三千年未有之變局」提供一些獨特的視角（〈序〉，頁2）。對這本書已經有一些評論，如劉瑜的〈巨輪調頭的時刻〉，以及張鳴、周濂的〈談「走出帝制」〉等〔註3〕，他們主要是就問題意識和主要內容進行點評，但是對於本書的結構安排、寫作方式、研究方法、史料運用等方面還沒有提及或者說沒有展開。此外，他們對秦著褒揚居多、批評不足甚至闕如。因此，本書還有評論的餘地。

二、章節內容

本書除了序言，共十五章。在筆者看來這十五章又可以分為三部分：第一部分是從第一章到第八章，寫的是晚清史。這部分主要是圍繞人們為何要走出帝制來寫的，作者認為帝制給中國帶來深重災難，造成歷史上王朝循環的局面。到了晚清之際，在外力衝擊下，這種「不仁不義」的帝制愈來愈成為人們厭惡的對象。且不說徐繼畬、郭嵩燾等開明派士大夫，就連那些所謂的頑固派如劉錫鴻、陳蘭彬等人私下裏也是對「亦仁亦德」的西方憲政國家讚不絕口。人們對帝制的普遍厭惡成了走出帝制的動力，因而有了辛亥革命推翻帝制。對於辛亥革命的評價過去正統的觀點總認為：由於資產階級的妥協性、軟弱性，革命未能發動群眾，導致革命成果被軍閥們攫取，民國時期的軍閥混戰，民不聊生。這種流行的邏輯深入人心，以至於人們說到軍閥混戰，第一反應就是聯想到北洋時期。作者不敢苟同這種看法，這就是涉及到第二部分。

第二部分是從第九章到第十二章，寫的是民國政治史、外交史、經濟史。作者花了相當多的篇幅告訴讀者，民國在諸多方面都取得不錯的成績，絕非

〔註3〕劉瑜，〈巨輪調頭的時刻〉，2015年11月26日，南方周末網，www.infzm.com/content/113287？url_type=39&object_type=webpage&pos=1；張鳴、周濂，談〈「走出帝制」〉，2015年11月21日，愛思想網，www.aisixiang.com/data/94186～2.html；張弘，〈《走出帝制》：帝制已隨流水去〉，2015年11月22日，壹讀網，https://read01.com/zh-hk/MkMkM.html#.XfBUdUmP6Uk。

一無是處。具體來說：人口現實了「亂世增長」，超過所謂的康乾盛世；高出生率、低死亡率、高增長率的現代發展中國家的人口模式始於民國。不是1949年之後，也不是傳說中的清中葉的「人口爆炸」時期。民國時期經濟發展較快，作者認為從縱向上看不低於「毛時代」，從橫向看超過印度，不可用戰爭廢墟將之抹殺。與此同時，工業化啟動、投資品進口而導致的貿易逆差，為轉變經濟弱勢提供了可能。從某種意義上來說，這是後來中國改革開放的「先聲」。改革前的中國雖有少量順差，但是經濟很糟糕。改革後出現大量逆差，經濟反而發展很快、質量很高。

外交上來看，作者從對外依附程度、對外依附代價、對外依附的選擇三個角度來評價民國時期的外交。他認為民國時期的外交是相當成功的，中國在兩次世界世界大戰中「正確站隊」，在盡可能獨立自主的情況下「付出最少的國家權益損失代價，選擇站在功利上最可能的贏家、價值上最文明進步的陣營一邊，使陣營的勝利成為中國的」；華盛頓會議的「廢約」努力，廢除領事裁判權、要求關稅自主使得「半殖民地」的中國部分「站起來了」，華盛頓會議是進步的，不是如過去所認為的那樣使殖民化程度加深，回到帝國主義同時支配的局面；抗日戰爭為中國成為世界大國提供契機，中國國際地位大大提高（頁222〜23）；作者對「地圖開疆」說（即因為國力弱小，無法從實際上將領土收回，只能先在地圖上標示主權，待國力強大再將之收回）也進行了肯定，認為先宣示，後等待時機再收復，總比沒有宣示拱手讓人要強，並且「地圖開疆」不僅僅發生在民國時期，新中國成立後亦有之（南沙群島的狀態便是），故而不能一味地譏笑（頁268〜71）。

總之，辛亥革命後的三十多年中中國相當程度上「站起來了」。但是民國畢竟是短暫的，辛亥革命取得的政治成果也是有限的，它並沒有建立一個穩定的民主共和政體。作者在書中不同意袁偉時以憲政的失敗與否作為評價辛亥革命的標準。他認為這與傳統的看法犯了一樣的邏輯錯誤，即把革命成敗與其理想是否實現混為一談（頁175）。但是，當民主、共和機製成為民國軍閥手中玩弄的工具，說辛亥革命失敗也不為過。而政治政體失敗的背後是觀念的失敗，這便要涉及到下一部分清末民初的啟蒙問題。

第三部分是從第十三章到第十五章，寫的是近代思想的啟蒙歷程。從「周秦之變」到晚清「三千年未有之變局」，是全書最精彩的部分，也是極具爭議的部分（後來這本書在中國大陸被列為「禁書」，就是因為這一部分太敏

感了）。具體說來作者從質疑「救亡壓倒啟蒙」和「夭折的憲政歸咎於倒退
的五四」兩種流行觀點說起，認為是啟蒙本身發生變化，「啟蒙壓倒救亡」。
辛亥革命前的啟蒙是要推倒帝制，之後的啟蒙卻發生了錯位。清末民初的知
識分子，在「日本式自由主義」的影響下積極追求個性解放、衝破「禮教束
縛」，反對小共同體本位的儒家，走向了大共同體本位的軍國主義。也就是
說，知識分子從清末的「反法」到民初的「反儒」，構成了歷史的大倒退。
劉瑜在前述的書評中認為「以小共同體精神的萎縮、大共同體精神的張揚」
來解釋中國啟蒙的失敗，秦暉的分析力透紙背，可以說道出了啟蒙凋零的核
心機制〔註4〕。這種「反儒不反法」的心態是中國自古以來就有的，因此與
其說是民初知識分子選錯了外來思想，不如說是沒有克服自身傳統的遺產。
「法家學說成為軍國主義和極權主義兩者的共媒，而儒家道德與自由民主西
學成為共同的犧牲品」（頁367）。如何真正走出帝制？作者認為要放棄文化
之辯，回歸制度選擇。所謂文化無優劣，制度有高下（頁366~67）。

三、優缺點評析

以上是對本書主要內容的概述，接下來看其結構安排、寫作方式、研究方
法、史料運用等方面。

首先是本書的結構安排。如前所述，本書大致分為三部分，與其他以時
間為主軸，從晚清開始一直按時間順序寫到民國結束的中國近現代思想史著
作相比有如下之特點：在談晚清的第一部分不是按部就班從鴉片戰爭到辛亥
革命，而是先說辛亥革命，再聯繫與之相關的歷史事件如清末立憲、保路運
動等，並且把辛亥革命與太平天國運動、義和團運動相比較，以「西化」、「反
西化」、「現代化」的主題一以貫之。突破以往研究中將歷史事件各自獨立，
欠缺內在邏輯的寫法。在第二部分，不同於一般著作從民國建立到國民黨敗
退大陸的安排，而是以各個專題如政治、經濟、外交穿插其中，以此來評點
得失。第三部分是採用倒敘的手法，以一戰為切入點談論「啟蒙」和「救亡」
的關係，再追溯到晚清時期；比較了「啟蒙」前的革命和革命前的「啟蒙」。
最後進行了橫縱比較，西方是市民與王權聯盟擺脫「小共同體」束縛，中國
則是古儒與市民結合突破「大共同體本位」，中國需要走出以往那種「儒表法
裏」的狀態，反法不反儒，不能反錯對象，才能走出歷史循環的怪圈，真正

〔註4〕 劉瑜，〈巨輪調頭的時刻〉。

地追求自由個性，讓「啟蒙」再出發。

這三部分之間看似混亂，其實聯繫較為密切：走出「不仁不義」的帝制後來到亂象叢生的民國，經過「五四」式的啟蒙，由「儒表法裏」到「馬表法裏」，中國再次走進「帝制」。這一前一後，可謂構成一個歷史循環。不過，也要看出本書有序言（〈序〉）而沒有結語，也就是說前有「暗喻」，後無「定見」，沒有形成前後呼應之勢，應該說是本書的缺憾之一。若能增加結語部分，使得全書內容能夠昇華，似乎會更勝一籌。

其次是寫作方式。本書文章最初寫作的對象為一般讀者，後來也兼顧專業研究者。書中對辛亥革命的研究中就以《走向共和》這部的大型電視劇為例來說明「宏大敘事」下寫史的困難。在說到對辛亥革命的認識時，作者將之比喻為一部活劇，如果劇本本身模糊，演員再活靈活現，觀眾還是會覺得一頭霧水（頁 21）。又比如說到晚清的保守派（劉錫鴻、陳蘭彬）在私下裏也如開明派（徐繼畬、郭嵩燾）一樣讚美西方比「我大清」要「清」時，引用了中央電視臺著名主持人畢福劍因為講真話而被開除的例子，說當年的那些所謂的保守派是「晚清畢福劍」（頁 71～85、314）。這些都可以看出作者的筆法是比較貼近大眾的，行文流暢，讓一般的讀者都能理解。就這方面而言，作者突破了以往在《傳統十論》、《共同的底線》裏的「書齋之學」。當然，作者不是譁眾取寵，本書依然不失「學術性」。最明顯的是體現在最後三章──先不說作者的觀點對不對，就形式而言，作者對「大五四」主調、「日本式自由主義」、「俄國式社會主義」的論證是相當嚴謹的，對象的是專業的史學研究者。

再次是研究方法。作者不是像中國近現代史科班出生的研究者那樣，以史料為基礎來還原史實，或者通過個案研究來彰顯整體，而是持一種「大歷史觀」、「宏大敘事」的立場。正如作者自己所言：「對某個問題要有深入的認識，只是就事論事而不去對相關知識領域進行擴展性的瞭解，對其因果鏈的所及進行延伸性的探究，那是不可能的」。（〈序〉，頁 1～2）正是因為如此，作者將晚清「三千年未有之變局」與「周秦之變」相聯繫，構成中國歷史上的一頭一尾兩大變局。抓住這兩大變，可以幫助我們把握中國歷史的脈搏。不過，很具有諷刺意味的是，變來變去又變回去了，即中國又走進了「帝制」。

值得注意的是，作者的抱負還不止於此，他表示有恒心將古代、近代兩

大變局，以及兩大變局的社會變遷和觀念變遷套在一起，寫成一本《世道與心路：從諸子爭鳴到新文化運動》，但是這不是一蹴而就的。筆者很期待這本鴻篇巨製，期待繼余英時和葛兆光後，又有一位能將古代、近現代、當代史全部打通的學者出世。但是，我們又要看到這種大歷史觀雖然克服了專業研究者「只見樹木，不見森林」之弊，卻又容易陷入「只見森林，不見樹木」的困境，似乎用宏大敘事寫史的都會有這樣的弊病，如在秦暉之前的金觀濤、劉青峰的力作《開放中的變遷：再論中國社會的超穩定結構》中也存在「只見森林，不見樹木」的缺陷。〔註5〕如何調和兩者，是史學研究者應當深入思考的問題。

再者是史料運用方面。作者雖然擅長剪裁古代史史料，但到了中國近現代史這一領域卻受到掣肘。究其原因：一是近代史史料太多，一個人窮其一生也很難爬梳殆盡；二是受作者的研究方法所限，即主要做邏輯分析，而不是史實考證。另外，在作者所使用的有限的史料中，分布也不平衡。據筆者所見，晚清部分用得較多，如《瀛環志略》、《仁學》、《英軺私記》、《新民叢報》、《民報》等；而民國部分較少，如《解放日報》、《蔣總統秘錄》等。而且在筆者看來雖然作者在書中將史料羅列出來了，但並沒有充分加以利用。如關於五四新文化運動的章節雖然能見到引用《新青年》的相關內容，但作者對新文化運動的認識存在較大偏差。因而未見深刻的文本分析。這就要過渡到下一個問題了，即筆者要與作者商榷其關於新文化運動的看法。

四、新文化運動的商榷

秦暉在本書第三部分認為五四新文化運動既是對革命前「啟蒙」的深化，又是對其偏離，到後來更偏離得愈來愈嚴重。而且還認為五四一代「反儒不反法」，在「日本式自由主義」的影響下，衝破了小共同體本位而走向了大共同體本位、非西方的個人本位：「出現『啟蒙呼喚個性，個性背叛家庭，背家

〔註5〕 金觀濤、劉青峰，《開放中的變遷：再論中國社會超穩定結構》（北京：法律出版社，2011）。例如本書關於五四新文化運動的敘述中，我們可以看到從新文化運動爆發到北伐戰爭開始，舊的儒家意識形態如何被拋棄、新的馬列主義意識形態如何被接受並與政治結構一體化結合的宏觀過程，但看不到這十多年間多元思潮的迸發和湧動，以及中國未來走向的多種可能性和應有的不確定。似乎這一切都被作者的「森林」遮蔽，同樣重要的「樹木」卻不見蹤影，處於「失語」狀態。

投入救國，國家吞噬個性」的悖反現象，而這又與『一戰』後西方激進思潮經俄國中轉的變異版本一拍即合」（頁 361）〔註6〕。這種視野「獨特」的、「倒果為因」的大歷史觀式的解釋，也許符合中國近現代史的宏觀演化模式，但是卻脫離了歷史的具體語境。筆者認為至少有三點是秦暉幾乎完全忽略的。

一是時代背景，「五四」時期知識分子之所以激烈反儒是跟當時的歷史環境有著密切的關係。因為辛亥革命後雖然建立了民主共和政體，但是由西方引進的現代共和政體在中國的運行卻不順昌。由此，「民國不如大清」、「今不如昔」的論調廣泛蔓延。康有為等人掀起了孔教運動，袁世凱、張勳更是先後利用孔子作惡，上演了復辟帝制的活劇。他們鼓吹「三綱文化」，借機恢復皇權專制以及與之盤根錯節的宗法家族。並且讓儒學定於一尊，以儒家學說來統一中國思想，以抵禦新的思想，維護已經遭到巨大挑戰的專制思想。這樣的「孔子之道」把人納入奴役之中，妨礙了人的權利，不利於思想解放和自由發展，與時代發展背道而馳〔註7〕。只有堅決剷除這些舊思想和舊勢力，才能維護民主共和政體。新文化人反孔具有巨大啟蒙意義，緊扣時代的脈搏。〔註8〕

只有瞭解這個背景，才能去談陳獨秀、高一涵、胡適等人為何激烈地「反儒排孔」。但是，書中關於新文化運動的那部分對此卻幾乎隻字未提，而是抽象地談論「反儒不反法」。王元化在談到「反儒不反法」時也說：「其實是有時代的歷史背景的。他們那時，神州大地經過三千年未有的奇劫巨變，中國已經到了生死存亡關頭，救亡圖存是這幾代人所面臨的重要問題」〔註9〕。王元化將救亡與五四聯繫起來，先不說這種認識對錯與否，但是注意到歷史的特定背景無疑是正確的。正是因為沒有注意到特定的歷史語境，作者才在書中牽強附會，把與新文化運動初期完全扯不上關係的、經由「俄國式社會主義」真正傳入才出現的「人民專制」強加給當時的知識分子，所謂不以一

〔註6〕當然秦暉對新文化運動的看法不僅僅限於本書第十三至第十五章，在之前的一些章節中也有提及，如第六章說到新文化運動進行的「國民性的改造」，第七章說到新文化運動對義和團的評價問題（頁 108、164）。但是集中和展開論述還是在最後三章，是對之前論點的進一步論證和深化。

〔註7〕錢理群，《與魯迅相遇：北大演講錄之二》（北京：三聯書店，2003），頁 156。

〔註8〕唐寶林，《陳獨秀全傳》（香港：中文大學出版社，2011），頁 78

〔註9〕王元化、李輝，〈對五四的再認識答客問〉，《王元化集》第六卷（武漢：湖北教育出版社，2007），頁 360。

姓名義以「人民」名義就能剝奪公民的自由權利，即「似乎只要不是一姓之國而是『人民』之國，就有理由侵犯乃至剝奪公民個人自由。似乎皇帝專制是惡，而『人民』專制卻是善」（頁 357～58）。他甚至把文化大革命和五四這兩個相去甚遠的事物相提並論，認為「文革」的「批儒崇法」實際上是把新文化運動「反儒反不反法」推到極端，即「後來在『文革』中發動的『批儒崇法』、反孔揚秦（始皇）運動實際上是把新文化運動的這一濫觴推到了極端」（頁 357）。〔註10〕

　　二是五四一代固然激烈反儒，但是他們並不是全盤反儒，他們對儒家有著進行了相當程度的肯定。陳獨秀在《新青年》中發表的文章就說：「本志詆孔，以為宗法社會之道德，不適於現代生活，未嘗過此以立論也」，還說：孔子之說雖不適合今日，但是在「宗法社會封建時代，誠屬名產」〔註11〕；「吾人不滿於儒家者，以其分別男女尊卑過甚，不合於現代社會之生活也。然其說尚平實近乎情理。其教忠、教孝、教從，倘係施者自動的行為，在今世雖非善制，亦非惡行。故吾人最近之感想，古說最為害於中國者，非儒家乃陰陽家也」〔註12〕。在陳獨秀晚年時依然認為，孔子學說中如非宗教迷信的態度，建立君、父、夫三權一體的禮教等，在孔子立教的當時，是有相當價值的。它只是不適合現代人的思想，卻不是說孔子的倫理學說沒有價值〔註13〕。

　　胡適在五四時期寫的《先秦名學史》花了相當的篇幅來討論孔子的邏輯思想，足見他對孔子的重視。他在《說儒》中對孔子在儒家歷史上的地位給

〔註10〕筆者認為，秦暉、林毓生等人把五四跟文革相提並論，似乎欠缺說服力的。我們且不說這種觀點有沒有史實依據，眾所周知，新文化運動是一場以「科學」、「民主」為主調的啟蒙運動，非要說激進也是文化激進主義。文化大革命雖然標榜的是「文化」，但學界大多認可那是一場不折不扣的政治鬥爭，屬政治激進主義（鄭大華，〈20 世紀 90 年代以來的激進與保守研究述評〉，《民國思想史論》（北京：社會科學文獻出版社，2004），頁 484），兩者不可同日而語。袁偉時、徐友漁、資中筠等人也反對把五四跟「文革」相提並論，參見袁偉時，〈回歸五四〉，《大國之道》（鄭州：鄭州大學出版社，2007），頁 123；徐友漁，〈啟蒙在中國〉，資中筠等，《啟蒙與中國社會轉型》（北京：社會科學文獻出版社，2011），頁 95～102；資中筠，〈「五四」新文化運動與今天的爭論〉，資中筠著，《認識世界，認識自己》（北京：中國社會科學文獻出版社，2015），頁 187～93。

〔註11〕陳獨秀，〈通信〉，《新青年》第三卷第一號，1917 年 3 月 1 日。

〔註12〕陳獨秀，〈隨感錄‧十四〉，《新青年》第五卷第一號，1918 年 7 月 15 日。

〔註13〕陳獨秀，〈孔子與中國〉，《陳獨秀文章選編》（下冊）（北京：三聯書店，1984），頁 526。

予高度評價，晚年又致力於自由主義與儒學的融合〔註14〕。由此可見，新文化運動主要人物並不是將儒家說得一無是處。如此，秦暉（包括林毓生等人）認為五四知識分子是全盤反對儒家〔註15〕，或者說他們「只針對小共同體，不針對大共同體；只針對儒家，不針對法家」，只反對儒家、宗法「禮教」，不反對「秦制」（頁 332～44），並沒有足夠的歷史依據的。

　　三是秦暉在書中花了很大篇幅、不厭其煩地說「日本式自由主義」是如何形成的、是怎樣產生影響的。但是，只要我們重返新文化運動的現場，就會發現「五四」時期主流的自由主義根本就不是「日本式自由主義」。也就是說，本書在這方面還沒有說到重點。「五四」時期尤其是前期主流的自由主義是陳獨秀、高一涵、李大釗、胡適、蔣夢麟那一支，它與西方的自由主義在基本內涵上沒有根本上的差異。陳獨秀即認為：「思想言論之自由，謀個性之發展也。法律之前個人平等也，個人之自由權利，載諸憲章，國法不得而剝奪之，所謂人權是也……國家利益、社會利益名與個人利益向相衝突，實以鞏固個人利益為本因也」〔註16〕。高一涵人說：「自由之性出於天生，非國家所能賜，即精神上之自由，而不為法律所拘束者」；「欲尊重一己之自由，亦必尊重他人之自由。以尊重一己之心，推而施諸人人，以養成互尊重自由權利之習慣，此謂之平等的自由也」；「不尊重他人之言論自由權利，則一己之言論自由權已失其根據，迫挾他人以伸己說，則暴論而已矣」〔註17〕。李大釗亦認為：「故凡立憲國民，對於思想言論自由之要求，固在得法制之保障，然其言論本身之涵養，尤為運用自由所必需」〔註18〕。群體對個體自由之箝制猶如一人專制對自由之打壓。

　　胡適在〈易卜生主義〉中也說：「自治的社會，共和的國家，只是要個人有自由選擇之權，還要個人對於自己所行所為都負責任。若不如此，決不

〔註14〕歐陽哲生，〈在傳統與現代性之間〉，《五四運動的歷史詮釋》（北京：北京大學出版社，2012），頁 107。

〔註15〕林毓生著，穆善培譯，《中國意識的危機：「五四」時期激烈的反傳統主義》（貴陽：貴州人民出版社，1986），頁 50。

〔註16〕陳獨秀，〈東西民族根本思想之差異〉，《新青年》第一卷第四號，1915 年 12 月 15 日。

〔註17〕高一涵，〈共和國家與青年自覺〉，《新青年》第一卷第二號，1915 年 10 月 15 日。

〔註18〕李大釗，〈民彝與政治〉（1916 年 5 月 15 日），《李大釗全集》，第一卷（北京：人民出版社，2006），頁 159。

能造出自己獨立的人格」〔註 19〕。蔣夢麟更是確切地說：「何謂個人主義 Individualism？曰使個人享自由平等之機會，而不為政府社會家庭所抑制是也。……極端反對之者，德國日本之國家學說是也。中正和平之個人主義，英美之平民主義 Democracy 是也。」他又進一步指出：「國家與社會者，所以保障個人之平等自由者也。故個人對於國家社會有維持之責任，國家社會對於個人有保障之義務；個人之行為有違害國家社會者，法律得以責罰之」，「國家社會有戕賊個人者，個人能以推翻而重組之」〔註 20〕。

　　從以上的徵引可以看出，儘管陳獨秀、李大釗、高一涵留學過日本，胡適和蔣夢麟留學過美國，但是他們的自由主義立場幾乎不約而同是一致的。即國家存在只為保障個人權利，個人在行使自由時不得妨礙他人之自由，政府若戕害人民之權利，人民有權推翻它。他們所持的是歐美最普遍的自由主義立場，這種自由主義既是針對家族整體主義的，更是針對「民族」、「國家」的整體主義。他們共同的思想資源確實可以追溯到霍布斯（Thomas Hobbes）、洛克（John Locke）、休謨（David Hume）、斯密（Adam Smith）、密爾（John Stuart Mill）、杜威（John Dewey）、羅素（Bertrand Arthur William Russell）等人。甚至留學過日本的高一涵在某些問題（對自由、權利的認識）比留學過美國的胡適還要深刻〔註 21〕。

　　至於秦暉所說的「日本式自由主義」（軍國主義）也並非完全是空穴來風，筆者認為軍國主義確實存在，但是這種「日本式自由主義」（包括無政府主義式的自由主義）只能看作是五四前期文化多元的表現之一，不能從根本上推翻「五四」時期主流的自由主義。而且從翻閱《新青年》可知，陳獨秀等新文化運動主將是明確反對軍國主義的，還在「通信」欄目特意指出這個誤區。例如在《新青年》第 2 第 1 號通信中當時有讀者來信說中國人尚和平、西方人尚武力是造成中西國民強弱不同的總因，所以他認為軍國主義最適合

〔註 19〕胡適，〈易卜生主義〉，《新青年》第四卷第六號，1918 年 6 月 15 日

〔註 20〕蔣夢麟，〈個性主義與個人主義〉，《教育雜誌》第十一卷第二號，1919 年 1 月 1 日。

〔註 21〕高一涵對自由、人權、民主、法治的認識相當深刻，五四同人無出其右，部分看法甚至要早於西方思想家哈耶克（Friedrich A. von Hayek）、伯林（Isaiah Berlin）等人。例如高一涵對柏拉圖、黑格爾思想中可能會侵害公民自由的批判，以及對於洛克對自由權利保護的肯定，與後來伯林關於積極自由和消極自由的劃分不謀而合，參見高力克，〈《新青年》與兩種自由主義傳統〉，《二十一世紀》1997 年 8 月號（香港，1997），頁 44。

於今日的中國。《新青年》的記者這樣回答：西方的勇武是值得欽佩的，但是我們不應該仰慕軍國主義。並且該記者還把英、德、法三國對比，認為「英俗尚自由尊習慣，其蔽也，失進步之精神；德俗重人為的規律，其蔽也，戕賊人間個性之自由活動力；法蘭西人調和於二者之間，為可矜式軍國主義，其一端也」，又進一步說：「國之強盛，各種事業恒同時進步，決無百物廢弛，一事獨進之理。以今日之中國而言，軍國主義殊未得當」〔註22〕。陳獨秀還說如果軍國主義取得勝利，那麼：「無道之君主主義侵略主義，其勢力益熾。其命運將復存續百年或數十年，未可知也」〔註23〕。不僅僅是陳獨秀，就連秦暉大談特談的魯迅、周作人、錢玄同等人亦如是。他們都注重思想自由、個人自由，在群眾運動中仍然不遺餘力地提倡個人主義、容忍異議、尊重他人思想主張〔註24〕。

上述這種多元思潮並存、主流不排斥支流的現象，表明「五四」的主調應不是軍國主義，而這些大概都是秦暉無法正面回應的困難之所在。當然，這麼說的前提是將新文化運動與後來的政治運動、社會運動作適當的分開。正如論者指出，「將新文化運動做時空雙域限定，才可能真正理解這場運動對中國現代變遷的重要意義」〔註25〕。至於後來中國遭遇極權主義的災難，那是後話，兩者不是一個語境，不能歸咎於新文化運動。總之，秦暉對異化的自由主義與「俄國式社會主義」一拍即合的論證，雖然從形式上看邏輯嚴謹、思維縝密，似乎無懈可擊，但是只要是還原當時的語境，就會發現其中的空洞性、隨意性。

五、結　語

本書作者治學以「通」見長，突破目前學術分科細化的趨勢。《走出帝制》一書就是很好的證明，以一種宏大的視野重新審視了一百多年的思想史，找到中國走向歧路的歷史根源，讓讀者對中國近現代史有了新的認知。但是，本書也不是完美無缺，上文就是從結構安排、寫作方式、研究方法、史料運用、商榷之處對本書進行的評論，指出其優點與不足之處。作者在本書中說有志於寫

〔註22〕程師葛、記者，〈新青年‧通信〉，《新青年》第二卷第一號，1916 年 9 月 1 日。
〔註23〕陳獨秀，〈俄羅斯革命與我國民之覺悟〉，《新青年》第三卷第二號，1917 年 4 月 1 日。
〔註24〕歐陽哲生，〈被解釋的傳統〉，《五四運動的歷史詮釋》，頁 249。
〔註25〕任劍濤，〈認同現代之難——新文化何以在中國未能成為主流文化〉，《探索與爭鳴》2015 年第 7 期（上海，2015），頁 28。

成一本《世道與心路》，將古代、近代社會變遷和觀念變遷套在一起，這將是一次宏大敘事的嘗試。但如何將宏大敘事與微觀實證相結合，既能把握全局，又能掌控細節，使得宏觀的論證不像本書一些章節那樣空疏無力，使得論證既見「樹木」，又見「森林」，還是要作者再斟酌的。

　　一本好的著作是既能給讀者帶來新知，又能讓讀者提出自己的思考，反過來促進本書改進和提升，使得讀者和作者共贏。當然，評論不當之處，也懇請作者和讀者批評，筆者相信真正的學術批評比虛文奉承更有利於學術進步。

評《探索現代中國的政治轉型：〈新青年〉與民初的政治、社會思潮》〔註1〕

一、前 言

　　《新青年》作為中國現代性轉向的重要文本，向來是學術界、思想界研究的重點。既有的研究中大多數都是偏重於思想啟蒙的闡釋路徑，新近的研究中對此有些突破，〔註2〕但仍然有待進一步發揮。周麗卿的《探索現代中國的政治轉型：《新青年》與民初的政治、社會思潮》便是循著政治、社會、思潮之間互動而展開的，可謂是對《新青年》研究的最新力作。本書將《新青年》作為一個動態文本，置於清末民初的政治轉型——從帝制時代走向現代民族國家的大背景下進行思考（頁 19～20）。以此呈現出《新青年》與民初政治之間複雜的互動關係，力圖揭示其對現代中國政治形式的探索與實

〔註1〕　本文使用版本周麗卿：《探索現代中國的政治轉型：〈新青年〉與民初的政治、社會思潮》（臺北：學生書局，2016），358 頁。

〔註2〕　王汎森，〈思潮與社會條件：新文化運動的兩個例子〉，《中國近代思想與學術系譜》（石家莊：河北教育出版社，2001），頁 220～262；羅志田，《激變時代的文化與政治：從新文化運動到北伐》（北京：北京大學出版社，2006）；林宏志，《民國乃敵國也：政治文化轉型下的清遺民》（臺北：聯經出版公司，2009）；汪暉，〈文化與政治的雙重變奏：戰爭、革命與 1910 年代的「思想戰」〉，《中國社會科學》2009 年第 4 期（北京，2009），頁 117～207、汪暉，〈革命、妥協與連續性的創制〉，章永樂著《舊邦新造・序》（北京：北京大學出版社，2011）、汪暉，《短二十世紀：中國政治與革命的邏輯》（香港：牛津大學出版社，2015）；羅崗，〈1916 年：民國危機與五四新文化的展開〉，《預言與危機》（杭州：浙江大學出版社，2015），頁 24～37 等等。

踐，不侷限於思想文化啟蒙。這是貫穿全書的一條軸輪，也是相比較既有的
研究最具衝擊力之處。

當然，作者的這種研究方式也有一定的不足，在充分可肯定作者的學術
貢獻時也應檢討其缺失。本文質疑的主要基礎：一是蘇俄革命以及它對 1920
年代中國的影響，關於俄國社會的轉軌路徑以及這種轉型對中國的影響，秦
暉先生在這方面頗有研究，提出不少真知灼見。他的觀點固然不必完全去贊
成，如秦暉對新文化運動的研究中為了迎合他提出的蘇俄對 1920 年代中國
的影響，認為新文化運動的前期（1915 至 1919 年）和後期（1920 年以後）
並不衝突，筆者就不大贊成。但是筆者依然認為秦暉的觀點絕不可以忽視，
作者在本書中談到俄國革命時幾乎未曾引用和評論過秦暉的著作，以致在一
些重要問題的認知上存在偏頗，如作者將列寧主義和經典馬克思主義混為一
談，把列寧主義主義中才有的，誤認為是馬克思的，秦暉通過多年的研究表
明兩者差異很大，也是筆者贊成的。作者也將 1920 年代中國社會思潮簡單
化，都歸結於「救亡」和民族主義，忽視了其他因素的影響，秦暉的研究可
以補充作者的觀點。此外，秦暉對現代政治理論有著不同於常人的論述，如
認為直接民主和間接民主並非人們通常想像的那麼對立等等，這也是筆者贊
成的。但是這作者沒有認識到的，反而作者在書中認為兩者對立。秦暉的這
些認識可以幫助我們進一步認識新文化運動及其身處其中的主要人物的思
想。因而筆者在文中對作者這方面的不足進行了糾偏。

二是全面掌握和解讀史料，不是為了適應某個主題而進行切分。因此，
必須注重《新青年》、《努力》等文獻在有關問題上敘述的完整性，而不是像
作者那樣僅注重《新青年》與無政府主義思想的同一性，而是同時也關注他
們之間的差異性。再者，必須展現新文化運動出主要人物中思想的複雜性。
例如陳獨秀在五四後期的思想並非如通常論者（包括作者本人）認為的那樣
清晰，即很多人認為他轉向馬列主義後就一直是激進的形象，事實上，他的
形象具有不確定性和混雜性。同樣的，除了像作者一樣關注《努力》中注重
談政治的一面，也必須關注它的主要創辦人對思想文藝的重視，以此發現胡
適等人的思想在政治熱下依然具有不變的一面，強調的重心還與之前的一
致，都在思想文藝方面。這樣著眼可以補充作者因為過於著重政治、社會、
思潮互動時所忽略的部分，以此彰顯五四新文化運動的複雜性和多面相。

二、學術貢獻

　　作者在書中以 1919 年作為「界限」，認為 1919 年之前，中國面臨重要的問題是帝制復辟和共和國延續問題。此時《新青年》同人以激進文化變革進行思想啟蒙，同時介入社會、政治、時政問題。《新青年》的文化運動與民初的政治之間具有複雜的互動關聯，以此作為主線審視當時重要的時政：「倫理革命的孔教問題」、「文學革命的文白之爭」、「女權論述」分別對應著孔教入憲與張勳復辟、林紓的政治符碼與政治力量介入、國家法律與舊派文化的合謀（頁 109、165）。因當時對言論出版自由控制，只能通過文學、倫理、女權等非政治領域拓展論述空間。《新青年》介入時政有兩面策略：「一方面是破壞性的文化改革，一方面是建設性的啟迪共和民主思想」。（頁 111）《新青年》倡導「民主」、「自由」，是源於抵抗袁世凱專權，也含有對改組後的中華革命黨領袖專權的不滿。它與民初的無政府主義一樣，強調人民的主體性和能動性，注重以道德、文化為革命的內涵。後來兩者結合，成為五四運動前夕，「抵抗國家政府的激進政治勢力潛流」。（頁 165）這股暗流在以後進一步擴大。

　　1919 年之後主要面臨著國家主權問題，巴黎和會和山東問題、五四愛國運動、俄國第一次對華宣言三件外交政治大事，「造成轉轍器的功用」，使得原來傾向體制內改革的《新青年》同人轉向體制外的革命包括政治革命和社會革命（頁 167、230）。「西方」認同的分裂，使得解決中國問題的不同路線浮出水面。當時的知識青年對軍閥政府的失望，加上世界性的潮流推波助瀾，各種社會主義思潮如雨後春筍般湧出（頁 167、230～231）。社會主義思潮成為當時知識分子救濟中國的藥方，形成三大社會主義潮流：馬克思主義、無政府主義、社會改良主義。他們對中國國情以及中國與世界的關係有著不同考量和判斷，引發解決中國問題的不同思考模式，背後更大的問題是選擇中國未來的不同道路（頁 271）。

　　《新青年》內部急劇分化，陳獨秀和李大釗轉向馬列主義的無產階級專政，並與國民党進一步合流，形成日後洶湧澎湃的國民革命勢力。重視組織力量、善用群眾運動，打倒列強除軍閥，再造革命。魯迅、周作人兄弟認為中國根本問題不在政體和制度，而是在於「人心」的轉變。他們主張思想文藝啟蒙，來改造社會和國民性，通過「文學實踐來達成『文學救國』的目的」（頁 294），俄國文學是其傚仿的對象。不過《新青年》已經沒有多少空間來

允許他們實現自己的夙願，周氏兄弟不得不成立文學研究會，繼續文學革命。胡適和張慰慈等自由主義者主張「好人政府」，通過「上層菁英的政治改革，影響下層的社會，以制度的實踐作為民主啟蒙」（頁274）。他們認為英美的制度啟蒙才是關鍵，但是制度改變有賴於當權者的支持，作為當權者的軍閥又使得「好人政府」垮臺，「聯省自治」失敗。這種強調一點一滴式改革，在那動盪不安的時代不被青睞（頁312）。此時的《新青年》還是多元思潮並存，其同人相互競逐，各種勢力通過各種途徑探索政治走向的多種可能性。只是在最後馬列主義成為時代「黑馬」，領跑此後的政治走向。

在作者的筆下，《新青年》已經不是一本思想啟蒙的刊物，而是五四一代漫長而又曲折的政治探索之路。「當我們將論述的背景從思想啟蒙調動置換為政治轉型，那麼《新青年》也許就可以成為一個窗口，提供我們一個看待清末民初的中國，從帝制走向民族國家的建構過程」（頁319）。並且作者還認為這種轉型可以與其他東亞國家（日本、韓國）作對比，從而看出民初中國政治轉型中所展示的特殊性與潛在的普世性。

以上是本書給筆者帶來的新知，下面是筆者對本書存在的一些質疑。

三、存疑之一：歷史背景應進一步鋪陳

作者對時代背景的鋪陳構成本書的最大特色，將單個文本進行「微言大義」式闡發。但是在筆者看來還有三點要補充：一是在「文白之爭」中作者注意到了錢玄同和劉半農唱雙簧戲有著吸引輿論效果之效（頁81、89）。卻沒有明確說到這是因為之前《新青年》幾乎到了辦不下去的地步，在陳獨秀的苦苦哀求之下想出的法子，才讓刊物得以勉強度日。白話文提倡最初只是限定在狹小的圈子內，如「『無物之陣』（魯迅語）一般的主流文化界根本不以為然，劉半農當年就曾慨歎『自從提倡新文學以來，頗以不能聽見反抗的言論為憾』，魯迅也曾在《吶喊‧自序》感慨說：『那時彷彿不特沒有人來贊同，並且也還沒有來反對，我想，他們許是感到寂寞了』。正是因為不被關注，所以才有錢玄同、劉半農的『雙簧信』事件，也才有魯迅的『掀屋頂』論」。〔註3〕這一點應當說明，以便更好地呈現《新青年》是動態文本這個核心主題。

〔註3〕商昌寶，〈直面批判，正本清源：再為五四新文化運動辯護〉，《名作欣賞》2015年第34期（太原，2015），頁61。

　　二是在敘述一戰以後陳獨秀與社會改良主義者的爭論和角力中，作者注意到了德國社會民主黨和俄國馬列主義的不同（頁 224～228），也提到區聲白對列寧專制的鞭撻（頁 240～249），卻沒有明確提到經典馬克思主義經過蘇俄轉手後是如何異化的。因為陳獨秀等人接受的馬克思主義是從俄國（特別是列寧）那裡而來，[註4]而經典馬克思主義在俄國被民粹主義化。俄國民粹主義的核心思想「人民專制」被列寧主義高度強化，形成了所謂的「超民粹主義」現象。列寧極端反對社會民主派的主張，把馬克思所說的過渡性「半國家」變成利維坦式的「超國家」，把馬克思、恩格斯原來主張對付資產階級暴力的手段變成了鎮壓資產階級自由、議會、民主的手段。[註5]列寧在斯托雷平改革後極力強調「土地國有化」，重建新的「公社世界」，比傳統公社更具束縛力、更加壓抑個性。[註6]並在以後斯大林時代推到極端，以「全俄大公社」取代傳統小公社、以集體農莊消滅村莊。[註7]列寧與馬克思的思想差異甚大，[註8]作者對此有所忽略。相反，作者引用鄂蘭（Hannah Arendt，1906～1975）在《論革命》中對馬克思的批判，認為陳獨秀在〈談政治〉中的主張與馬克思的思想相類似（頁 271～272）。揆諸史實，陳獨秀接受的列寧主義與經典馬克思主義是很不相同的。

　　三是在論述 1920 年代《新青年》等刊物對時代思潮的反應時，作者認為

[註4] 陳獨秀接受的經過改造的馬克思主義（列寧主義）的具體途徑是日本和美國。籌建中共的日本小組把日文版的馬克思主義、社會主義論著翻譯成中文讓陳獨秀閱讀，特別強調「無產階級專政」。1920 年 4 月維經斯基來華後實際上是帶來了一筆經費，使得陳獨秀等人能夠購買大批英文版的馬列主義報刊和書籍，《新青年》上的馬列主義文章很多來自美國。可以說是「東方吹來的十月風」。參見唐寶林，《陳獨秀全傳》（香港：中文大學出版社，2011），頁 138～141。

[註5] 秦暉，《共同的底線》（南京：江蘇文藝出版社，2013），頁 120。

[註6] 卞悟，〈列寧主義：俄國社會民主主義的民粹主義化〉，《二十一世紀》1997 年10 月號（香港，1997），頁 44。

[註7] 蘇文，〈傳統、改革與革命：1917 年俄國革命再認識〉，《二十一世紀》（1997年10 月號（香港，1997），頁 12。

[註8] 關於列寧是如何扭曲馬克思思想的，張朋園在《從民權到威權》中也有一些論述，參見張朋園《從民權到威權：孫中山的訓政思想與轉折兼論黨人繼志述事》（臺北：中央研究院近代史研究所，2015），頁 39～46、144、154。五四運動的當事者胡適也注意到了馬克思、恩格斯的思想與蘇俄模式是不同的，他認為前者是「自由思想獨立精神的產兒」，終生為自由而奮鬥，後者是鐵的紀律，含有絕大的「不容忍」的態度，打壓異己思想，與五四前後提倡的自由主義背道而馳。參見胡適，〈個人自由與社會進步（再談五四運動）〉，歐陽哲生編，《胡適文集11·胡適時論集》（北京：北京大學出版社，2013），頁 536～537。

這是在民族主義情緒不斷高漲下，當年的知識分子探索不同的救國之路（頁234、315、321～330）。但是這種解釋似乎將各種思潮的成分簡單化了，筆者認為不能否認有民族主義、救國傾向，可也不能忽視其他傾向。《新青年》左轉後接受的列寧主義，是無視民族主義、救亡的。列寧在一戰期間是非常排斥「愛國主義」、「民族主義」、「革命護國主義」，主張變「外戰為內戰」，推翻民主派的臨時政府，〔註9〕這種不顧本國實際利益的言行與民族主義相差太遠。受列寧主義影響而激進化的1920年代《新青年》同人，也是無視當時的國家利益。1921～1922年召開的華盛頓會議將巴黎和會上割讓的中國國家權益相當程度上進行了糾正，中國收回了山東權益，「二十一條」、「民四條約」也名存實亡，並在關稅自主、收回租借地、限制和取消治外法權等方面都有不同程度的進展。但左轉後的《新青年》同人對此種「救亡」行為卻非常冷漠，〔註10〕而一味追求蘇俄模式。顯然，說《新青年》接受馬列主義只是出於「救亡」、「民族主義」訴求是過於簡單化了，但作者的確這麼認為的，即「以當時中國共產黨的機關刊物《嚮導》屢屢指向外侮來看，民族解放的精神結合對帝國主義的批判，是當時中國共產黨人所觀察到的實際政治現狀中，謀求一條國族生存之路」、「民族主義與馬列主義的結合」（頁266）。如前所說，這麼講並不是否認當時有民族主義、救國傾向，正如作者已注意到馬克思主義與民族主義的複雜關聯有待進一步探討。而是補充作者說的1920年代思潮的多元性（頁231），以及中國未來選擇的各種可能性（頁331）。

四、存疑之二：應更注重《新青年》文本內容

作者過於重視《新青年》與社會思潮、時政的互動，反而有意無意間忽略了《新青年》文本本身的內容。在說到1919年之前無政府主義與《新青年》的關係時，作者提出了不同於以往的看法，認為兩者不是互不相干的不同力量（頁141）。這無疑是個新見解，幫助我們重新認識兩者的關係。但是卻沒有注意到兩者的不同一性，作者在書中已經說到無政府主義式的自由的絕對性，

〔註9〕 秦暉，〈1917年俄國十月革命的歷史座標〉，《二十一世紀》2017年10月號（香港，2017），頁23。

〔註10〕 秦暉，〈重論「大五四」的主調，及其何以被「壓倒」〉，《二十一世紀》2015年8月號（香港，2015），頁19～26。秦暉對「五四」的認知尤其是對新文化運動在1915～1919年的形態論證筆者不太贊同，但是對1920年代的認識筆者部分贊成。

即不要法律、廢除政府，「政府」為「剝奪自由擾亂和平之毒物」（頁146）。但是卻沒有談到陳獨秀、高一涵對自由的具體看法，以與之對照。在他們的邏輯中自由和法律密切相關，陳獨秀就認為現代國家的一切倫理、道德、政治、法律社會都是為擁護個人之自由權利與幸福。「思想言論自由，謀個性之發展也。法律之前個人平等也，個人之自由權利，在諸憲章，國法不得而剝奪之，所謂人權是也。國家利益、社會利益名與個人利益相衝突，實以鞏固個人利益為本」。〔註11〕這種西方式的個人主義與中國家族宗法制度不能兼容，家族制度損壞個人自尊獨立之人格、窒息個人意志之自由、剝奪個人法律上之平等權利、養成依賴性戕害個人之生產力。

高一涵將自由分為三種：絕對有自由、絕對無自由、限制自由。他主要認同限制自由，即自由要出自國家，國家不賜予自由權利，則小己無自由，「定自由之範圍，建立自由之境界，而又為之保護其享自由之樂，皆國家職責」。接著他又根據黎高克的理論，將自由分為「天然自由」和「法定自由」，「天然自由」是盧梭所主張的「人生而自由者也，及相約而為國，則犧牲其自由之一部」自由之性是天生所有，非國家賜予，「即精神上之自由，而不為法律所拘束者」，〔註12〕高一涵所認同的自由是法定自由。在這篇文章中他還認為要尊重自我之自由，必要尊重他人之自由，否則自身自權利自由也不可得。政府不能抹殺人民的言論自由，人民之間也不能相互抹殺自由言論權。

這一切難道不與無政府式自由主義相差太遠了麼？

作者在第四章到第六章乃至最後的結論中論述陳獨秀轉向馬列主義時，給人一種陳獨秀在五四後期的思想是非常清晰之感（頁169～332）。然而作者卻沒有注意到在〈談政治〉一文發表後，陳氏還有其他言論，陳獨秀在《新青年》第9卷第2號中就說：

> 輿論就是群眾心理底表現，群眾心理是盲目的，所以輿論也是盲目的。古今來這種盲目的輿論，合理的固然成就過事功，不合理的也造過許多罪惡。反抗輿論比造成輿論更重要而卻更難。投合群眾心理或激起群眾恐慌的幾句話，往往可以造成力量強大的輿論；至於公然反抗輿論便不是一件容易的事了。然而社會底進步或救出

〔註11〕陳獨秀，〈東西民族根本思想差異〉，《青年雜誌》第一卷第四號，1915年12月15日。

〔註12〕高一涵，〈共和國家與青年之自覺〉，《青年雜誌》第一卷第一號，1915年9月15日。

社會底危險，都需要有大膽反抗輿論的人，因為盲目的輿論大半是
不合理的。此時中國底社會裏，正缺乏有公然大膽反抗輿論的勇氣
之人！〔註13〕

　　這種對群眾無意識舉動的反抗是一種典型的自由主義幽暗意識。所以羅
志田在談到陳獨秀在五四後期的思想時就曾說，陳獨秀並不像後來的研究者
強調馬克思主義與自由主義的差別，他更注重的是兩者互補的一面而非其對
立，他敏銳地感覺到杜威等人的自由主義與社會主義是親近的。陳獨秀強調
「政府的強權我們固然應當反抗，社會群眾的無意識舉動我們也應當反抗」，
這是典型的自由主義表達。〔註14〕

　　作者又認為陳獨秀「從『公理戰勝強權』到『強力擁護公理』，『強權』從
負面的軍國主義逐漸轉為國家強盛的實力」（頁217），如果單獨看這一句話確
實是軍國主義的強權在陳的思想中具有正面意義，但與其他文獻對比似乎不是
如此。陳獨秀反對軍國主義的強權是具有連貫性的。他在1919年就說過：「受
過軍國侵略主義痛苦的人，當然拋棄軍國侵略主義」。〔註15〕又說少數野心家
操縱政權，實行大權政治和軍國主義叫「割據」，不能叫「分立」。〔註16〕直到
1921年時還說今日的倫理有二：「一種是幫助弱者，抵抗強者，一種是犧牲弱
者，幫助強者」。軍國主義就是後一種，社會主義與之相反是前一種。〔註17〕

〔註13〕陳獨秀，〈隨感錄‧一一八〉，《新青年》第九卷第二號，1921年6月1日。

〔註14〕羅志田，〈陳獨秀與「五四」後《新青年》的轉向〉，《道出於二：過渡時代的
新舊之爭》（北京：北京師範大學出版社，2014），頁191。關於陳獨秀在五四
後期的自由主義幽暗意識的表現，筆者在此處還可以做個簡要的補充。在1922
年的非宗教運動中陳獨秀在致周作人、錢玄同等人信時依然注重個人自由，
認為不論何種學說思想（包括基督教），都不能定於一尊，人們可以反對它，
也可以贊成它。個人之反對某種學說、思想，不會破壞他人之自由。並且不能
只讓有權者有自由，真正尊重自由應該是「請尊重弱者的自由，勿拿自由、人
道主義許多禮物向強者獻媚！」。參見陳獨秀，〈致周作人、錢玄同諸君信〉，
《陳獨秀文章選編》（中冊）（北京：三聯書店，1984），頁172。陳獨秀如此
非難並為非基督教運動辯護的同時，沒有走向另一個極端，只是注重弱勢者
的權利，他在〈對於非宗教同盟的懷疑及非基督教學生同盟的警告〉一如既往
的對群眾中非理性的因素保持警惕和糾偏，引導運動朝理性方向發展。參見
陳獨秀，〈對於非宗教同盟的懷疑及非基督教學生同盟的警告〉，《陳獨秀文章
選編》（中冊），頁179～180。

〔註15〕陳獨秀，〈朝鮮獨立運動之感想〉，《陳獨秀文章選編》（上冊）（北京：三聯書
店，1984），頁365。

〔註16〕陳獨秀，〈為什麼南北要分立〉，《陳獨秀文章選編》（上冊），頁368。

〔註17〕陳獨秀，〈女子問題與社會主義〉，《陳獨秀文章選編》（中冊），頁104。

這與作者強調 1919 年以後陳思想激進化差得有點遠。

以此再來審視作者之前對陳獨秀〈實行民治的基礎〉一文的解讀也有問題，作者認為陳獨秀主張直接民主，是為陳獨秀後來「主張無產階級專政提供思想之準備」（頁 200）。然而這只是後見之明，此時在陳的邏輯中代議制和直接民主並不是對立的，所謂代議制也不能盡廢，而代議制本身也是在執行民意。從現代政治理論來看直接民主和間接民主也不是截然對立的，所謂的間接民主就是通過「代議士」進行公共選擇，所謂的直接民主是指公民以多數決定的方式形成公共決議。但是直接參與也是要講規則，要走程序的；〔註18〕民主不是「廣場狂歡」、「集體暴政」、「大鳴大放」，若然，民主與專制沒有區別。所謂的「代議士」不過是執行決策而已，陳獨秀在〈實行民治的基礎〉中說：「用代議制照憲法的規定執行民意」，〔註19〕說明此時他認為兩種不是對立的，而是互補的。這時期他還明確表明不渴望階級鬥爭，更非普羅大眾主義、民粹主義了。

當然，這麼說不是否定陳獨秀在五四運動以後的思想轉向，而是要表明陳獨秀在五四後期的思想依然處於不明狀態，有一種混雜性。並非作者講得那麼強勢，正如歐陽哲生所言：「他為追蹤世界大勢，不斷調整自己的思想座標，其思想發展的自我否定一個接一個，但他的每次轉變都是不徹底的，一個時期中，一種思想占主導地位，又有舊思想的殘餘和新思想的萌芽，結果是繼承未吸取精髓，創造沒有建立獨立的思想體系，拋棄又藕斷絲連，這就使得他的思想呈現出一種特殊的混雜性」。〔註20〕

五、存疑之三：制度與文化，孰輕孰重？

作者在書中談到 1920 年代初胡適思想轉變時很是強調胡適是「談政治」的，也提到胡適注意到制度與文化間有著相輔相成之關聯，即「政治與文化在胡適當年看來，正是我中有你，你中有我的密切關係」，但是在作者的邏輯中依然更強調胡適「談政治」的一面（頁 12～15、295～310），即如之前所言「但相對的也似乎遠離他當初堅持的文學革命的道路」。筆者不贊成將胡適

〔註18〕秦暉，《共同的底線》，頁 90。

〔註19〕陳獨秀，〈實行民治的基礎〉，《新青年》第七卷第一號，1919 年 12 月 1 日。

〔註20〕歐陽哲生，〈陳獨秀與胡適思想之比較研究〉，《五四運動的歷史詮釋》（北京：北京大學出版社，2012），頁 201。

等人視為「文化決定論」者，〔註21〕抑或說「好人政府」是一種烏托邦主義，〔註22〕而是承認胡適思想中文化與制度是相輔相成的，用胡適自己的話來說便是「沒有不在政治史上發生影響的文化；如果把政治劃出文化之外，那就又成了躲懶的，出世的，非人生的文化了」。〔註23〕但是筆者認為在這兩者之中胡適還是側重「文化」這一面的，即便是1920年代初「談政治」熱時亦是如此。這不是筆者主觀臆斷，而是根據史實的。

作者沒有充分注意到胡適在《努力週報》上答讀者疑問時所說的話。胡適在答梅光迪時說他談政治是與他的思想是一致的，梅光迪說胡適談政治遠遠勝過談白話文和實驗主義，胡適說這是錯的，他談政治只是踐行他的實驗主義，正如談白話文也是如此。「我現在談政治，也希望在政論界提倡一種『注重事實。尊重證驗』的方法」。胡適說他從來沒有「變節」，他的態度是始終一致的，只是材料和實例變了而已。在答王秋伯和傅斯稜兩位讀者的來信時，胡適不同意他們的要求和責備，即不談文學專門談政治。胡適特意說：「這種主張，我們便不能心服了」。胡適認為政治不過是努力的一個方向而已，《努力週報》並不是專談政治的。「談政治」只是因為時勢所逼迫的，但是不放棄思想文藝方面，我們的希望在於「討論活的問題，提倡活的思想，介紹活的文學」。並且明確說：「我們至今還認定思想文藝的重要」，中國當前的病根不在於軍閥和官僚，而是「懶惰的心理，淺薄的思想，靠天吃飯的迷信，隔岸觀火的態度。這些東西是我們的真仇敵！」〔註24〕壞思想文化是壞政治的惡根，只是因為政治現在太壞才忍不住先打擊它一下，「但我們絕不可以忘記這二千年思想文藝造成的惡果」。壞政治固然要打倒，但是打倒兩千年思想文藝中的「群鬼」更重要。在似乎很「談政治」（頁304）的〈這一周〉中也有此表示，胡適贊成蔡元培的「不合作主義」，蔡先生正義的呼聲「時時起來，不斷的起來，使我們反省，使我們『難為情』，使我們『不好過』」。並

〔註21〕 朱學勤，〈在文化的脂肪上搔癢〉，《思想史上的失蹤者》（廣州：花城出版社，1999），頁220～228。

〔註22〕 許紀霖，〈中國自由主義的烏托邦：胡適和「好人政府」論戰〉，許紀霖編，《二十世紀中國思想史論（上卷）》（上海：上海東方出版中心，2000），頁304～322。

〔註23〕 胡適，〈我的歧路〉，歐陽哲生編，《胡適文集3・胡適文存二集》（北京：北京大學出版社，2013），頁326。

〔註24〕 胡適，〈我的歧路・附錄二〉，歐陽哲生編，《胡適文集3・胡適文存二集》，頁326～330。

且「不合作主義」具有積極的意義，蔡先生的「有所不為」是尊重自己的人格，不同流合污，這種狂狷不羈的精神是一切人格修養的基礎。「有所不為」也是「一種犧牲的精神」，若要有所求就必須要有所犧牲的決心。並進一步認為：

> 在這個豬仔世界裏，民眾不用談起，組織也不可靠，還應該先提倡蔡先生這種抗議的精神，提倡「不降志，不辱身」的精神，提倡那為要做人而有所不為的犧牲精神。先要人不肯做豬仔，然後可以打破這個豬仔的政治。〔註25〕

〈這一周〉中有許多「談政治」的內容，但是在之後胡適等人的回顧中這段話卻再度被提起，這足以說明他對思想文藝的重視。所以他又說：在國民思想上多下些工夫，然後再能談政治改革，《努力》以後的新方向是思想的革新。「如果《新青年》能靠文學革命而不朽；《努力》將來在中國的思想史上占的地位應該靠這兩組關於思想革命的文章，而不靠那些政治批評，這是我敢深信的」。〔註26〕胡適為《新青年》談了政治而中斷思想文藝事業而感到可惜，若《新青年》堅持做文學思想革命事業，必定影響不小。《努力》就是要繼承《新青年》的文學革命和思想革命，為中國政治打下可靠的思想文藝基礎。〔註27〕

又如作者在談到胡適對學生運動的態度時不贊成以往的說法，即胡適不贊成運動，認為胡適在談五四運動時，是贊成學生干預政治的，五四運動是

〔註25〕胡適，〈這一周〉，歐陽哲生編，《胡適文集3‧胡適文存二集》，頁407～410。又見〈蔡元培與北京教育界〉，歐陽哲生編，《胡適文集11‧胡適時論集》，頁102～103。

〔註26〕胡適，〈一年半的回顧〉，歐陽哲生編，《胡適文集3‧胡適文存二集》，頁354～355。

〔註27〕胡適，〈與一涵等四位的信〉，歐陽哲生編，《胡適文集3‧胡適文存二集》，頁358。日後在為重印的《新青年》題詞也是高度肯定它在文學運動和思想改革方面的價值。參見胡適，〈《新青年》重印題辭〉，歐陽哲生編，《胡適文集11‧胡適時論集》，頁667。
胡適後來在紀念五四運動時曾表明五四運動並不是孤立的，它應當包括「五四」前後的各種新思潮運動。是文學革命，思想自由，政治民主在先，五四後的各種新文藝活動、政治活動在後。在三篇紀念五四的文章都認為，社會運動的變化都有賴於思想的變化，個人沒有自由，思想無法轉變，社會政治都無從進步。參見胡適〈紀念「五四」〉、〈個人自由與社會進步（再談五四運動）〉，歐陽哲生編，《胡適文集11‧胡適時論集》，頁523～530、534～538；胡適，〈「五四」的第二十八週年〉，歐陽哲生編，《胡適文集11‧胡適時論集》，頁733～736。

以非政治勢力解決現實政治問題（頁 299）。筆者認為胡適當然不是完全反對學生運動的，甚至有時是支持的。但是如前文所言，胡適不放棄談政治，可強調的重點還是在思想改造的一面。筆者認為胡適和蔣夢麟在〈我們對於學生的希望〉一文中固然有支持學生的一面，但是看完全文後就知道強調的還是反對學生過於參與政治，因為這容易養成依賴群眾、逃學、無意識的惡習，他們主張學生應該注重「課堂裏，自修室裏，操場上，課餘時間裏的學生活動。只有這種學生活動是最能持久又有效的學生運動」，「學生運動如果想要保存五四和六三的榮譽，只有一個法子，把五四和六三的精神用到學校內外有益有用的學生活動上去」，〔註28〕並且對學生運動、群眾運動不容納不同意見，容易形成暴民專制抱有警惕，如前文說陳獨秀一樣，這是一種典型的自由主義的幽暗意識。〔註29〕從這篇文章的形式上來講肯定學生運動的部分只占一頁，對其警惕性的部分卻有五頁，並且肯定部分放在前面，警惕部分放在後面，中間加了轉折詞句「但是我們不要忘記」，顯然全文強調的是後半部分，不是作者說的前小半部分。至於作者所說的胡適對黃宗羲論政的讚賞、對閻錫山新政的肯定等，胡適在《努力》中回答已經有所說明，即在前文中說「談政治」只是因為時勢所逼迫的而已，並且只是一個努力方向。

作者若是在意，就可以發現胡適對學生運動的態度前後具有一致性。在1925 年五卅運動時胡適對五四運動評價時依然肯定學生的愛國熱情。但是他還是認為群眾運動是不可持久的，民氣與政府相互聲援才能產生效力，政府不能運用民氣，則民眾運動大部分犧牲都被糟蹋。救國不是一朝一夕就是可以完成的，真正的救國是把自己造成一個有用的人才，「在一個擾攘紛亂的時期裏跟著人家亂跑亂喊，不能就算是盡了愛國的責任，此外還有更難更可貴的任

〔註28〕胡適，〈我們對於學生的希望〉，歐陽哲生編，《胡適文集 11．胡適時論集》，頁 44～50。

〔註29〕在此還可以舉出「談政治」期間，胡適注重理性表達另一個事例。在 1923 年6 月的浙江一師投毒案中胡適依然堅持新思潮的態度為「評判的態度」，無論對什麼制度、信仰、疑難都不盲從、不武斷，用冷靜的眼光，搜集證據，尋求解決方法。一師的毒案中引發了各種謠言，但是一師依然保持理性的態度，靜候法庭偵查審判，「這一次奇慘奇嚴的試驗，一師至少可以說是及格了」。胡適接著說他對一師的希望在於，一是「繼續保持這種不武斷不盲從的態度」，「更渴望大家不要因為感情上的刺激，而忘了『與其殺不辜，寧失不經』的古話！」。二是用評判之態度，來評判校內的制度，以謀求學校的改革和進步，改良弊病部分，保存有益部分。參見胡適，〈一師毒案感言〉，歐陽哲生編，《胡適文集11．胡適時論集》，頁 106～107。

務：在紛亂的喊聲裏，能立定腳跟，打定主意，救出你自己；努力把你這塊材料鑄造成個有用的東西」。〔註30〕在回答讀者（劉治熙）對這篇文章的疑問時再度強化了這一點，說自己不是根本上否定群眾運動的作用，但是救國不是短時間中就能成功的，如今學生們所做的運動運動只可以短時間的存在，救國這種大事業要有遠大的準備，跟著別人亂跑只能是發發牢騷，出出氣，不是真正的救國。所以現在的青年學生應該注重有秩序的組織，要想干政「應該注重學識的修養」，「我們期望個個青年學生努力多做點學問上的修養。第一不愧是個學生，然後第二可以做個學生的革命家」。〔註31〕如在 1920 年時一樣，都是肯定性占少部分，警惕性占大部分。

　　1932 年，胡適再次認為解決學潮的方法在於因勢利導，讓學生彼此尊重異己的主張，為言論自由負責，指出學生團體的缺陷，改善其組織，使得學生能參加有組織有訓練的生活。〔註32〕在 1935 年時對政府壓制輿論進行批判、對學生進行了肯定後，又忍不住說了自己的忠告：即青年學生運動的目標在於以抗議的聲音來糾正或監督政府，而不是直接行動；青年學生要認清自身的力量，其組織活動建立在法治精神的基礎上，不能由少數人操縱；青年學生用正確的方法，一切學生活動「都應該含有教育自己訓練自己的功用」，要培養健全獨立的人格，不能盲從武斷。他並且再次強調青年學生要努力發展自己的知識和能力「社會的進步是一點一滴的進步，國家的力量也是靠這個那個人的力量。只有拼命培養個人的知識與能力是報國的真正準備工夫」。〔註33〕「群眾運動，有抗議的功用而不是實際救國的方法⋯⋯青年學生認清了報國目標，均宜努力訓練自己成為有智識有能力的人才，以供國家的需要」。〔註34〕在 1947年答青年疑問時，胡適也認為救國不是吶喊和標語，他再度拾起 1920 年初時所說的話，「你想要有益於社會，最好的法子莫如把自己這塊材料鑄造成器」。即要將自己鍛造成有用的人才，才可以有資格為國家社會盡力。〔註35〕可見胡

〔註30〕 胡適，〈愛國運動與求學〉，歐陽哲生編，《胡適文集 4・胡適文存三集》，頁 572
　　　　～576。
〔註31〕 胡適，〈劉治熙《愛國運動與求學》的來信附言〉，歐陽哲生編，《胡適文集 11・
　　　　胡適時論集》，頁 109～110。
〔註32〕 胡適，〈論學潮〉，歐陽哲生編，《胡適文集 11・胡適時論集》，頁 204～205。
〔註33〕 胡適，〈為學生運動進一言〉，歐陽哲生編，《胡適文集 11・胡適時論集》，頁
　　　　609～610。
〔註34〕 胡適，〈再論學生運動〉，歐陽哲生編，《胡適文集 11・胡適時論集》，頁 612。
〔註35〕 胡適，〈青年人的苦悶〉，歐陽哲生編，《胡適文集 11・胡適時論集》，頁 742。

適始終強調都是後半部分即「思想」塑造方面。

　　日後胡適在其《口述自傳》中說學生運動是對文化運動的一種干擾，〔註36〕將純粹的文學、文化、思想的文藝復興運動不久後就變成政治運動，〔註37〕固然有作者說的「摻雜日後兩岸分裂的歷史包袱與個人的政治立場」（頁 295～296），〔註38〕但是胡適對「文化」的重視也由此可見一斑。作者有這種認識可以理解，就是為了凸顯本書政治、思潮與社會相互動這個核心主題，但不加分別、主觀放大史料的「政治性」的做法似乎不可取。

　　一些細節部分也應注意。例如措辭上，作者在書中是將「封建專制」並用，例如「回到民初中國，從數千年的封建專制國家，甫改制為民主共和國」（頁21）、「兩者都指向帝制復辟的封建意識形態」（頁78）、「從封建王朝邁向現代民族國家的艱難轉型」（頁 331）。但是這種用法沒有考慮到「封建」的本意，「封建」在古漢語中本指「封邦建國」，主要是中國夏商周三代的制度，而英文中的 feudalism 指的是歐洲中古式的采邑、封地制度，〔註39〕「專制」指的是專制主義中央集權一統天下，就是中國從秦漢到明清的皇權專制制度。換句話說「封建」不可能「專制」，「專制」更是不允許「封建」，在特定情形下「封建」對擺脫「專制」還有積極意義，兩者矛盾，不能混淆並用。

　　本書拓寬了《新青年》研究的路徑，但是對時代背景鋪成不夠、對文本本身內容關注不足使其還有進一步的提升餘地。以後的研究中思想啟蒙闡釋的傳統路徑與思潮、社會互動的新路徑之間應有更多的「互動」，以深化對《新青年》的認知。

〔註36〕 胡適口述、唐德剛譯注，《胡適口述自傳》（桂林：廣西師範大學出版社，2006），頁 183。

〔註37〕 胡適，〈五四運動是青年的愛國運動〉，歐陽哲生編，《胡適文集 12・胡適演講集》（北京：北京大學出版社，2013），頁 780。

〔註38〕 似乎也不完全是，在〈五四運動是青年的愛國運動〉中胡適否定五四運動是由中共領導的，認為這是沒有史實根據的笑話，那時共產黨還沒有成立。他認為五四運動是愛國運動，「完全是青年人愛國思想暴露」。他一面說學生運動的干擾性，一面也說其對思想文藝復興運動有幫助性，胡適與以前紀念「五四」一樣，依然肯定其在思想革新方面的作用。參見胡適，〈五四運動是青年的愛國運動〉，歐陽哲生編，《胡適文集 12・胡適演講集》，頁 775～780。

〔註39〕 秦暉，《傳統十論》（上海：復旦大學出版社，2003），「序」，頁 1。關於「封建」一詞的流變，可以參見馮天瑜，《「封建」考論》（武漢：武漢大學出版社，2006）。

反思五四——
「作者邏輯」應讓位於「歷史邏輯」

　　今年適逢「五四」百年，如何反思「五四」是華人學界頗為關注的問題。張千帆近日所發表的〈契約構造的失敗：從辛亥到五四〉（《二十一世紀》2019年4月號）一文就是從清末民初契約政治的缺乏來檢討「五四」的。首先說明的是作者的觀點總體而言應當說並不新鮮，因為「五四」是否要為後來的極權主義政治負責已經是一個被討論過無數次的話題。作者最後認為五四運動後極權革命理論佔據中國主流意識形態便是重複著林毓生等人的觀點。

　　更為重要的一點，要區分「作者邏輯」與「歷史邏輯」。前者因為已經知道最後的結局，在看問題時難免會有「後見之明」（任何人都會有，只是程度不同而已），但是「歷史邏輯」總是充滿著偶然性、歧義性、複雜性、張力性（當然不排除某個時期有著相對的穩定性）。筆者認為作者並沒有充分認識到這一點，「作者邏輯」成分過重，因而文中在論述「五四」前後的思潮時給人一種很清晰之感，忽視各種思潮之間的競爭性和個人思想的複雜性。作者認為1919年後蘇俄的極權主義理論在中國佔據了主流，但是這種看法似乎忽略了各種思潮的競爭性，「五四」後期是馬列主義、無政府主義、社會改良主義、自由主義、保守主義等各種思潮並存，蘇俄的極權主義只是當時多元思潮的一種，是否能佔據主流還具有不確定性，沒有作者講得那麼明確清晰。並且蘇俄極權主義在1924年前還未跟高度嚴密的組織結合在一起，對其他思潮並不是絕對不容。例如在「科玄論戰」中陳獨秀和胡適固然有分歧，但是還是有共同基礎的，都反對「玄學鬼」。在《新青年》知識群體分裂後依然延續五四的精

神。在五四後期歷史的發展也不是直線上升的，誠如楊念群所言：「『五四』本身的主題有一個轉換的過程，即經歷了一個從政治關懷向文化問題遷徙，最後又向社會問題轉移的過程。這種變化不是簡單的線性遞進，而是交疊演化」。如果只是抱著熟悉化的心態，則容易忽視歷史的複雜性。

　　同樣地，作者說五四新文化運動對他所強調的社會契約理論毫無建樹，這也是忽略了基本史實，欲以一個理論涵蓋「五四」時期所有的情形。說新文化人對社會契約論一無所知，實在是不讀《新青年》之結果。新文化人對社會契約論的認識不能說有多麼深奧，但是說其「毫無建樹」則是冤枉新文化人。面對當時袁世凱、張勳等人復辟帝制，顛覆共和政體的情景，陳獨秀、高一涵等人引進的西方思潮中就明確提到契約論。在〈現代文明史〉中關於政府與人民之關係，陳獨秀就接受了洛克等人的「契約說」，認為：「政府者，建設於組織國民之公民等相立一種契約也」。人生而有天然之權利，即人權。「人權者，個人之自由也」。高一涵在〈一九一七年預想之革命〉中也指出：「國家者何？乃自由人民以協意結為政治團體，藉分功通力，鼓舞群倫，使充其本然之能，收所欲蘄之果……古者國家政治，其原動力在官；近世國家政治，其原動力在民……國家唯一之職務，在於立於萬民之後，破除自由之阻力，在於鼓舞自動之機能，以條理其牴牾，防止其侵越於國法上，公認人民之政治人格，明許人民自由自由之權利，此為國家唯一之職務」。「國家建築於人民權利之上」、為「最大多數之最大幸福」。高一涵這種建立在「進化論」和「契約論」基礎上的國家觀，有力地批判了以往那種興衰榮辱繫於主權者一人身上、主權者可以獨裁的專制國家觀（這種契約說在新文化運動初期常被提及，限於篇幅不一一列舉）。

　　不僅如此，作者在文中談論社會契約論所說到的基本權利與自由如思想信仰自由、言論新聞自由、平等、人身自由、財產權等當年在新文化運動主要成員身上都得到大力提倡，即便是被視為激進的五四運動後，一些新文化人對此還有堅守，自由主義的思想啟蒙並沒有全被畫上句號。作者在文末中展望中國未來時，沒有提到新文化運動所遺留下來的這筆遺產有點可惜。今日大陸知識界所熱論的普世價值就是在新文化運動是被引進來的，我們今日就是要繼續完成這個未竟的啟蒙事業。在反思五四時我們要擺脫「作者邏輯」的必然性，更多考慮「歷史邏輯」中的多變。